MENTOR ABITUR-HILFE

Band 526

Deutsch
Oberstufe

Texte analysieren und interpretieren

Arbeitstechniken und Methoden

Mit ausführlichem Lösungsteil und Musteraufsätzen

Mit Lerntipps!

Antje Kelle

Mentor Verlag München

Über die Autorin:

Antje Kelle, Oberstudienrätin am Gymnasium, Autorin mehrerer Mentor Lern- und Abiturhilfen

Lerntipps:

Alexander Geist, staatlicher Schulpsychologe an einem Gymnasium

Redaktion: Jana Liedgens

Illustrationen: Sven Palmowski, Stuttgart; Karin Fritschi, Hamburg (S. 76)

Layout: Barbara Slowik, München

Titelgestaltung: Iris Steiner, München

Umwelthinweis: Gedruckt auf chlorfrei gebleichtem Papier.

Auflage:	6.	5.	4.	3.	Letzte Zahlen
Jahr:	2003	2002	2001	2000	maßgeblich

Satz/Repro: Satz + Litho Sporer KG, Augsburg
Druck: Druckhaus „Thomas Müntzer", Bad Langensalza
Printed in Germany · ISBN 3-580-63526-3

Inhalt

Benutzerhinweise

Der Text dieses Bandes entspricht – mit Ausnahme der Originalzitate – der neuen Rechtschreibung.

! Hier finden Sie Wissens- und Merkenswertes.

Übung A1 Hier können Sie sich an die Arbeit machen.

Anstelle eines Vorworts

Ein Wort

Ein Wort, ein Satz – : aus Chiffern steigen
erkanntes Leben, jäher Sinn,
die Sonne steht, die Sphären schweigen
und alles ballt sich zu ihm hin.

Ein Wort –, ein Glanz, ein Flug, ein Feuer,
ein Flammenwurf, ein Sternenstrich –,
und wieder Dunkel, ungeheuer,
im leeren Raum um Welt und Ich.

GOTTFRIED BENN

Über Lesen und Bücher

Solange das Lesen für uns der Initiator ist, dessen Zauberschlüssel uns in der Tiefe unseres Selbst das Tor zu Räumen öffnet, in die wir sonst nicht einzudringen vermocht hätten, ist seine Rolle in unserem Leben heilsam. Gefährlich dagegen wird das Lesen, wenn es, statt uns für das persönliche Leben des Geistes wach zu machen, versucht, sich an dessen Stelle zu setzen; wenn die Wahrheit uns nicht mehr als ein Ideal erscheint, das wir nur durch das innere Fortschreiten unseres Denkens und durch die Bemühung unserer Seele verwirklichen können, sondern als etwas Materielles, das auf den Seiten der Bücher abgelagert ist wie ein von andern fertig zubereiteter Honig, den wir nur aus den Regalen der Bibliothek zu nehmen und dann passiv in vollkommener Ruhe des Körpers und des Geistes zu verzehren brauchen.

MARCEL PROUST

Text und Interpretation

A

1. Was ein Text ist

᾿Αφῆστε αὐτὸν τὸν ὄμορφο κόσμο νὰ διαιωνίζεται
ἀνακυλώντας τὸ αὔριο στὶς πηγές του — ὅπως
τὸν καιρὸ ποὺ γεννήθηκα — προαιώνιος καὶ νέος,
σὰ ν᾿ ἀναδύεται, κάθε πρωί, γιὰ πρώτη φορὰ
μὲς ἀπ᾿ τὶς ρόδινες γάζες τῆς γέννας του.

1 Uns ist in alten mæren wunders vil geseit
von helden lobebæren, von grôzer arebeit,
von freuden, hôchgezîten, von weinen und von klagen,
von küener recken strîten muget ír nu wunder hœren sagen.

2 Ez wuohs in Búrgónden ein vil édel magedîn,
daz in allen landen niht schœners mohte sîn,
Kríemhílt geheizen: si wart ein schœne wîp.
dar umbe muosen degene vil verlíesén den lîp.

من نوارد جحا وحميرة العشرة

إشترى جحا عشرة حمير. فرح بها وساقها أمامه ثم ركب واحداً
منها. وفي الطريق عد حميره وهو راكب فوجدها تسعة.
ثم نزل وعدها فرآها عشرة فقال «أمشي وأكسب حماراً أفضل
من أن أركب وأخسر.»

Das Wort **Text** leitet sich vom lateinischen textus ab, das Gewebe/Gefüge bedeutet. **Text** kann also ganz wörtlich als Gewebe/Gefüge von Sprachzeichen verstanden werden.

Ein Text ist ein Gefüge von **Sprachzeichen** wie etwa α β γ, a b c, ا ب ت.
Also ist „fMlur tsiei hcsoneg" ein Text?

Offensichtlich nicht, da die Buchstaben (die **Zeichenkörper**) beliebig zusammengefügt sind und die Wörter deshalb innerhalb unserer Sprachgemeinschaft keine **Bedeutung** haben.
Ein Gefüge von Sprachzeichen ist nämlich nur dann ein Text, wenn zwei bestimmte Bedingungen erfüllt sind:

1. Die Wahl der Zeichen muss inhaltlich den Gewohnheiten entsprechen, die sich innerhalb einer Sprachgemeinschaft entwickelt haben.
   Die Wortwahl ist also an semantische Konventionen[1] gebunden, die bestimmten Buchstabenfolgen bestimmte Inhalte zuordnen, z. B. die Buchstaben „ELEFANT" bedeuten 

[1] **Semantik** = *Wortbedeutungslehre*

2. Die Form und Anordnung der Zeichen müssen sich nach bestimmten grammatischen Bauprinzipien richten, die in den syntaktischen Regeln[2] einer Sprache vorliegen.
   Wort- und Satzformen haben also kompositorische Vorschriften zu berücksichtigen.
   Zum Beispiel:
   „Der Elefant wurde schon von alters her als Arbeits- und Reittier gezähmt."
   „Die Elefanten wurden schon von alters her als Arbeits- und Reittiere gezähmt."

[2] **Syntax** = *Satzlehre*

Sortieren wir nun unter diesen Gesichtspunkten die Buchstaben „fMlur tsiei hcsoneg", so finden wir beide Bedingungen erfüllt, wenn sich folgende Anordnung der Sprachzeichen ergibt: „Morgen ist schulfrei." Es handelt sich also um einen den Konventionen unserer Sprachgemeinschaft folgenden Text.

Wenn Texte gesprochen, die Buchstaben also in Laute umgewandelt werden, so können auch die phonetischen Gegebenheiten[3] Bedeutung erlangen, indem der Klang den Inhalt mitträgt. Zum Beispiel unterstreicht die Lautgestalt bei „schreiten" das Feierlich-Gemessene des Gehens („schrei-ten"), während man bei „flitzen" das Blitzschnelle („flitzen") gleichsam mithört.

[3] **Phonetik** = *Lautlehre*

Bei sorgfältigem Lesen werden wir uns also auf die Untersuchung semantischer, syntaktischer und phonetischer Besonderheiten des Textes einzustellen haben.

Jede Situation erfordert selbstverständlich auch eine besondere Sprechweise. So wird kein Patient seinem Arzt sagen: „He, Kumpel, hier piekt's". Und ein Nachrichtensprecher wird nach Behebung einer technischen Panne seinem Kollegen „Alles okay!" zurufen, während er in der Sendung mitteilt, dass „alle technischen Schwierigkeiten behoben" seien.

Mit der jeweiligen Situation ändert sich also auch die Schreibweise, sodass eine Vielzahl von **Textarten** entsteht (die jedoch selten in reiner Form auftreten), etwa

- Brief
- Protokoll
- Aufruf
- Gedicht
- Gebrauchsanweisung
- Gesetz
- Erzählung

Es ist nun nahe liegend, diese unterschiedlichen Textarten unter bestimmten Gesichtspunkten zusammenzufassen und dadurch eine überschaubare Ordnung zwischen ihnen herzustellen, die dann auch zu einer Orientierungshilfe beim Lesen werden kann:

1. Vorwiegend informative Texte
(mit besonderer Rolle der **Sache,** des **Inhalts**)

informative Texte: Sache, Inhalt

Sie zielen vor allem auf die sachgemäße **Erfassung der Wirklichkeit** durch eindeutig-genaue Darstellung ab.

Zu dieser Gruppe gehören meist folgende Textarten:

- Sachbuch
- Lehrbuch
- Gesetz
- Vertrag
- Gebrauchsanweisung
- Bericht
- Protokoll
- Abhandlung
- Inhaltsangabe
- Textanalyse

2.1 Vorwiegend argumentative Texte
(mit besonderer Rolle des **Lesers**)

argumentative Texte: Leser

Sie zielen vor allem auf die verstandesmäßige Beeinflussung des Lesers durch logische Verknüpfung der Gedanken ab, sodass dieser von einer bestimmten Einstellung **überzeugt** wird.

2.2 Vorwiegend appellative Texte
(mit besonderer Rolle des **Lesers**)

appellative Texte: Leser

Sie zielen vor allem auf die gefühlsmäßige Beeinflussung des Lesers durch offene oder verdeckte Aufforderungen ab, sodass dieser zu einem bestimmten Verhalten **überredet** wird.

[1] griech. „tun/handeln/ausführen/bewirken"

Da diese beiden Teilmodelle in besonderem Maße zweckorientiert sind, werden solche Texte oft auch pragmatische[1] Texte genannt.

Zu dieser Gruppe gehören meist folgende Textarten:

- Werbetext
- Wahlrede
- Aufruf
- Kommentar
- Plädoyer
- Leitartikel

Je nach besonderer Ausprägung zählen sie dann zu den argumentativen oder appellativen Texten.

literarische/ poetische Texte: Autor

3. Vorwiegend literarische bzw. poetische Texte
(mit besonderer Rolle des **Autors**)

Sie zielen vor allem darauf ab, dass der Autor Gedanken ausdrückt.

Hierbei können sie sich **entweder** auf **einen tatsächlichen Gegenstand** beziehen, den der Autor **aus seiner individuellen Sichtweise** betrachtet, **oder** auch auf **einen gedachten Gegenstand,** der in der Wirklichkeit gar nicht existiert.

[2] lat. „formen/schaffen/sich vorstellen/erdichten"

Oft heißen solche Texte auch fiktionale[2] Texte, da durch die dichterische Formung des Autors eine neue Wirklichkeit entsteht.

Zu dieser Gruppe gehören meist folgende Textarten:

- Roman
- Erzählung
- Kurzgeschichte
- Fabel
- Märchen
- Gedicht

2. Was eine Interpretation ist: Zielsetzung, Grenzen, Anforderungen

2.1. Was eine Interpretation leisten soll: Zielsetzung

Was tun wir eigentlich, wenn wir **lesen?**
Wir schauen uns Linien, Striche und Punkte an.
Und was geschieht beim Anschauen?
Wir erkennen die einzelnen Zeichengruppen aufgrund der oben erwähnten Konventionen unseres Sprachsystems als Wörter, die bei uns jeweils eine bestimmte Vorstellung von einem Gegenstand oder einem Sachverhalt auslösen, z. B. „Haus“:

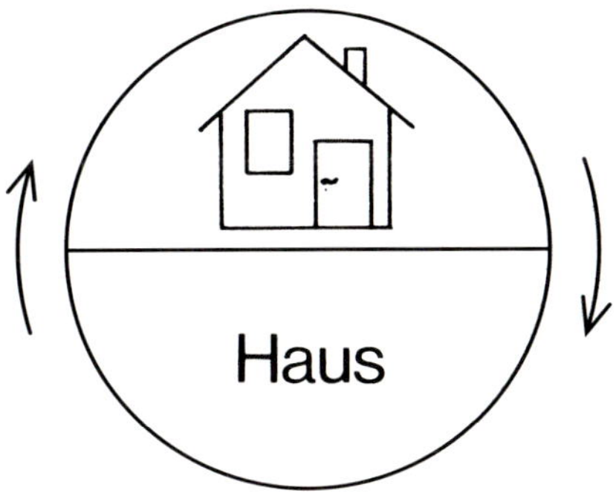

oder

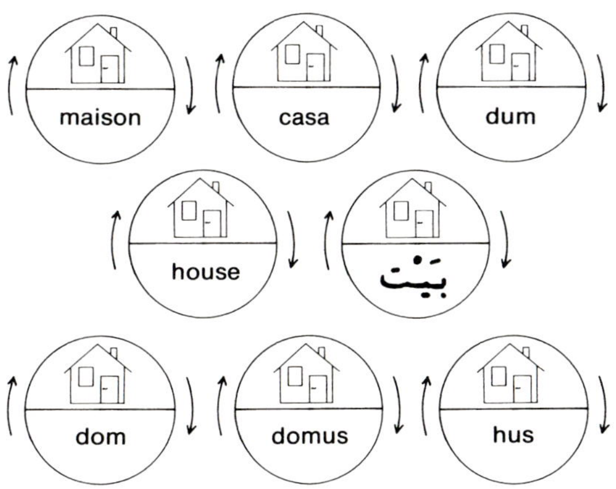

Alle Wörter unserer Sprache stehen nämlich für etwas, verweisen auf **etwas, das gemeint ist**.

Dies gilt nicht nur für die Substantive, die ja Namen für konkrete oder abstrakte „Dinge“ sind; es gilt für jede Wortart, sogar für Präpositionen, die Verhältnisse bezeichnen, und Interjektionen, die Ausdruck für innere Zustände sind.

Z. B. wird in dem Satz *Paris liegt* ***an*** *der Seine* durch die Präposition *an* ausgedrückt, welches Verhältnis zwischen Paris und der Seine besteht, und in dem Satz ***Ach,*** *wenn es im Louvre doch nicht immer so voll wäre!* wird durch die Interjektion *ach* auf das Gefühl des Bedauerns verwiesen.

!

Beim Lesen erwecken wir also Linien, Striche und Punkte zum Leben: Wir füllen sie mit Bedeutung.

Wie der Musiker die Notenzeichen des Komponisten in Töne umsetzt, so verwandelt der Leser die Sprachzeichen des Autors in Vorstellungen. Genau genommen, führt er dabei eine Rück-Verwandlung durch: Was der **Autor** irgendwann einmal in Form von Sprachzeichen ver-schlüsselt/codiert hat, wird nun vom **Leser** ent-schlüsselt/decodiert.

Gegenstände und Sachverhalte, die der Autor gemeint hat, werden also durch das Medium der Sprachzeichen aus einem bestimmten Zeichensystem (dem **Code**) an den Leser vermittelt:

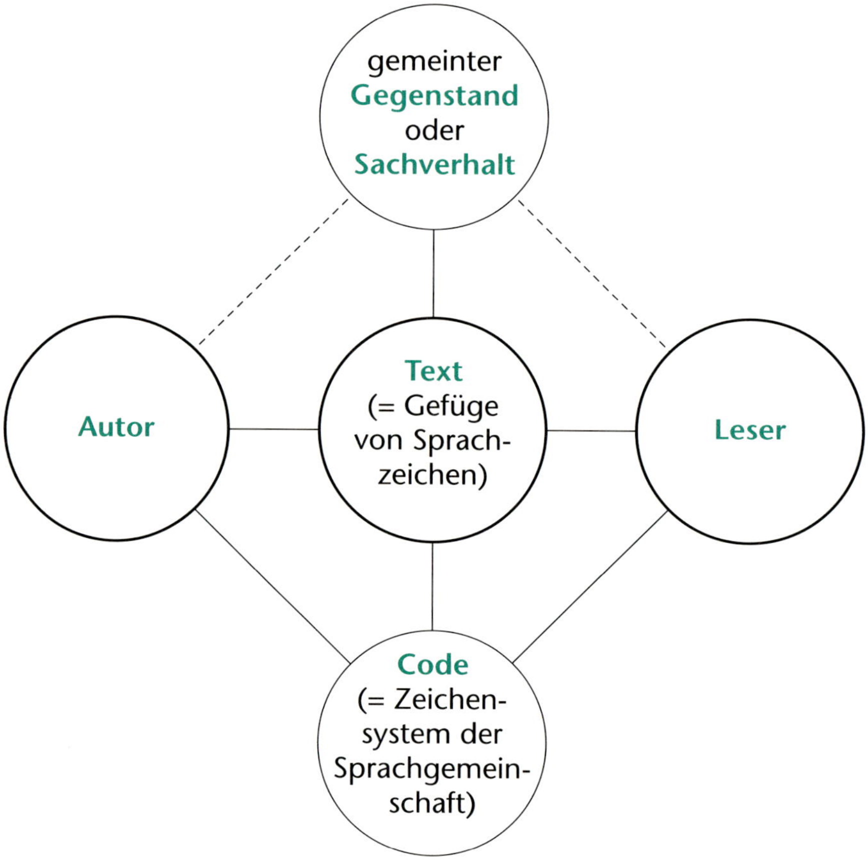

Aber – heißt dies auch

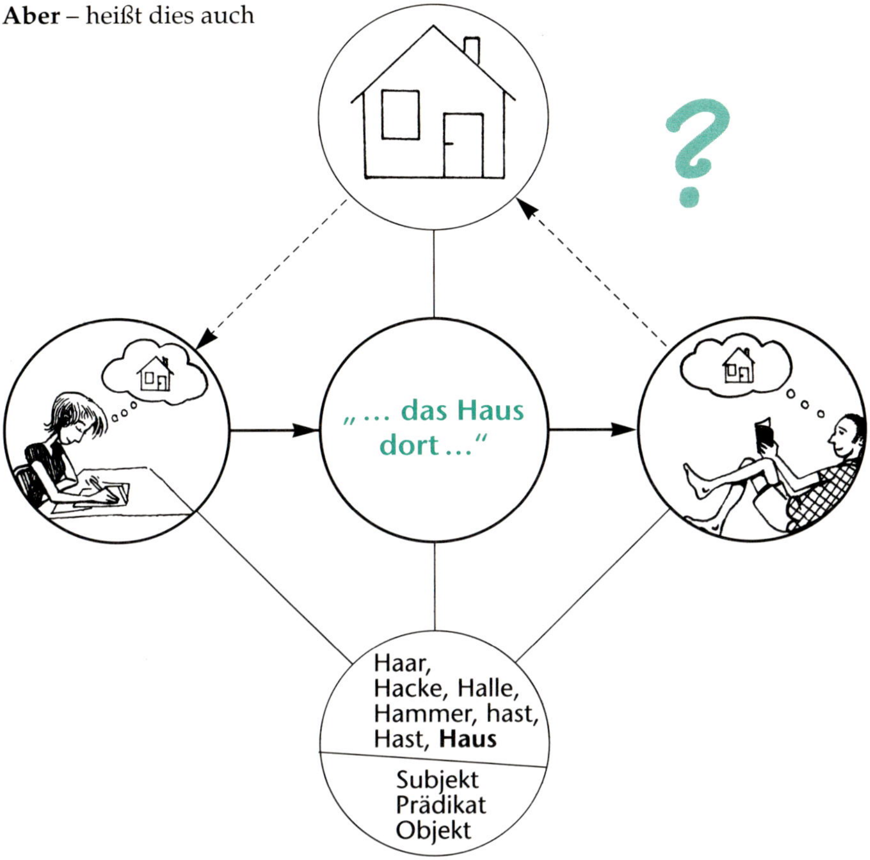

Hier werden wir stutzen. Meint das Wort

„Haus“ wirklich ein  oder vielleicht ein 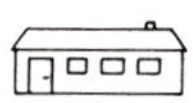 oder sogar ein 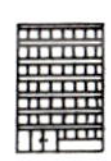 ?

Wie hat der Leser den Text zu **verstehen**?

Welche Verständnishilfen gibt der Verfasser in seiner Mitteilung – für seine Mitteilung?

Welche Textsignale zeigen an, was für eine Bedeutung den Sprachzeichen aus der Sicht des Autors zukommt?
Solche Fragen sind Anlass für eine **Interpretation**[1].

[1] *lat. „Erklärung/Deutung“*

Interpretieren heißt, den Sinn eines Textes durch verstehende Auslegung erfassen.

Interpretieren ist somit der Versuch, in vertiefender Textarbeit zu **verstehen, was der Autor meint.**

2.2. Was eine Interpretation leisten kann: Grenzen

Originaltext

„Möchte Sie", heißt es in einem Brief aus 427 Dorsten, „kurz um einen Gefallen bitten. Mache bald meine 2. Prüfung für das Lehramt, und wollte in der vorzuführenden Deutschstunde Ihr Gedicht ‚Abendnachrichten' besprechen. Wäre Ihnen sehr dankbar, würden Sie mir evtl. Unterlagen zu diesem Gedicht schicken. (Interpretation, Absicht etc.) U. zwar bitte umgehend, da es sonst zeitlich zu spät wird."

Aus 8543 Hiltpolstein schreibt mir eine liebenswürdige Lehrerin, der „daran liegt, den Schülern den Sinn für das Gedicht zu erhalten oder ihn in ihnen zu wecken":

„Mit meiner 11. Klasse habe ich im Deutschunterricht ‚An einen Mann in der Trambahn' besprochen, das heißt besprechen wollen. Es entwickelten sich intensive Diskussionen um Aussage, Adressat, Weltbild, Stil und verschiedene Einzelheiten. Die Schüler haben sich ernsthaft bemüht, das Gedicht zu verstehen, haben Zeit, Intelligenz und Arbeit auf die Verteidigung ihrer Interpretation verwandt, die zwar in sich stimmig, meiner Meinung nach aber trotzdem nicht richtig ist. Sie haben seitenlange Arbeiten angefertigt, um ihre Vorstellung zu untermauern, ich bleibe dennoch bei meiner Meinung. Ich schlug deshalb vor, Sie als den einzig Kompetenten zu befragen."

Schließlich ein Hilferuf aus 504 Brühl, in krakeliger Schrift: „Ich bin Schüler, 16 Jahre alt und besuche eine höhere Schule. Vor kurzem wurde im Deutschunterricht eine Klassenarbeit über Ihr Gedicht ‚Geburtsanzeige' geschrieben. Über meine Interpretation geriet ich mit meinem Lehrer in einen Meinungsstreit. Die sprachliche Unzulänglichkeit meiner Arbeit ist mir bewußt. Ungerecht finde ich nur das Pauschal-Urteil, daß meine ‚Darstellung dem Gedicht in keiner Weise gerecht wird'. Es wäre sehr freundlich, wenn Sie mir mitteilen könnten, ob ich Ihr Gedicht wirklich vollkommen falsch ausgelegt habe."

Diesem Brief liegt eine Fotokopie der Klassenarbeit bei. In der Handschrift des Lehrers sind darauf folgende Randbemerkungen und Zusätze zu entziffern: „Sachlich falsch!" – „Das ist viel zu eng und verschiebt die Thematik." – „Davon ist an keiner Stelle die Rede." – „Davon steht nichts im Text." – „Das ist so nicht richtig." – „Diese Situation existiert im Gedicht nicht." – „Die 6. Strophe wird völlig außer acht gelassen." – „Das kann so nicht dem Text entnommen werden." – „Sachlich falsch!" – „Wiederholung des oben schon Gesagten." – „Sachlich falsch. Diese Verwendung des ‚wenn' liegt nur in der letzten Strophe vor. Aber das hätte dargelegt werden müssen." – „Die Darstellung wird dem Gedicht in keiner Weise gerecht." – „Mangelhaft (5)".

Hans Magnus Enzensberger

Wie dieser Textauszug von Enzensberger zeigt, fragen einige Leser beim Autor höchstpersönlich an, um in Erfahrung zu bringen, was er mit dem Text gemeint habe …

Mag man auch hierüber ein wenig schmunzeln, so wird doch wohl jedem die Unsicherheit, die derartigen Anfragen zugrunde liegt, aus eigener Lese-Erfahrung vertraut sein.

Worauf beruht sie?

Zum einen kann sie natürlich ihre Ursache in der fehlenden Übung haben und ließe sich dann durch vermehrtes Lesen/Interpretieren/Verstehen beseitigen. Zum andern jedoch kann sie von der grundsätzlichen Struktur der Kommunikation zwischen Autor und Leser herrühren und ließe sich dann keineswegs ausräumen, sondern höchstens verringern.

Welches sind nun die besonderen Merkmale einer solchen einseitig-schriftlichen Kommunikationssituation?

Merkmale schriftlicher Kommunikation

Autor

- Der **Autor** kann den Sinn seiner Worte nicht durch Tonfall, Mimik oder Gestik unterstützend erhellen.
- Er nimmt eventuelle Reaktionen des Kommunikationspartners nicht wahr, die Erläuterungen hervorrufen könnten.
- Die literarischen **Text**formen laden dazu ein, anzudeuten statt auszuformulieren.
- Sie bedienen sich gern bildhafter Ausdrucksweise, die sich meist eindeutiger Auslegung entzieht.

Leser

- Der **Leser** muss über einen annähernd gleichen **Code** verfügen wie der Autor, um der vorliegenden Sprache folgen zu können (Sprachkompetenz).
- Er muss einen annähernd gleichen Erfahrungs- und Erkenntnishorizont besitzen, um die gemeinte **Sache** verstehen zu können (Sachkompetenz).

Wie man sieht, werden große Anforderungen an die Aufnahmefähigkeit des Lesers gestellt: So muss er einen ähnlichen Grundvorrat an Sprachzeichen und an Kombinationsregeln beherrschen, um die Mitteilung des Autors überhaupt entschlüsseln zu können. Zum Beispiel werden Leserinnen und Leser, die im süddeutschen Sprachraum aufgewachsen sind, Schwierigkeiten haben bei der Lektüre der plattdeutschen Strophe von CARL BUDICH, da ihnen viele der Dialektwörter unbekannt sein dürften:

Originaltext

De Dag is dor, so will ik denn
ant Warken gahn un rögg de Hänn.
Un wenn mi Godd sien' Segen schickt,
denn weet ik, dat mien Daagwark glückt.

Auch muss der Leser einen ähnlichen Erfahrungshorizont haben, damit die Wörter des Autors bei ihm überhaupt ankommen. So wird er die folgenden Zeilen von EICHENDORFF nur dann „zum Leben erwecken“, d. h. die Sache, die Eichendorff gemeint hat, zu Wort kommen lassen können, wenn er selbst etwas mit ihnen anfangen kann:

Originaltext

Schläft ein Lied in allen Dingen,
Die da träumen fort und fort,
Und die Welt hebt an zu singen,
Triffst du nur das Zauberwort.

Und wie das nächste Textbeispiel zeigt, kann nur derjenige Leser GOTTFRIED BENNS Gefüge von Sprachzeichen entschlüsseln, der sich in den Bereichen Naturwissenschaft, Mythologie, Religion und Architektur zumindest grob auskennt:

Originaltext

Verlorenes Ich, zersprengt von Stratosphären,
Opfer des Ion – : Gamma-Strahlen-Lamm –,
Teilchen und Feld – : Unendlichkeitschimären
auf deinem grauen Stein von Notre-Dame.

1. Leistung von Interpretation

Fragen wir nun, was Interpretation leisten kann, so lautet die erste Antwort: Interpretation kann nur das leisten, was Sprach- und Sachkompetenz des Lesers ermöglichen. Allmählich stellt sich nun der Eindruck ein, dass Lesen/Interpretieren/Verstehen keineswegs bedeutet, einen Text nur aufzunehmen und hinzunehmen, sondern dass sich während des Entschlüsselungsprozesses der Text verändert. Dieser Eindruck wird zur Einsicht, wenn man sein Augenmerk auf ein noch tiefer liegendes Strukturmerkmal schriftlicher Kommunikation richtet:

In einem Gedichtband finden sich beispielsweise folgende Zeilen:

Originaltext

Wem nie durch Liebe Leid geschah,
dem ward auch Lieb' durch Lieb' nie nah;
Leid kommt wohl ohne Lieb' allein,
Lieb' kann nicht ohne Leiden sein.
Nach GOTTFRIED VON STRASSBURG

Ein glücklich verliebter Leser wird dies im Hochgefühl seiner Stimmung zur Kenntnis nehmen und dem Hinweis auf das Leid wohl mit einem leichten „Na und?" begegnen. Dagegen wird derselbe Gedanke einen unglücklich Verliebten schmerzlich berühren; dieser wird ihn mit melancholischen Assoziationen beschweren und damit denselben Sprachzeichen eine andere Bedeutung verleihen.

Jetzt sind wir sicher. Lesen heißt, am Text aktiv mitgestalten:

Ein Text wird aus der **Autor-Perspektive** verfasst und aus der **Leser-Perspektive** verstanden. Dadurch erfolgt eine Mitwirkung des jeweiligen Lesers an der Textproduktion. Diese Mitwirkung des Lesers wird durch seine individuelle Verfassung bestimmt (vor allem: durch seine persönliche Situation und die besonderen Zeitumstände). Jede Interpretation basiert auf dieser

Perspektivenverschiebung. Sie ist Teil einer derartigen schriftlichen Kommunikation.

2. Leistung von Interpretation

Die zweite Antwort auf die Frage, was Interpretation leisten kann, lautet somit: Interpretation kann leisten, was die „Zusammenarbeit" von Autor und Leser ermöglicht. Denn: „Das Buch ist zur größeren Hälfte des Lesers Werk." (HUGO VON HOFMANNSTHAL)

Interpretieren heißt also, den Sinn eines Textes durch verstehende Auslegung erfassen; hierbei ist es unumgänglich, dass die Leser-Perspektive an der Deutung mitwirkt.

2.3. Was eine Interpretation leisten muss: Anforderungen

Es könnte nun der Verdacht aufkommen, als sei Interpretieren eine ganz subjektive Tätigkeit, preisgegeben der Phantasie des Lesers. Diese Vermutung ist zum Glück jedoch völlig falsch; denn jede Deutung muss einem unabdingbaren Gesetz gehorchen:

Es darf nur dasjenige *aus* dem Text herausgelesen werden, was – direkt oder indirekt – *im* Text steht.

Und wie muss eine Deutung beschaffen sein, damit sie diesem hohen Anspruch genügt?

Jede Aussage der Interpretation muss durch den Text belegt werden.

Dadurch wird sichergestellt, dass man nicht beliebig am Text „herumdeutelt", sondern sich so weit wie möglich an die Vorgaben des Autors hält.

Interpretieren heißt nun, den Sinn eines Textes durch verstehende Auslegung erfassen; hierbei ist es unumgänglich, dass die Leser-Perspektive an der Deutung mitwirkt. Es ist jedoch durch textnahes Arbeiten die größtmögliche Erfassung der Autor-Perspektive anzustreben.

Interpretieren bleibt hierbei weiterhin der Versuch, in vertiefender Textarbeit zu verstehen, was der Autor meint (vgl. S. 13). Das bildhafte Kommunikationsmodell von Seite 12 hat sich allerdings inzwischen als vereinfachte Darstellung erwiesen und müsste differenziert werden, um die unvermeidlichen Unterschiede zwischen Autorinstanz und Leserperspektive sichtbar zu machen:

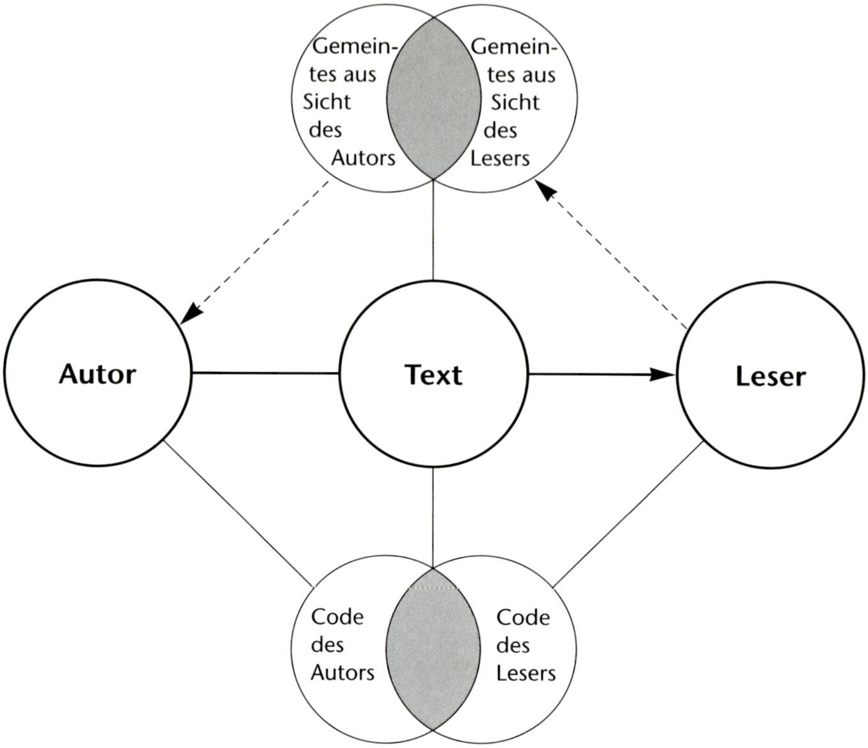

Kann es aber unter diesen Umständen überhaupt eine richtige Deutung geben?

Eine Interpretation darf **Geltung** beanspruchen, wenn sie sich ohne Ausnahme auf Texttatsachen stützt, ohne dass dabei Widersprüche auftreten. Hieraus folgt, dass es so viele „richtige" Interpretationen gibt, wie es sorgfältige Leser gibt.

Schade, dass es nicht „die eine" richtige Auslegung gibt??? Aber dann hätten wir ja gar nichts mehr zu streiten …

Übung A1

Wie ist es um Ihre Konzentrationsfähigkeit bestellt?
Setzen Sie die fehlenden Wörter ein – ohne zurückzublättern.

1. Interpretation kann nur das leisten, was Sprach- und ________________ des Lesers ermöglichen.
2. Jede Aussage der Interpretation muss durch den Text ________________ werden.
3. Interpretieren heißt nun, den ________________ eines Textes durch verstehende Auslegung erfassen; hierbei ist es unumgänglich, dass die ________________ an der Deutung mitwirkt. Es ist jedoch durch textnahes Arbeiten die größtmögliche Erfassung der Autor-Perspektive anzustreben.

3. Welche Arbeitsweisen möglich sind: textimmanenter und textübergreifender Ansatz

A

Jeden literarischen Text sollte man zuerst als sprachliche Einheit betrachten und ihn als ein in sich geschlossenes Ganzes behandeln. Dies entspricht der allgemein üblichen Lese-Situation: Man liest ein Buch, ohne zur Vorbereitung vorher eine Biographie, ein Geschichtsbuch oder ein literaturwissenschaftliches Fachbuch studiert zu haben. Man versucht, das Werk aus sich selbst heraus zu verstehen. Da alle Verständnishilfen hierbei ausschließlich aus dem Text stammen, nennt man diese Betrachtungsweise textimmanent[1].

[1] *lat. „darinbleibend"*

Weil die Ergebnisse solcher Interpretation meist in Kraft bleiben, auch wenn sie durch zusätzliche Kenntnisse über Entstehung/Produktion und Aufnahme/Rezeption des Textes in ein neues Licht gerückt werden, bildet die **textimmanente Betrachtungsweise** die Basis jeder Interpretation und wird daher zum Grundprogramm dieses Buches.

Ist es nun mithilfe ergänzender Schriften des Autors (z. B. Briefe, Tagebücher, andere Werke) oder wissenschaftlicher Sekundärliteratur möglich, Zusatzinformationen über Bedingtheit und Wirkung des Textes zu erwerben, so kann das Verstehen neue Dimensionen gewinnen, etwa durch Antworten auf folgende Fragen:

- Was für ein Mensch ist der Autor?
- Welche Weltsicht hat er? Wie kommt sie zustande?
- Warum schreibt er?
- In welcher persönlichen Situation verfasst er den Text?
- In welchem politischen/sozialen/kulturellen Umfeld lebt er?
- Welche Stellung nimmt er innerhalb der Gesellschaft ein?
- Welche Absicht verfolgt er mit dem Text?
- An welchen Leserkreis denkt er?
- Auf welche Weise wird der Text verbreitet?
- Steht der Text in Beziehung zu literarischen Vorbildern?
- Fügt er sich gattungsgesetzlichen Konventionen?
- Entspricht die Sprache den Stilnormen seiner Zeit?
- Welche Bedeutung kommt dem Thema/Stoff/Inhalt seines Textes zur Entstehungszeit zu? Welche jetzt?
- Wie wirkt der Text auf zeitgenössische Leser? Wie später?
- usw.

Eine solche Betrachtungsweise geht also über den Text hinaus, indem sie auch die textexternen Gegebenheiten berücksichtigt und den Text lediglich als *einen* Faktor innerhalb des Kommunikationsgefüges ansieht; sie kann daher als Aufbauprogramm im Sinne einer Erweiterung des Blickfeldes verstanden werden.

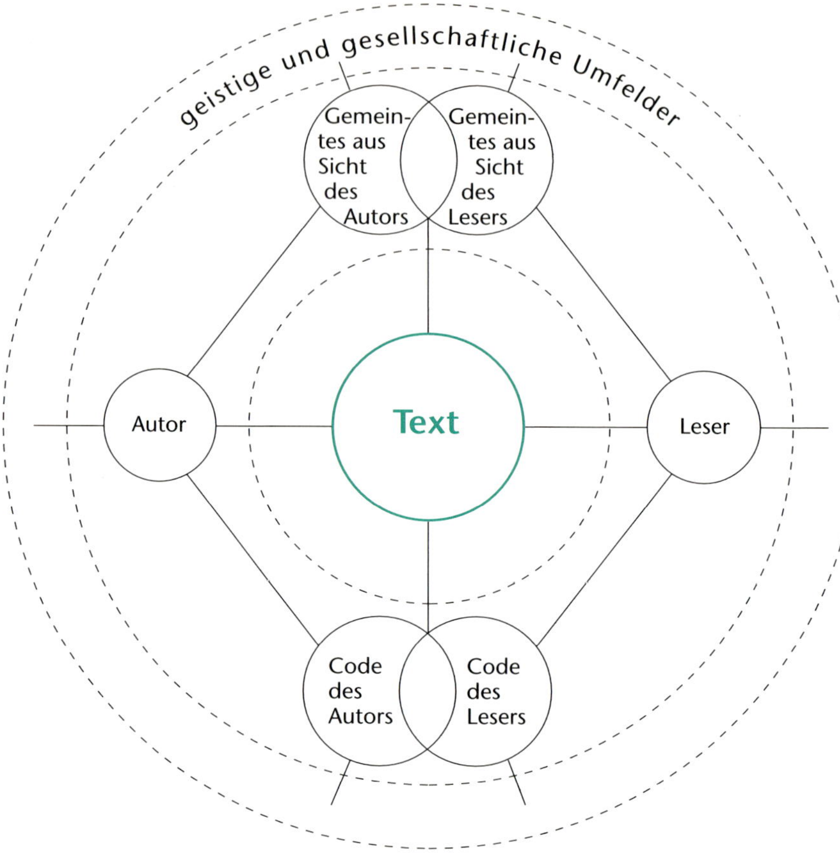

Da eine solche Betrachtungsweise nur mittels höchst komplexer Einsicht in das Textumfeld durchführbar ist (vor allem im Bereich biographischer, politischer, soziologischer, ideologischer und literarischer Zusammenhänge), übersteigt sie den Rahmen dieses Buches. Es sei jedoch an einigen Beispielen exemplarisch angedeutet, welche Perspektiven sich bei solchem Interpretationsansatz eröffnen können:

Beispiel 1

Der Aufbruch

Originaltext

Ich befahl, mein Pferd aus dem Stall zu holen. Der Diener verstand mich nicht. Ich ging selbst in den Stall, sattelte mein Pferd und bestieg es. In der Ferne hörte ich eine Trompete blasen, ich fragte ihn, was das bedeute. Er wußte nichts und hatte nichts gehört. Beim Tore hielt er mich auf und fragte:

„Wohin reitest du, Herr?“ „Ich weiß es nicht“, sagte ich, „nur weg von hier, nur weg von hier. Immerfort weg von hier, nur so kann ich mein Ziel erreichen.“ „Du kennst also dein Ziel?“ fragte er. „Ja“, antwortete ich, „ich sagte es doch: ‚Weg-von-hier‘, das ist mein Ziel.“ „Du hast keinen Eßvorrat mit“, sagte er. „Ich brauche keinen“, sagte ich, „die Reise ist so lang, daß ich verhungern muß, wenn ich auf dem Weg nichts bekomme. Kein Eßvorrat kann mich retten. Es ist ja zum Glück eine wahrhaft ungeheure Reise.“

FRANZ KAFKA

Zusatzinformation

KAFKA (1883 – 1924) schrieb diesen Text in seiner Geburtsstadt Prag, in der er bis kurz vor seinem Tode wohnte. Jahrelang drängte es ihn, aus familiären, beruflichen und gesellschaftlichen Gründen seinen Lebenskreis zu verändern, ohne sich tatsächlich von der Stadt lösen zu können. (Biographisch-psychologische Komponente)

Beispiel 2

Originaltext

Menschliches Elende

Was sind wir Menschen doch! Ein Wohnhaus grimmer Schmerzen.
Ein Ball des falschen Glücks, ein Irrlicht dieser Zeit,
Ein Schauplatz herber Angst, besetzt mit scharfem Leid,
Ein bald verschmelzter Schnee und abgebrannte Kerzen.

Dies Leben fleucht davon wie ein Geschwätz und Scherzen.
Die vor uns abgelegt des schwachen Leibes Kleid
Und in das Totenbuch der großen Sterblichkeit
Längst eingeschrieben sind, sind uns aus Sinn und Herzen.

Gleich wie ein eitel Traum leicht aus der Acht hinfällt
Und wie ein Strom verscheußt, den keine Macht aufhält,
So muß auch unser Nam, Lob, Ehr und Ruhm verschwinden.

Was itzund Atem holt, muß mit der Luft entfliehn,
Was nach uns kommen wird, wird uns ins Grab nachziehn.
Was sag ich? Wir vergehn, wie Rauch von starken Winden.

ANDREAS GRYPHIUS

Zusatzinformation

GRYPHIUS (1616–1664) lebte zur Zeit des Dreißigjährigen Krieges (1618–1648), dessen Auswirkungen sein Leben und Denken von früher Jugend an nachhaltig beeinflussten. (Politisch-historische Komponente)

Originaltext

Uns hât der winter geschât über al:
heide unde walt sint beide nû val,
dâ manic stimme vil suoze inne hal.
sœhe ich die megde an der strâze den bal
werfen: sô kœme uns der vogele schal.

Möhte ich verslâfen des winters zît!
wache ich die wîle, sô hân ich sîn nît,
daz sîn gewalt ist sô breit und sô wît.
weiz got er lât ouch dem meien den strît!
sô lise ich bluomen dâ rîfe nû lît.

WALTER VON DER VOGELWEIDE

Übersetzung

Uns hat der Winter über alles Schaden zugefügt.
Heide und Wald sind fahl,
die einst so süß widerhallten von tausend Vogelstimmen.
Säh ich erst wieder die Mädchen auf der Straße den Ball
werfen, dann käme uns der Vogelsang zurück.

Könnte ich doch den Winter verschlafen!
Verwache ich ihn indessen, so hasse ich ihn,
weil seine Herrschaft sich weit und breit erstreckt.
Aber weiß Gott, eines Tages wird er doch dem Mai das Feld räumen.
Dann pflücke ich Blumen dort, wo jetzt der Reif liegt.

Zusatzinformation

Zur Zeit von WALTER VON DER VOGELWEIDE (ca. 1170/75 – ca. 1230) war Winter eine Jahreszeit ohne Zentralheizung und städtische Streudienste. (Realitätskomponente)

Allerdings:
Wie intensiv man sich auch immer in einen Text und seinen Kommunikationszusammenhang interpretierend vertieft: Kein Text lässt sich vollständig erschließen. Es wird immer etwas Unsagbares bleiben, das sich rationalem Zugang entzieht – zum Glück!
Man sollte diese Dimension intuitiver Sinnerfassung nicht unterschätzen. Und falls sie einen Leser einmal veranlassen sollte, einen Text „einfach nur“ schön zu finden – warum eigentlich nicht …

Übung A2

Informieren Sie sich über die biographischen Grunddaten und das politische Umfeld von GEORG BÜCHNER.
Überlegen Sie, welchen Beitrag diese außertextlichen Kenntnisse für das Verständnis des folgenden „Anti-Märchens“ aus BÜCHNERS Fragment „Woyzeck“ leisten könnten:

Großmutter[1]: Es war einmal ein arm Kind und hat kei Vater und kei Mutter war Alles todt und war Niemand mehr auf der Welt. Alles todt, und es ist hingangen und hat greint Tag und Nacht. Und weil auf der Erd Niemand mehr war, wollt's in Himmel gehn, und der Mond guckt es so freundlich an und wie's endlich zum Mond kam, war's ein Stück faul Holz und da ist es zur Sonn gangen und wie's zur Sonn kam war's ein verreckt Sonneblum und wie's zu den Sterne kam, warens klei golde Mück, die waren angesteckt wie der Neuntödter sie auf die Schlehe steckt und wie's wieder auf die Erd wollt, war die Erd ein umgestürzter Hafen und war ganz allein und da hat sich's hingesetzt und geweint und da sitzt es noch und ist ganz allein.

Originaltext

[1] Erzählsituation: Eine Großmutter wird von Kindern zum Erzählen aufgefordert.

Bei den Brüdern GRIMM lautete der Text:

Die Sternthaler

Originaltext

Es war einmal ein kleines Mädchen, dem war Vater und Mutter gestorben, und es war so arm, daß es kein Kämmerchen mehr hatte darin zu wohnen und kein Bettchen mehr darin zu schlafen und endlich gar nichts mehr als die Kleider auf dem Leib und ein Stückchen Brot in der Hand, das ihm ein mitleidiges Herz geschenkt hatte. Es war aber gut und fromm. Und weil es so von aller Welt verlassen war, gieng es im Vertrauen auf den lieben Gott hinaus ins Feld. Da begegnete ihm ein armer Mann, der sprach ‚ach, gib mir etwas zu essen, ich bin so hungrig'. Es reichte ihm das ganze Stückchen Brot und sagte ‚Gott segne dirs' und gieng weiter. Da kam ein Kind das jammerte und sprach ‚es friert mich so an meinem Kopfe, schenk mir etwas, womit ich ihn bedecken kann.' Da that es seine Mütze ab und gab sie ihm. Und als es noch eine Weile gegangen war, kam wieder ein Kind und hatte kein Leibchen an und fror: da gab es ihm seins: und noch weiter, da bat eins um ein Röcklein, das gab es auch von sich hin. Endlich gelangte es in einen Wald, und es war schon dunkel geworden, da kam noch eins und bat um ein Hemdlein, und das fromme Mädchen dachte ‚es ist dunkle Nacht, da sieht dich niemand, du kannst wohl dein Hemd weggeben', und zog das Hemd ab und gab es auch noch hin. Und wie es so stand und gar nichts mehr hatte, fielen auf einmal die Sterne vom Himmel, und waren lauter harte blanke Thaler: und ob es gleich sein Hemdlein weggegeben, so hatte es ein neues an und das war vom allerfeinsten Linnen. Da sammelte es sich die Thaler hinein und war reich für sein Lebtag.

B Die Textanalyse

1. Wie man eine textimmanente Interpretation vorbereitet

Welche Zusammenhänge das Vorgehen bestimmen

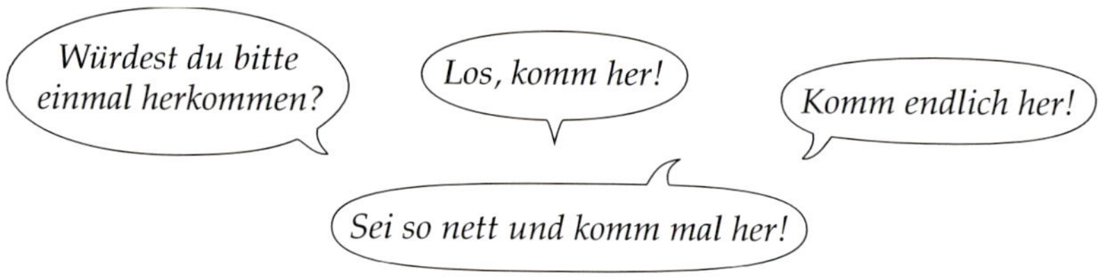

Wie an den Satzbeispielen abzulesen ist, bilden **Inhalt** und **Form** einer sprachlichen Äußerung durch ihre Wechselwirkung eine unlösbare Einheit: Beim Sprechen/Schreiben passen wir den Ausdruck *(die Form)* dem an, was wir sagen wollen *(dem Inhalt)*, und beim Hören/Lesen passen wir den Inhalt *(das Was)* der vorliegenden sprachlichen Form *(dem Wie)* an.

! Für die Interpretation bedeutet diese grundlegende Tatsache: Jeder sprachlichen Nuance entspricht eine inhaltliche Nuance und umgekehrt.

Wenn wir also etwas über den Sinn eines Textes erfahren wollen, müssen wir zunächst die sprachliche Gestaltung sorgfältig untersuchen.

Hierbei stellt sich allerdings eine Schwierigkeit ein: Einerseits lässt sich ein Ganzes immer nur aus seinen Teilen verstehen, während andererseits die Teile ihren Sinn erst aus ihrem Zusammenhang mit dem Ganzen erhalten. Wir werden uns also bei unserem verstehenden Eindringen in einen Text immer zwischen diesen beiden Bezugspunkten hin- und herbewegen müssen.

Welche Arbeitsschritte zu planen sind

Es hat sich bewährt, eine Interpretation in drei Phasen zu erarbeiten:

Phase 1 Zunächst sollte man einen Text erst einmal ohne steuernde Reflexion auf sich wirken lassen – vielleicht als ästhetisches Kunstwerk – vielleicht als Stimmungsträger – vielleicht als Gedankenanreiz.
Solch ein **unmittelbarer Eindruck** gibt die Chance, sich in einer Art „Gesprächseröffnung" persönlich auf den Text einzulassen.

Dieser subjektiven Annäherung sollte diejenige Phase folgen, in der man die objektiv feststellbaren Tatsachen des Textes in Augenschein nimmt: die **Textanalyse**. Sie ist unverzichtbare Voraussetzung jeder Interpretation. Bei solchem „Rechenschaftsbericht“ über den Textbefund sollte die besondere sprachliche Gestaltung möglichst umfassend untersucht werden, ohne bereits zwischen wesentlichen und unwesentlichen Beobachtungen zu unterscheiden. Die Ergebnisse hält man sinnvollerweise in Form einer ausführlichen Textbeschreibung fest, die im Sinne einer methodischen Vorarbeit dann zur Grundlage der Interpretation wird.

Phase 2

Die eigentliche **Interpretation** fragt nun nach der Bedeutung der festgestellten Fakten für das Sinnganze. Jetzt kommt es darauf an, Wichtiges von Belanglosem zu unterscheiden und widerspruchsfreie Zusammenhänge herzustellen. Es wird hierbei angestrebt, den ersten spontanen Eindruck vom Text in begründete, mitteilbare Aussagen über den Text umzusetzen, sodass der Interpret die Rolle eines „Dolmetschers“ übernimmt, der sich selbst bewusst macht, was der Text meint.

Phase 3

1.1. Welches Verfahren sich für die Textanalyse eignet

Natürlich gibt es für eine Textanalyse wegen der Einmaligkeit jedes Textes kein verbindliches Schema, kein Patentrezept. Es gibt aber Leitlinien, nach denen man jeden Text in seiner individuellen Beschaffenheit systematisch erfassen kann.

Die Textanalyse versucht, von einem Text eine Art „Röntgenaufnahme“ herzustellen. Ihr Ziel hierbei ist, Antworten auf die beiden folgenden Fragen zu finden:

- Was steht da?
  (Inhalt)
- Wie steht es da?
  (Aufbau und sprachliche Gestaltung)

Leitfragen Textanalyse

Diese Fragen stellen lediglich eine **Hilfskonstruktion** für die Textanalyse dar. Logischerweise können sie nur im Zusammenhang beantwortet werden, denn es gibt keinen Inhalt, der von der Form ablösbar ist, und keine Form ohne Inhalt: Sprachkörper sind Träger von Bedeutungen, die ohne Träger nicht existieren.

!

Die methodische Trennung von Inhalt, Aufbau und Gestaltung stellt somit nur eine Perspektivenverschiebung innerhalb unseres Blickfeldes dar; sie darf uns nicht dazu verleiten, das Zusammenwirken der textbildenden Faktoren aus dem Auge zu verlieren.

Analysieren heißt also nicht, Einzeluntersuchungen addieren, sondern Einzelnes in seinem Beitrag für das Ganze untersuchen.

1.2. Vorarbeit: Erkennen der Textart

Nach dem ersten Lesen ohne jegliche Systematik (vgl. S. 24) ist es ratsam, sich Klarheit über die vorliegende Textart zu verschaffen mit den Fragen:

- Um was für einen literarischen Text handelt es sich, welche literarische Gattung liegt vor? (z. B. Fabel, Sonett, Ballade, Hörspiel, Einakter oder eine Mischform)
- In welcher Form liegt der Text vor? (z. B. vollständig, gekürzt, bearbeitet, übersetzt o. ä.)

Die Antwort auf die erste Frage kann Vor-Informationen über die Strukturmerkmale des Textes geben, z. B. über die Strophenfolge bei einem Sonett. Die Antwort auf die zweite Frage kann vor Fehlinterpretation schützen, falls es sich z. B. um einen gekürzten Text handelt.

1.3. Vertiefendes Lesen

Das eröffnende Lesen (vgl. S. 24) ist „privates Lesen", bei dem man den Text auf sich wirken lässt. Da die Interpretation (und die vorbereitende Textanalyse) eine bewusste Auseinandersetzung mit dem Text erfordert, ist es unerlässlich, den Text **mehrmals** zu lesen.

Beim erneuten Lesen kann man bereits einzelne Besonderheiten wahrnehmen; das dritte Lesen ermöglicht es dann, Zusammenhänge zu erkennen und dem Autor schon ein wenig in die Karten zu schauen. Diese vertiefende Annäherung muss allerdings nicht immer in getrennten Arbeitsschritten verwirklicht werden.

Wir lassen uns in dieser Phase bereits von den beiden bekannten Leitfragen leiten (siehe S. 25).

1.4. Differenzierendes Unterstreichen

Erfahrene Leser haben ein nützliches Hilfsmittel. Sie lesen mit dem Bleistift.

Durch das Unterstreichen setzt man in das Gleichmaß der Zeilen **optische Schwerpunkte**, die die Durchdringung des Textes erheblich erleichtern.

Solcher Blickfang kann
- einzelne Begriffe
- Sätze
- ganze Abschnitte
- Satzzeichen

hervorheben, deren Stellenwert besondere Aufmerksamkeit verdient.

Profis haben sich sogar angewöhnt, **farbig** zu unterstreichen, sodass sie schon beim bloßen Hinschauen erkennen,

- hier steht Wichtiges (z. B. *Bleistift*)
- da steht noch Wichtigeres (z. B. *Kugelschreiber*)
- dort steht das Wichtigste (z. B. *Rotstift*).

Ein Vierfarbstift gibt bei diesem Arbeitsverfahren darüber hinaus noch eine einfache Zusatzmöglichkeit: Eine weitere Farbe steht für die Hervorhebung von textspezifischen Kernworten (z. B. Namen, Buchtiteln o. ä.) zur Verfügung. Durch diese Markierung findet man sich – vor allem in langen Texten – leichter zurecht.

(Wem diese Arbeitstechnik beim Lesen zusagt, der kann sie auch beim Schreiben – beispielsweise beim Exzerpieren für ein Referat – verwenden. Solche Mehrfarbigkeit schafft Strukturen und erleichtert den Überblick über das, was man aus Büchern zusammengestellt hat.)

1.5. Ergänzendes Kommentieren

Bücher sind keine Heiligtümer. Jeder Autor müsste sich freuen, wenn sein Text den Leser – im wahrsten Sinne des Wortes – *anspricht.*
Dabei kommt etwas im Leser in Bewegung, er reagiert. Möchte er auch *antworten*, dann sollte er es tun, schriftlich natürlich, am Rand des Textes. Die Fachleute nennen dies Kommentieren. Gemeint ist jegliche Art von Randbemerkung (Marginalie).

Zum Beispiel:

- wertend, etwa

  !! (d. h. *Dem stimme ich voll zu.*)

  ? (d. h. *Das verstehe ich nicht.*)

  ↔ (d. h. *Hier bin ich ganz anderer Auffassung.*)

- beschreibend, etwa
  Einleitung, Hauptteil, Schluss
  These
  Refrain
  Zusammenfassung

- analysierend, etwa
  siehe vorige Seite
  Widerspruch zu Seite 7
  vgl. ähnliche Gedanken bei …
  wichtig für Schlussfolgerung

Originaltext

Als Lesezeichen

Absoluter Quatsch! Denkste! – Wird ja immer schöner! – Na, ja! Beweisführung oberfaul! – Autor spinnt!
Was ist das? Es sind Randzitate. Ich fand sie kürzlich so am Druckrand eines populär-philosophischen Buches, das ich mir, um eine alte Bildungslücke wenigstens partiell zu kitten, aus unserer städtischen Bücherei entliehen hatte. Ein früherer Entleiher hatte die heftigen Marginalien neben den Text geschmettert, hatte das Buch mit Vehemenz und Kopierstift kommentiert. Ein konträrer Leser hatte Dampf abgelassen und dabei das geliehene Buch entgelten lassen, was ihn am Autor offenbar schrecklich reizte. Lauter laute Zwischenrufe am Rand.
Bei entliehenen Büchern soll man das, versteht sich, möglichst nicht tun. Hier war die Folge, daß mich nun meines Vorlesers Invektiven, die Nachlässe seiner Wut, plötzlich vielfach mehr interessierten als des armen, eigentlich ganz redlichen Autors gar nicht dumme Meinung. Nach dem ersten Buchdrittel hatte sich mein Vorentleiher wohl verausgabt. Plötzlich keine Schmetter-Marginalien mehr; entweder war er überzeugt worden. Oder – und das liegt näher – er hatte das Buch in die Ecke gefeuert; so sah es auch aus.
Wer in fremden Büchern anstreicht und schreibt, der besudelt sie und ist ein Ferkel, ohne Frage. Aber welche Lust, welche legitime Besitzergreifung bedeutet es doch, mit dem aktiven Bleistift in der Hand zu lesen, mit nervöser Aufmerksamkeit Ausrufezeichen an den Rand zu setzen – oder Fragezeichen, Unterstreichungen, während man liest, beteiligt zu tätigen.

Wie habe ich, da ich jung und jähzornig las, in meinem Nietzsche gewütet! Wie mit dem Bleistift meinem Schopenhauer gehuldigt! Wie mit Karl Kraus gehadert! Wie Schillers Denkschriften, indem ich nur immer selig anstrich, mir innig angeeignet! Bücher werden richtig und aktiv eigentlich nur mit dem Stift in der Hand gelesen. Aber eben, bitte, nur die eigenen!

FRIEDRICH LUFT

1.6. Sprachprobleme lösen

Wie gut, dass wir Deutsch können. Da haben wir wenigstens keine sprachlichen Schwierigkeiten! Oder?

Sollten vielleicht doch die Fachleute Recht haben, die uns vorrechnen, dass wir nur einen sehr kleinen Teil des deutschen Wortvorrats aktiv benutzen, während der Hauptteil der über 300 000 Wörter als **passiver Wortschatz** „auf Eis liegt"? Das hieße ja, dass eine große Anzahl von Wörtern uns zwar grundsätzlich bekannt ist, aber nicht spontan zur Verfügung steht. Das heißt auch, dass man hier und da als Deutscher bei einem deutschen Wort einmal ins Stocken gerät, ähnlich wie beim Entziffern solcher Zeilen:

$$|\overrightarrow{AB}| = \left| \begin{pmatrix} -10 \\ 10 \\ 6 \end{pmatrix} \right| = \sqrt{(-10)^2 + 10^2 + 6^2} = \sqrt{100 + 100 + 36} = \sqrt{236}$$

Solche Spezialsprachen mögen zwar vielleicht außerhalb unseres Blickfeldes liegen. Spätestens aber, wenn ein Installateur in unserer Küche einen *Flansch* festdrehen möchte oder wenn wir auf einer Schiffsreise nach *achtern* gebeten werden, merken wir, wie Ausdrücke aus **beruflichen Fachsprachen** und **regionalen Sondersprachen** Eingang in unseren alltäglichen Wortschatz gefunden haben, sodass es vereinzelt Verständnisprobleme geben kann. Es mag zwar noch zu verschmerzen sein, wenn man bei einer Fernsehübertragung aus dem Hamburger Ohnsorg-Theater die Putzfrau nicht versteht, die ihren *Feudel* sucht; wer aber auf einer Münchener Speisekarte etwas von *Radi* oder *Kren* liest, muss sich wohl erst von einem Fachmann in die Geheimnisse der deutschen Sprache einweihen lassen, bevor er seine Bestellung aufgeben kann.[1]

[1] Feudel – niederdeutsch für Scheuerlappen (Bodentuch)
Radi – bayer.-österr. für Rettich
Kren – bayer.-österr. für Meerrettich

Wir sehen: Kein Deutscher kann jedes deutsche Wort kennen. Damit nicht genug.

Die zunehmende Internationalität der Beziehungen sorgt für rasche Übernahme und Angleichung zahlreicher angelsächsischer Wörter, wie z. B. *T-Shirt, joggen, timing*. Auch aus Wirtschaft, Wissenschaft und Technik fließen viele Fremdwörter in unsere Alltagssprache ein, wie z. B. *bilaterales Handelsabkommen, audiovisuelle Eindrücke, empirische Methode*. Was tun? Natürlich nachschlagen! Wo? Im Duden oder in einem anderen **Nachschlagewerk**. Hierbei gilt die Faustregel: Wer glaubt, alles zu wissen, ist dumm.

Übung B1

Schauen wir doch gleich einmal nach, welche Bedeutung die beiden Wörter haben, die auf Seite 27 und 28 sicher unklar waren:

Marginalie ***Invektive***

Und wie wär's mit dieser kleinen Fingerübung?
Unterstreichen Sie bitte das Richtige, ohne vorher ein Lexikon zu befragen:

ambivalent: doppeldeutig/doppelwertig/unentschieden
Spinett: Vorgänger des Klaviers/Klarinettenart/Rokokoschrank
Clan: politischer Geheimbund/(schottischer) Familienverband/Metallart

1.7. Sachfragen klären

Doch nicht immer reicht es aus, sich in einem Nachschlagewerk über die lexikalische Bedeutung eines Wortes zu informieren. Machen wir uns dies an einem Beispiel klar:

Originaltext

Hyperion an Bellarmin

Der liebe Vaterlandsboden gibt mir wieder Freude und Leid.

Ich bin jetzt alle Morgen auf den Höhn des Korinthischen Isthmus, und, wie die Biene unter Blumen, fliegt meine Seele oft hin und her zwischen den Meeren, die zur Rechten und zur Linken meinen glühenden Bergen die Füße kühlen.

Besonders der Eine der beeden Meerbusen hätte mich freuen sollen, wär ich ein Jahrtausend früher hier gestanden.

Wie ein siegender Halbgott, wallte da zwischen der herrlichen Wildnis des Helikon und Parnaß, wo das Morgenrot um hundert überschneite Gipfel spielt, und zwischen der paradiesischen Ebene von Sicyon der glänzende Meerbusen herein, gegen die Stadt der Freude, das jugendliche Korinth, und schüttete den erbeuteten Reichtum aller Zonen vor seiner Lieblingin aus. (...)

So beginnt HÖLDERLINS „Hyperion".

Vom lexikalischen Wortgebrauch her werden wir uns bald im Text zurechtfinden; aber ... welche sachlichen Zusammenhänge verbergen sich hinter den Wörtern? Wer weiß schon Bescheid über die griechische Mythologie? Wer kennt sich bei dem Titanen Hyperion und auf dem Parnass so gut aus, dass er den angedeuteten Zusammenhängen folgen kann?

Hierbei gilt wieder die Faustregel: Wer glaubt, alles zu wissen, ist dumm.

Und schon greifen wir zum Lexikon und versuchen, die **sachlichen Fragen zu klären.**

Doch – möglichst nicht schmökernd „hängen bleiben", sondern als Sachkenner wieder zum Ausgangstext zurückkehren, damit man sich nicht das Erfolgserlebnis beim erneuten Lesen entgehen lässt: Der informierte Leser hat mehr vom Text!

2. Inhalt und Form – Wie man einen Text durchschaut

2.1. Wovon der Text handelt

Zentralthema

Nach diesen Vorarbeiten geht´s nun zur Sache, nämlich zur Frage, um welches zentrale **Thema** es sich bei dem Text handelt. Hier ist Treffsicherheit gefragt, da der gefundene Leitgedanke unsere weitere Arbeit merklich prägen wird. Zielen wir gut?

Übung B 2

Welches Thema steht im Mittelpunkt des folgenden Textes?

Originaltext

Hobbyraum

Meine Söhne, sagt Herr Fahrenkamp, sind wortkarg genug. Ich frage sie dieses und jenes, ich bin kein Unmensch, es interessiert mich, was die Jugend denkt, schließlich war man selbst einmal jung. Wie soll nach eurer Ansicht die Zukunft aussehen, frage ich und bekomme keine Antwort, entweder meine Söhne wissen es selber nicht oder sie wollen sich nicht festlegen, es soll alles im Fluß bleiben, ein Fluß ohne Ufer sozusagen, mir geht das auf die Nerven, offen gesagt. Darüber, was es nicht mehr geben soll, äußern sich meine Söhne freimütiger, auch darüber, wen es nicht mehr geben soll, den Lehrer, den Richter, den Unternehmer, alles Leute, die unseren Staat aufgebaut haben, in größtenteils demokratischer Gesinnung, aus dem Nichts, wie man wohl behaupten kann, und das ist jetzt der Dank. Schön und gut, sagen meine Söhne, aber Ihr habt etwas versäumt, und ich frage, was wir versäumt haben, die Arbeiter sind zufrieden, alle Leute hier sind satt und zufrieden, und was gehen uns die Einwohner von Bolivien an. Ihr habt etwas versäumt, sagen meine Söhne und gehen hinunter in den Hobbyraum, den ich ihnen vor kurzem habe einrichten lassen. Was sie dort treiben, weiß ich nicht. Meine Frau meint, daß sie mit Bastelarbeiten für Weihnachten beschäftigt sind.

MARIE LUISE KASCHNITZ

Zum nächsten Arbeitsschritt ist es nur ein Katzensprung, denn er ergibt sich sozusagen aus dem vorigen. Um nämlich das zentrale Thema erkennen zu können, muss man bereits den Inhalt gesichtet haben, muss Wichtiges von Nebensächlichem geschieden haben und dem unsichtbaren „roten Faden" gefolgt sein.

Notizen

Spätestens jetzt sollte man beginnen, sich auf einem gesonderten Blatt **Notizen** zu machen. Nein, nicht ins Hausheft (dort findet man sie nur allzu schwer wieder), sondern auf DIN-A4-Blätter, die man später systematisch ordnen und abheften kann.

Inhaltswiedergabe

Nun erstellen wir mit eigenen Worten eine **Inhaltswiedergabe.** Dabei **raffen** wir den Text natürlich stark und reduzieren ihn auf das „Gerippe".

Es gilt immer noch der alte Geheimtipp:

– So wenig wie möglich
– so viel wie nötig

soll übrig bleiben. Wichtig ist, dass man **gleichmäßig** rafft, um nicht innerhalb des Textes die Schwerpunkte zu verschieben.

Übung B3

Geben Sie den Inhalt des folgenden Textes in knappen Worten wieder:

Originaltext

Café de la Terrasse

Ein Dutzend verwahrloste Gefangene, geführt von einem russischen Soldaten, gehen durch eine Straße; vermutlich kommen sie aus einem fernen Lager, und der junge Russc muß sic irgendwohin zur Arbeit führen oder, wie man sagt, zum Einsatz. Irgendwohin; sie wissen nichts über ihre Zukunft; es sind Gespenster, wie man sie allenthalben sehen kann. Plötzlich geschieht es, daß eine Frau, die zufällig aus einer Ruine kommt, aufschreit und über die Straße heranläuft, einen der Gefangenen umarmt – das Trüpplein muß stehen bleiben, und auch der Soldat begreift natürlich, was sich ereignet hat; er tritt zu dem Gefangenen, der die Schluchzende im Arm hält und fragt:
„Deine Frau?"
„Ja –."
Dann fragt er die Frau:
„Dein Mann?"
„Ja –."
Dann deutet er ihnen mit der Hand:
„Weg – laufen, laufen – weg!"
Sie können es nicht glauben, bleiben stehen; der Russe marschiert weiter mit den elf andern, bis er, einige hundert Meter später, einem Passanten winkt und mit der Maschinenpistole zwingt, einzutreten: damit das Dutzend, das der Staat von ihm verlangt, wieder voll ist.

Max Frisch

2.2. Welche Struktur der Text hat

Nun wollen wir das „Textgewebe" in seinen „Einzelfäden" und seiner „Webemethode" unter die Lupe nehmen.
Um uns aber nicht in die Ratlosigkeit im Sinne eines Drudel-Rätsels zu führen (dessen Reiz im Ausschnittcharakter des Bildes liegt), wollen wir zuerst das Ganze in Augenschein nehmen, um uns einen Überblick über die **Gesamtkomposition** zu verschaffen. Wir wollen also der Frage nachgehen:

Wie ist der Text aufgebaut?

Dies hat einen praktischen und einen theoretischen Nutzen:
Zum einen ermöglicht die Einsicht in das Bauprinzip, dass der Text überschaubar wird und sich (vorübergehend) in Teile gliedern lässt, die man gut handhaben kann. Zum anderen können wir auf diese Weise die **Gedankenführung** erkennen und dem Autor endlich „in die Karten schauen“: Durch Offenlegung der **gedanklichen Einheiten** und Feststellung ihres **Verhältnisses zueinander** können wir die einzelnen Gedankenschritte nachvollziehen und die Struktur des Ganzen überblicken.

Wenn wir bei unserem vorigen Arbeitsschritt keinen Fehler gemacht haben, so zeigen sich jetzt deutliche Entsprechungen zwischen Inhaltsangabe und Gliederung.

Wie gehen wir nun im Einzelnen vor?

Textstruktur und Gliederungssignale

Manche Texte sind „analysefreundlich“ geschrieben, indem sie schon vom Autor optisch sichtbar gegliedert sind:
Auffällige Einschnitte (**Zäsuren**), wie z.B. Absätze, Kapitel-, Strophen- oder Szeneneinteilungen, liefern erste Anhaltspunkte für **strukturierende Schaltstellen**, und der Leser braucht nur noch die Berechtigung dieser Zäsuren zu erkennen. Oft aber fehlen solche visuellen Orientierungshilfen, und man muss den **Gliederungssignalen** selbst auf die Spur kommen. Wie man das macht?

Hier gibt es wegen der Individualität jedes Textes natürlich wieder kein Schema, nach dem wir vorgehen können. Stattdessen gibt es aber einige auffällige Textelemente, die „zäsur-verdächtig“ sind, vor allem:

- poetische Elemente
  (z. B. Rhythmuswechsel, Wiederholung von Reimen oder Bildern, Gegenüberstellung kontrastierender Begriffe, Änderung der Zeit-Darstellung, z. B. durch Raffung oder Rückblende, vgl. hierzu auch die Übersicht poetischer Mittel Seite 142 ff.)

- besondere Satzzeichen
  (z.B. Gedankenstrich, Doppelpunkt)

- logische Partikeln
  (z. B. *also, deswegen*)

- deutliche Zeitangaben
  (z. B. *nun, danach*)

Fehlen solche äußeren Anhaltspunkte, so lassen sich die Gedankenpausen auch vom **Inhalt** her erschließen: Unter der Leitfrage „Wovon ist die Rede?" ergibt sich dann eine vom Themenwechsel bestimmte Aufgliederung des Textes.

markieren

Mit der **Markierung** der gefundenen Zäsuren durch Schrägstriche ist der erste Arbeitsschritt beendet. (Falls das Arbeitsergebnis mit einigen Kommentaren aus der Vorbereitungsphase (vgl. S. 27) übereinstimmt, ist dies kein Nachteil …)

grafisch veranschaulichen

Nach Abgrenzen der Sinneinheiten ist deren Verhältnis zueinander, d.h. die **Abfolge der Gedanken** zu ermitteln. Hierbei wollen wir versuchen, die Struktur des Gesamttextes jeweils **grafisch zu veranschaulichen.**

Hierfür zwei Beispiele:

Beispiel 1

Reklame

Originaltext

Wohin aber gehen wir/
ohne sorge sei ohne sorge/
wenn es dunkel und wenn es kalt wird/
sei ohne sorge/
aber/
mit musik/
was sollen wir tun/
heiter und mit musik/
und denken/
heiter/
angesichts eines Endes/
mit musik/
und wohin tragen wir/
am besten/
unsre Fragen und den Schauer aller Jahre/
in die Traumwäscherei ohne sorge sei ohne sorge/
was aber geschieht/
am besten/
wenn Totenstille/

eintritt

INGEBORG BACHMANN

Das Bauprinzip des Gedichts lässt sich durch den Schrifttypwechsel bereits beim bloßen Hinschauen sinnfällig *ab-lesen.*
Sprechen wir den Text laut, dann *hören* wir zusätzlich das Struktur schaffende Element: den Rhythmuswechsel.

Die Teile sind so angeordnet, dass die Zeilen mit den ungeraden bzw. mit den geraden Zahlenangaben jeweils zusammengehören; genau genommen entsteht daher am Ende jeder Zeile eine Zäsur.

Dem optisch-phonetischen Gliederungsprinzip entsprechen auch Inhalt und sonstige Sprachgestalt: Die beiden regelmäßig miteinander verwobenen Textteile sind Frage- und Antwortelemente eines indirekten Gesprächs. Das lyrische Ich fragt in existentieller Betroffenheit eindringlich nach einer Orientierung für das persönliche Leben und Sterben.

Reklamefetzen unterbrechen schroff den Gedankenfluss mit phrasenhaften Floskeln und Schein-Antworten, die dann bei der bohrendsten Frage (*was aber geschieht wenn Totenstille eintritt*, Zeile 17 ff.) verstummt.

Ein Vorschlag für die grafische Darstellung der Gedankenfolge:

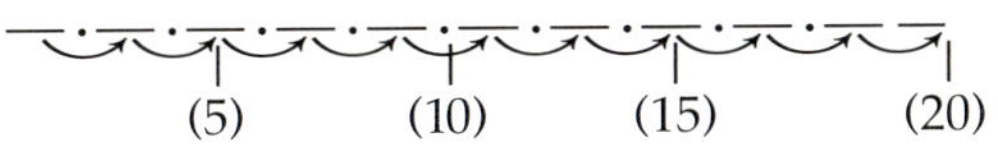

Beispiel 2

Originaltext

Die Geschichte vom Honigtropfen

Ein Jäger pflegte in der Steppe die wilden Tiere zu jagen, / und da kam er eines Tages zu einer Höhle im Gebirge und fand in ihr ein Loch voll Bienenhonig. Er schöpfte etwas von jenem Honig in einen Schlauch, den er bei sich trug, legte ihn über die Schulter und trug ihn in die Stadt; ihm folgte sein Jagdhund, ein Tier, das ihm lieb und wert war. Beim Laden eines Ölhändlers blieb der Jäger stehen und bot ihm den Honig zum Kaufe an; / da kaufte ihn der Mann im Laden. / Dann öffnete er den Schlauch und ließ den Honig auslaufen, um ihn zu besehen. Dabei fiel ein Honigtropfen aus dem Schlauche auf die Erde. / Nun sammelten sich die Fliegen um ihn, und auf die schoß ein Vogel herab. Der Ölhändler aber hatte eine Katze, und die sprang auf den Vogel los; als der Jagdhund die Katze sah, stürzte er sich auf sie und biß sie tot. / Da sprang der Ölhändler auf den Jagdhund los und schlug ihn tot; und zuletzt erhob sich der Jäger wider den Ölhändler und erschlug ihn. / Nun gehörte der Ölhändler in das eine Dorf, der Jäger aber in ein anderes. Und als die Bewohner der beiden Dörfer die Kunde vernahmen, griffen sie zu Wehr und Waffen und erhoben sich im Zorne wider einander. Die beiden Schlachtreihen prallten zusammen, und das Schwert wütete lange unter ihnen, bis daß viel Volks gefallen war, so viele, daß nur Allah der Erhabene ihre Zahl kennt.

In diesem Text fällt die chronologische Darstellung eines Ereignisses auf, das sich in mehreren Etappen vollzieht. Diese werden jeweils durch Zeitangaben eingeleitet (*da* in Zeile 1, 7 und 15; *nun* in Zeile 17) und im Verlauf des Textes immer häufiger durch weitere Zeitangaben ergänzt, bis das Geschehen in der letzten Etappe so dicht zusammengedrängt wird, dass die Zeitdauer des Erzählens (Erzählzeit) nicht mehr mit der Zeitdauer innerhalb der Erzählung (der erzählten Zeit) übereinstimmt.

Und in welchem Verhältnis steht nun der einleitende Hauptsatz zu der Steigerung (Klimax) des Geschehens zu einem Höhepunkt? Er führt zeitlich raffend (*pflegte,* Zeile 1) in die Situation ein.
Der Aufbau könnte also etwa so veranschaulicht werden:

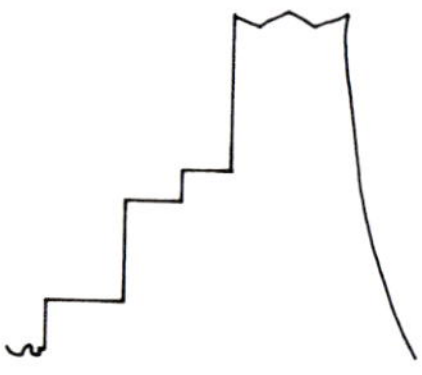

Ein spezieller Wink für längere Texte: Ein Blick in das **Inhaltsverzeichnis** oder auf die **Überschriften** kann für das Erkennen des Bauprinzips nützlich sein.

Beispiele für grafische Darstellung

Zu guter Letzt noch ein paar Anregungen für grafische Darstellungen in dem Fall, dass

- … ein Thema erst allgemein vorgestellt, dann Stück für Stück im Detail behandelt wird und die Ergebnisse zum Schluss noch einmal zusammengefasst werden.

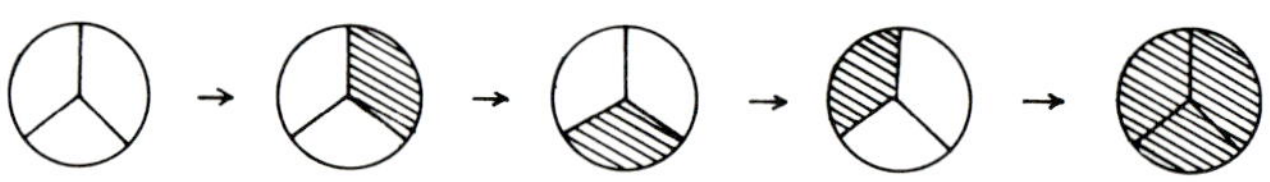

- … die Aneinanderreihung von Gedanken durch Exkurse unterbrochen wird.

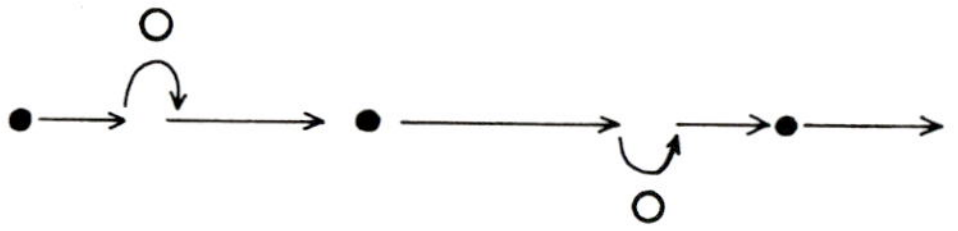

- … sich das Bauprinzip aus der Folge von Einleitung, Hauptteil und Schluss ergibt.

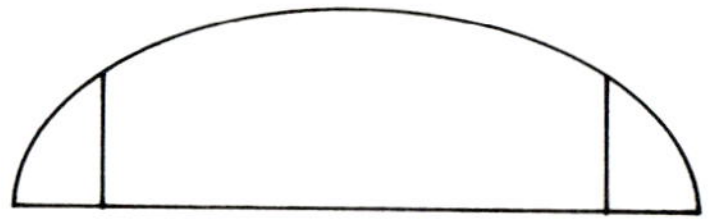

- … sich eine Handlung textintern nach Rahmen- und Binnenhandlung strukturiert. (Der Leser erfährt die Haupthandlung als Erzählung einer Person aus einer „einrahmenden“ Nebenhandlung.)

Wir sehen:
Da jeder Text in Inhalt und Form einmalig ist, gibt es **keine grafischen „Muster“**, und der **textgerechten Phantasie** sind keine Grenzen gesetzt.

Wenn es gelingt,
– Unsichtbares sichtbar zu machen und
– die Textstruktur übersichtlich auf *einen Blick* zu veranschaulichen,
dann ist auch dieser Arbeitsschritt zufrieden stellend abgeschlossen.

Übung B4

Gliedern Sie folgenden Text und machen Sie das Verhältnis seiner Teile zueinander grafisch sichtbar.

Originaltext

Der plötzliche Spaziergang

Wenn man sich am Abend endgültig entschlossen zu haben scheint, zu Hause zu bleiben, den Hausrock angezogen hat, nach dem Nachtmahl beim beleuchteten Tische sitzt und jene Arbeit oder jenes Spiel vorgenommen hat, nach dessen Beendigung man gewohnheitsgemäß schlafen geht, wenn draußen ein unfreundliches Wetter ist, welches das Zuhausebleiben selbstverständlich macht, wenn man jetzt auch schon so lange bei Tisch stillgehalten hat, daß das Weggehen allgemeines Erstaunen hervorrufen müßte, wenn nun auch schon das Treppenhaus dunkel und das Haustor gesperrt ist, und wenn man nun trotz alledem in einem plötzlichen Unbehagen aufsteht, den Rock wechselt, sofort straßenmäßig angezogen erscheint, weggehen zu müssen erklärt, es nach kurzem Abschied auch tut, je nach der Schnelligkeit, mit der man die Wohnungstür zuschlägt, mehr oder weniger Ärger zu hinterlassen glaubt, wenn man sich auf der Gasse wiederfindet, mit Gliedern, die diese schon unerwartete Freiheit, die man ihnen verschafft hat, mit besonderer Beweglichkeit beantworten, wenn man durch diesen einen Entschluß alle Entschlußfähigkeit in sich gesammelt fühlt, wenn man mit größerer als der gewöhnlichen Bedeutung erkennt, daß man ja mehr Kraft als Bedürfnis hat, die schnellste Veränderung leicht zu bewirken und zu ertragen, und wenn man so die langen Gassen hinläuft, – dann ist man für diesen Abend gänzlich aus seiner Familie ausgetreten, die ins Wesenlose abschwenkt, während man selbst, ganz fest, schwarz vor Umrissenheit, hinten die Schenkel schlagend, sich zu seiner wahren Gestalt erhebt. Verstärkt wird alles noch, wenn man zu dieser späten Abendzeit einen Freund aufsucht, um nachzusehen, wie es ihm geht.

Franz Kafka

2.3. Welche sprachliche Gestaltung vorliegt

Nachdem wir jetzt einen Überblick über die Gedankenbewegung des Gesamttextes gewonnen haben, wollen wir uns nun den Details zuwenden und der Frage nachgehen:

Wie ist der Text im Einzelnen gestaltet?

Erinnern wir uns: Zeichenkörper und Zeichenbedeutung bilden eine unlösbare sprachliche Einheit (vgl. S. 25); jede besondere sprachliche **Form** ist also Träger eines besonderen **Inhalts**.

Wortgebrauch

Wie wichtig der **Wortgebrauch** für den Inhalt eines Textes ist, lässt sich gut an Werbetexten ablesen: Fordert man z.B. mit dem Slogan vom *Duft der großen weiten Welt* zum Kauf einer bestimmten Ware auf, so schwingt bereits durch die Wahl des positiven Worts *Duft* eine Aufwertung mit, die etwa bei einem neutralen Wort wie *Geruch* keineswegs gegeben wäre.

! Die Wahl bestimmter Wörter hat entscheidende Wirkung auf den Inhalt des Gesagten.

Welche Bedeutung die **formale Gestalt** eines Wortes oder eines Satzes hat, verdeutlicht ein anderes Beispiel: In der Aufforderung *Mach mal Pause …* enthält der Imperativ *mach* in seiner Kürze und Unmittelbarkeit einen eindringlichen Nachdruck, wie er etwa in der Form *Du sollst mal Pause machen …* nicht herzustellen wäre.

! Die Wahl bestimmter Wort- und Satzformen hat entscheidende Wirkung auf den Inhalt des Gesagten.

Welchen Beitrag das besondere **Klangbild** leistet, zeigen Werbesprüche wie z. B. *Milch macht müde Männer munter.* Vergleichen wir diesen Slogan etwa mit der Formulierung *Milch regt abgespannte Männer an*, so ist offenkundig:

! Die Wahl bestimmter Lautverbindungen hat entscheidende Wirkung auf den Inhalt des Gesagten.

Formulierung

Im Folgenden untersuchen wir nun die besondere **Art und Weise der Formulierung** – das „Wie“ des Textes.

Wir gehen davon aus, dass sprachliche Gestaltungsmittel nicht beliebig, sondern gezielt eingesetzt werden, dass Texte also kein zufälliges Produkt spontaner Ideen sind, sondern bewusster Komposition entspringen. (Inwieweit auch unmittelbare Einfälle bei der Textentstehung beteiligt sind, wäre allerdings einmal zu überprüfen.)

Da jeder Text eine semantische, eine syntaktische und eine phonetische Seite hat (vgl. S. 8), ist es sinnvoll, auch unsere Untersuchung nach diesen Gesichtspunkten durchzuführen:

Wortgebrauch
(semantischer Befund)
Form und Anordnung der Wörter
(syntaktischer Befund)
lautliche Gegebenheiten
(phonetischer Befund)

semantischer

syntaktischer

phonetischer
Befund

Es reicht jedoch nicht, die sprachlichen Besonderheiten nur festzustellen, sondern wir wollen auch untersuchen, welche Aufgabe ihnen zukommt und was sich daraus für das Textverständnis ergibt.

Jeder Arbeitsschritt stellt also Fragen an den Text:

- Welche **sprachlichen Gestaltungsmittel** werden eingesetzt?
- Welche **Funktion** haben sie?
- Welche Folgen ergeben sich für die **Bedeutung** des Textes?

Für diese systematische Arbeit am Text bedienen wir uns im Folgenden einer kleinen Hilfsfrage mit großer Wirkung:

Was fällt auf?

Semantischer Befund

Wir richten unser Augenmerk nun auf die **Wortwahl** eines Textes als einem textprägenden Stilmittel, d. h. in unserem „semantischen Blickfeld" steht die Beziehung zwischen den Sprachzeichen und dem, was sie bezeichnen.

Hierbei beschränken wir uns auf zwei Grundfragen:

1. **Welche Wörter** werden benutzt?
2. **Wie** werden die **Wörter gebraucht?**

Welche Wörter werden benutzt? (Wortart – Wortinhalt – Leitbegriff)

Beispiel 1

Originaltext

Der Dumme

Sie standen beieinander, und sie wußten alle das gleiche, und sie glaubten, daß es viel sei, was sie wußten. Einen gab es unter ihnen, der wußte nicht das gleiche wie sie, und sie nannten ihn dumm. Es war Triboll. Der wurde bescheiden, als er hörte, daß er dumm sei, und verkroch sich, damit ihn niemand mehr sah. Aber die anderen hatten kein Mitleid mit ihm und krochen

ihm nach und sahen ihn an und redeten über das, was er nicht verstehen konnte. Sie sahen, wie sehr Triboll litt, und waren befriedigt, daß sie es waren, die ihn leiden machten.
Da änderte sich die Welt, und plötzlich war Triboll klug, und die anderen waren dumm, weitaus dümmer als er, und Triboll wollte sich rächen für das, was ihm die anderen vorher angetan hatten. Er redete so zu ihnen, daß sie ihn nicht verstanden, weil sie nicht wußten, was er wußte. Aber sie bewunderten ihn, und niemand schämte sich dafür, daß er nicht wußte, was Triboll wußte, und Triboll hatte Mitleid mit ihnen und konnte sie nicht quälen. Er wußte, daß er immer anders gewesen und allein war, und er erwartete mit Angst die Zeit, die, das wußte er genau, einmal wiederkehren würde, die Zeit, in der sich die Welt wieder änderte, und in der ihn die anderen wieder quälen würden.

GISELA ELSNER

Untersuchung der Wortwahl

Bei der Lektüre dieses Textes fällt auf, dass eine bestimmte **Wortart** dominiert: das **Verb.**
Solche Feststellung ist zunächst nur eine statistische Zahlenangabe: Von gut 200 Wörtern sind ca. 50 Wörter Verben (davon ca. 40 Vollverben); d. h. ungefähr ein Viertel des Textes bedient sich einer Wortart, die Handlungen ausdrückt, und nur knapp 15 Wörter sind Substantive (davon 6 x derselbe Eigenname); der übrige Text verteilt sich auf die anderen Wortarten.

Da der inhaltliche Schwerpunkt des Textes auf dem Gedanken liegt, dass Menschen durch andere Menschen geprägt werden – durch deren Handlungen/Verhalten –, wird der semantische Befund bestätigt, dass nämlich die Aktivitäten des Menschen (durch die vielen Verben ausgedrückt) eine bedeutende Rolle in diesem Text spielen.

Die Frage, ob in einem Text eine bestimmte Wortart dominiert, kann also beim Entschlüsseln eines Textes hilfreich sein.

Beispiel 2

Ansprache zum Unglück von Tschernobyl (1986)

Originaltext

Wie Sie alle wissen, hat uns vor kurzem ein Unglück getroffen: Der Unglücksfall im Kernkraftwerk Tschernobyl. Er hat die Menschen in der Sowjetunion schmerzlich berührt und die Weltöffentlichkeit beunruhigt. Zum ersten Mal sind wir in der Realität mit einer solch gefährlichen Kraft konfrontiert worden, wie sie die außer Kontrolle geratene Kernkraft darstellt. In Anbetracht des außerordentlichen und gefährlichen Charakters dessen, was sich in Tschernobyl zugetragen hat, hat das Politbüro die Gesamtorganisation zur raschesten Behebung der Havarie und zur Begrenzung der Folgen in ihre Hände genommen.
Was ist eigentlich geschehen? Wie die Fachleute mitteilen, ist bei einer planmäßigen Abschaltung des vierten Blocks die Leistung des Reaktors

plötzlich gestiegen. Das Austreten großer Mengen von Dampf und die daran anschließende Reaktion führten zur Bildung von Wasserstoff, dann zu dessen Explosion und schließlich zur Zerstörung des Reaktors und zu der damit verbundenen Emission von Radioaktivität. Es ist jetzt noch zu früh, um schon ein endgültiges Urteil über die Ursachen der Havarie zu treffen. Die Kommission der Regierung untersucht aufmerksam alle Aspekte des Problems: Konstruktions-, Projektierungs-, technische und betriebliche Aspekte. Es ist klar, daß, wenn die Ursachen der Havarie analysiert worden sind, alle nötigen Schlüsse darauf gezogen werden und Maßnahmen eingeleitet werden, die eine Wiederholung des Geschehenen unmöglich machen.

Die Einwohner der Siedlung beim Kernkraftwerk wurden innerhalb weniger Stunden evakuiert. Als später klar wurde, daß auch für die Menschen in dem angrenzenden Gebiet potentiell eine Gefährdung bestand, wurden auch diese in sichere Gebiete gebracht.

Trotz der eingeleiteten Maßnahmen konnten viele Menschen nicht vor Schaden bewahrt werden. Bei der Havarie selbst kamen zwei Menschen ums Leben. Bis heute wurden 299 Menschen mit Strahlenschäden unterschiedlicher Stärke in die Krankenhäuser gebracht. Sieben von ihnen sind gestorben. Den übrigen wird jede nur erdenkliche Hilfe zuteil.

Ich möchte es noch einmal sagen, die Hilfe für die Menschen ist nach wie vor unsere allererste Aufgabe. Zugleich wird im Kraftwerk selbst und im angrenzenden Bereich energisch gearbeitet, um das Ausmaß der Havarie zu begrenzen. Unter schwersten Bedingungen ist es gelungen, den Brand zu löschen und ein Übergreifen auf die anderen Energieblöcke zu verhindern. Das Personal des Kernkraftwerks hat dafür gesorgt, daß die drei anderen Reaktoren stillgelegt und in einen ungefährlichen Zustand versetzt wurden. Sie befinden sich unter ständiger Kontrolle.

Dank der eingeleiteten wirksamen Maßnahmen kann man heute sagen, daß wir das Schwierigste geschafft haben. Das Schlimmste konnte verhindert werden (...)

MICHAIL GORBATSCHOW

Anhand des vorliegenden Teils der Rede, die Gorbatschow kurz nach dem Reaktorunglück in Tschernobyl gehalten hat, soll ein weiteres semantisches Sprachmittel ins Blickfeld rücken.

Übung B5

Als aufmerksamer Leser wird man bemerken, dass Gorbatschow bemüht ist, die Gefahr des Unglücks herunterzuspielen.
Dabei fällt auf, dass er sich eines bestimmten Schlüsselbegriffs bedient, dessen mehrfache Wiederholung ihm die Funktion eines **Leitbegriffs** gibt. Er allein ist bereits ein Indiz dafür, dass in dieser Rede die Katastrophe verharmlost wird.

Leitbegriff

Unterstreichen Sie diesen Begriff.

Gewöhnen Sie sich an, bei der Analyse eines Textes nach solchen Leitbegriffen Ausschau zu halten. (Allerdings kommen sie – natürlich – nicht in jedem Text vor.)

An der **besonderen Wortwahl** eines Textes ließe sich noch manches untersuchen, z. B.

- **Stilebene** (Alltagssprache oder gehobene Sprache)
- **Sprachneuschöpfungen**.

Wie werden die Wörter gebraucht? (wörtlich – bildhaft – verhüllt?)

Originaltext

Von der Höflichkeit

Sie ist eine stillschweigende Übereinkunft, gegenseitig die moralisch und intellektuell elende Beschaffenheit voneinander zu ignorieren und sie sich nicht vorzurücken; – wodurch diese, zu beiderseitigem Vorteil, etwas weniger leicht zu Tage kommt.
Höflichkeit ist Klugheit; folglich ist Unhöflichkeit Dummheit: sich mittels ihrer unnötiger- und mutwilligerweise Feinde machen ist Raserei, wie wenn man sein Haus in Brand steckt …
Eine schwere Aufgabe ist freilich die Höflichkeit insofern, als sie verlangt, daß wir allen Leuten die größte Achtung bezeugen, während die allermeisten keine verdienen; sodann, daß wir den lebhaftesten Anteil an ihnen simulieren, während wir froh sein müssen, keinen an ihnen zu haben. – Höflichkeit mit Stolz zu vereinigen ist ein Meisterstück. –

ARTHUR SCHOPENHAUER

Originaltext

Die Stachelschweine

Eine Gesellschaft Stachelschweine drängte sich an einem kalten Wintertag recht nahe zusammen, um, durch die gegenseitige Wärme, sich vor dem Erfrieren zu schützen. Jedoch bald empfanden sie die gegenseitigen Stacheln; welches sie dann wieder von einander entfernte. Wann nun das Bedürfnis der Erwärmung sie wieder näher zusammen brachte, wiederholte sich jenes zweite Übel, so daß sie zwischen beiden Leiden hin und her geworfen wurden, bis sie eine mäßige Entfernung von einander her ausgefunden hatten, in der sie es am besten aushalten konnten.
So treibt das Bedürfnis der Gesellschaft, aus der Leere und Monotonie des eigenen Innern entsprungen, die Menschen zueinander; aber ihre vielen widerwärtigen Eigenschaften und unerträglichen Fehler stoßen sie wieder voneinander ab. Die mittlere Entfernung, die sie endlich herausfinden, und bei welcher ein Beisammensein bestehen kann, ist die Höflichkeit und feine Sitte.

ARTHUR SCHOPENHAUER

Thema und Variation. Was fällt auf?

Unterschiedliche Gestaltung verursacht unterschiedliche Wirkung: Der erste Text setzt alle Wörter **wörtlich** ein. Der zweite verwendet die meisten **in übertragener Bedeutung;** dies merkt man bald, Gewissheit bekommt man allerdings erst in Zeile 12, in der sich die *Stachelschweine* als Bild für den Menschen entpuppen.

Bildhafte Ausdrucksweise – was wird dadurch erreicht? Bilder regen die Vorstellungskraft an, machen das Gemeinte anschaulich, sodass man es mit dem geistigen Auge „sehen" kann.
Solcher nicht wörtlich gemeinte Sprachgebrauch wird auch uneigentliche Redeweise genannt. Da sie die Wortwahl betrifft, bezeichnet man sie in der Rhetorik, der Redekunst, auch als Wortfiguren.

Stilmittel

Es gibt zahlreiche Stilmittel dieser Art, z. B.

indirekter Vergleich

- **Metapher** (griech. „Übertragung")
  Ein Vergleich wird ohne das Vergleichswort *wie* benutzt.

  Beispiele: – *König der Tiere* (statt: Das Tier hat eine Stellung unter den anderen *wie* ein König.)
  – *Redefluss* (statt: Die Rede hat eine Eigenbewegung *wie* ein Fluss.)

- **Personifikation** (lat. „Person-Machung")
  Leblose Dinge werden ohne das Vergleichswort *als ob* wie Lebewesen behandelt.

  Beispiele: – *lachender Himmel* (statt: Der Himmel wirkt so, *als ob* er lache.)
  – *flüsternde Blätter* (statt: Die Blätter verursachen Geräusche, *als ob* sie flüsterten.)

- **Synästhesie** (griech. „Zusammen-Empfindung")
  Die Intensität eines Sinneseindrucks (z. B. durch das Auge) wird durch einen verkürzten Vergleich mit einem anderen Eindruck (z. B. durch das Ohr) ausgedrückt.

  Beispiele: – *knallrot* (statt: Das Rot ist so intensiv *wie* ein Knall.)
  – *warme Farben* (statt: Die Farben üben eine so wohltuende Wirkung aus *wie* Wärme.)

Wir sehen: Die drei genannten Gestaltungsmittel bedienen sich zur Veranschaulichung eines Gedankens eines **indirekten Vergleichs.**

sprachliche Stellvertreter

- **Symbol** (griech. „Erkennungszeichen")
  Ein Gegenstand oder ein Geschehen wird als Sinnbild für etwas anderes genannt.

  Beispiele: – *Taube* (statt: Frieden)
  – *Kreuz* (statt: christliche Religion)

- **Metonymie** (griech. „Namensvertauschung“)
  Ein Wort wird durch ein anderes ersetzt, das in engem Zusammenhang mit ihm steht.

  Beispiele: – *Goethe lesen* (statt: ein Werk von Goethe lesen)
  – *Deutschland ist Weltmeister* (statt: Deutsche Sportler sind Weltmeister.)

- **Synekdoche** (Betonung auf dem letzten e; griech. „Mitverstehen“)
  Statt des Gesamtbegriffs wird ein Teilbegriff verwendet (pars pro toto, lat. „Teil statt des Ganzen“)

  Beispiele: – *Einkommen pro Kopf* (statt: Einkommen pro Person)
  – *Schwelle* (statt: Haus)

  oder aber der Gesamtbegriff statt eines Teils:

  Beispiele: – *Eiche* (statt: Eichenlaub)
  – *Elefant* (statt: Elfenbein)

Wir sehen: Diese drei Gestaltungsmittel veranschaulichen einen Gedanken durch einen **sprachlichen Stellvertreter.**

Wir sehen auch: Werden Wörter nicht im reinen Wortsinn gebraucht, so reicht zum Verstehen die Kenntnis ihrer lexikalischen Bedeutung nicht mehr aus, sondern wir müssen hinter die „Wortmaske“ schauen und die gemeinte Bedeutung enthüllen.
Dies ist reizvoll und gefährlich zugleich; denn die uneigentliche Redeweise ist nicht eindeutig. Der Reiz des deutenden Verstehens liegt in der aktiven Eigenleistung des Lesers. Damit wir jedoch nichts „hineinlesen“, müssen wir die Ergebnisse ständig am Text überprüfen.

! Es darf nur dasjenige *aus* dem Text herausgelesen werden, was – direkt oder indirekt – *im* Text steht.

Übung B6

Das Verstehen bei wörtlichem Sprachgebrauch müssen wir nicht üben. Aber haben wir auch die Fähigkeit, den verborgenen Sinn bei uneigentlicher Redeweise aufzudecken? Es wird sich zeigen.

In Anlehnung an die auf Seite 39 eingeführte Fragetechnik lautet Ihre Aufgabe für den folgenden Text:

- Unterstreichen Sie die Substantive, die in übertragener Bedeutung verwendet werden, und notieren Sie am Rand, um welches Stilmittel es sich handelt.
- Überlegen Sie, welche Funktion diesem Stilmittel hier zukommt.
- Führen Sie schriftlich aus, welche eigentliche Bedeutung hinter dieser uneigentlichen Sprachwahl sichtbar wird.

Unbestreitbar macht die Bundesrepublik eine Krise durch. Aber es ist eine Anpassungskrise, keine Staatskrise. (...)
Anlaß zur Dramatisierung besteht auch aus einem anderen Grunde nicht. Wir haben es im Ernst nicht mit einer Systemkrise zu tun. Wohl durchschreiten wir in der Gegenwart, so scheint es, eine Bruchzone, in der manche herkömmliche Weisheit, manche als unumstößlich geltende Gewißheit ins Rutschen gerät. In der Parteienlandschaft der Bundesrepublik sind die Verwerfungslinien derzeit besonders deutlich. Aber auch dabei geht es um einen schwierigen Anpassungsprozeß, nicht um eine Endzeitkrise.

Originaltext

THEO SOMMER
(Text ist gekürzt)

Ratschläge für einen schlechten Redner

Originaltext

Fang nie mit dem Anfang an, sondern immer drei Meilen vor dem Anfang! Etwa so: „Meine Damen und meine Herren! Bevor ich zum Thema des heutigen Abends komme, lassen Sie mich Ihnen kurz ..."
Hier hast du schon so ziemlich alles, was einen schönen Anfang ausmacht: eine steife Anrede; der Anfang vor dem Anfang; die Ankündigung, daß und was du zu sprechen beabsichtigst, und das Wörtchen kurz. So gewinnst du im Nu die Herzen und die Ohren der Zuhörer.

Denn das hat der Zuhörer gern: daß er deine Rede wie ein schweres Schulpensum aufbekommt; daß du mit dem drohst, was du sagen wirst, sagst und schon gesagt hast. Immer schön umständlich.
Sprich nicht frei – das macht einen so unruhigen Eindruck. Am besten ist es: du liest deine Rede ab. Das ist sicher, zuverlässig, auch freut es jedermann, wenn der lesende Redner nach jedem viertel Satz mißtrauisch hochblickt, ob auch noch alle da sind. Sprich, wie du schreibst. Und ich weiß, wie du schreibst.
Sprich mit langen, langen Sätzen – solchen, bei denen du, der du dich zu Hause, wo du ja die Ruhe, deren du so sehr benötigst, deiner Kinder ungeachtet, hast, vorbereitest, genau weißt, wie das Ende ist, die Nebensätze schön ineinandergeschachtelt, so daß der Hörer, ungeduldig auf seinem Sitz hin und her träumend, sich in einem Kolleg wähnend, in dem er früher so gern geschlummert hat, auf das Ende solcher Periode wartet ... nun, ich habe dir eben ein Beispiel gegeben. So mußt du sprechen.
Fang immer bei den alten Römern an und gib stets, wovon du auch sprichst, die geschichtlichen Hintergründe der Sache. Das ist nicht nur deutsch – das tun alle Brillenmenschen. Ich habe einmal in der Sorbonne einen chinesischen Studenten sprechen hören, der sprach glatt und gut französisch, aber er begann zu allgemeiner Freude so: „Lassen Sie mich Ihnen in aller Kürze die Entwicklungsgeschichte meiner chinesischen Heimat seit dem Jahre 2000 vor Christi Geburt ..." Er blickte ganz erstaunt auf, weil die Leute so lachten.
Kümmere dich nicht darum, ob die Wellen, die von dir ins Publikum laufen,

auch zurückkommen – das sind Kinkerlitzchen. Sprich unbekümmert um die Wirkung, um die Leute, um die Luft im Saale; immer sprich, mein Guter. Gott wird es dir lohnen. Du mußt alles in die Nebensätze legen. Sag nie: „Die Steuern sind zu hoch." Das ist zu einfach. Sag: „Ich möchte zu dem, was ich soeben gesagt habe, noch kurz bemerken, daß mir die Steuern bei weitem …" So heißt das.

Trink den Leuten ab und zu ein Glas Wasser vor – man sieht das gern.

Wenn du einen Witz machst, lach vorher, damit man weiß, wo die Pointe ist.

Kündige den Schluß deiner Rede lange vorher an, damit die Hörer vor Freude nicht einen Schlaganfall bekommen.

Sprich nie unter anderthalb Stunden, sonst lohnt es gar nicht erst anzufangen.

Wenn einer spricht, müssen die andern zuhören – das ist deine Gelegenheit! Mißbrauche sie.

KURT TUCHOLSKY

Originaltext

Ratschläge für einen guten Redner

Hauptsätze. Hauptsätze. Hauptsätze.

Klare Disposition im Kopf – möglichst wenig auf dem Papier.

Tatsachen, oder Appell an das Gefühl. Schleuder oder Harfe. Ein Redner sei kein Lexikon. Das haben die Leute zu Hause.

Der Ton einer einzelnen Sprechstimme ermüdet; sprich nie länger als vierzig Minuten. Suche keine Effekte zu erzielen, die nicht in deinem Wesen liegen. Ein Podium ist eine unbarmherzige Sache – da steht der Mensch nackter als im Sonnenbad.

Merk Otto Brahms Spruch: Wat jestrichen is, kann nich durchfalln.

KURT TUCHOLSKY

Wie TUCHOLSKYS „Ratschläge für einen schlechten Redner" zeigen, gibt es offensichtlich außer der wörtlichen und der bildhaften Ausdrucksweise noch andere Möglichkeiten des Wortgebrauchs: Man meint (dem Sinn nach) etwas anderes, als man „im wörtlichen Sinn" sagt.

Warum? Dies gibt Gelegenheit, etwas indirekt hervorzuheben, was beim normalen (direkten) Ausdruck leicht unbemerkt bliebe oder zu krass ausfiele. Diese Form der uneigentlichen Redeweise zielt vor allem auf die psychologische Wirkung der Formulierung ab.

Solche Gestaltungsmittel sind z. B.

- **Ironie** (griech. „Verstellung")
  Man sagt das Gegenteil von dem, was man meint.
  Beispiele: – *Das hat mir gerade noch gefehlt!* (statt: Dies kann ich jetzt gar nicht gebrauchen.)
  – TUCHOLSKYS *Ratschläge für einen schlechten Redner* (statt: Ratschläge für einen guten Redner)

- **Litotes** (griech. „Schlichtheit")
  Man verneint das Gegenteil von dem, was man meint – besondere Form der Untertreibung.
  Beispiele: – *nicht neu* (statt: alt)
  – *Er war nicht gerade freundlich.* (statt: Er war unfreundlich.)

- **Euphemismus** (griech. „Schön-Reden")
  Man umschreibt einen negativen Sachverhalt mit beschönigenden Ausdrücken.
  Beispiele: – *Null-Wachstum* (statt: Stillstand)
  – *vollschlank* (statt: dick)

Solche Stilmittel decken auf, indem sie **verhüllen,** bzw. sie verhüllen etwas, um es aufzudecken.
Das bedeutet für den Leser, dass er wachsam sein muss, um nicht „reinzufallen". Er muss „hinter die Kulissen" schauen.

Probieren wir es:

Übung B7

Bei folgendem Text handelt es sich um den Anfang des Schaupiels „Zeit der Schuldlosen" von SIEGFRIED LENZ.

– Unterstreichen Sie diejenigen Stellen, an denen der Major etwas anderes sagt, als er meint. Notieren Sie den Fachausdruck für das Stilmittel am Rand.

– Überlegen Sie, welche Aufgabe der Einsatz dieses Gestaltungsmittels hier hat.

– Führen Sie schriftlich aus, welche Information der Zuschauer bzw. Leser hierdurch über den Major erhält.

Originaltext

Ein kahler, vergitterter Raum, der den Eindruck einer Behelfszelle macht. Unentschiedenes Licht. Neun Männer stehen zusammen, gewissermaßen ein repräsentativer Querschnitt der Bevölkerung – was sich u.a. auch an der Kleidung erkennen läßt. Die Männer führen ein leises ungeduldiges Gespräch. Sie erscheinen wie Leute, die man gerade verhaftet hat. Vor dem primitiv vergitterten Raum, eine Lederpeitsche im Arm, steht ein schäbig uniformierter Wächter. Alles, was sein Gesicht verrät, ist Interesselosigkeit. Er blickt zu Boden. Schräg hinter ihm führt eine knapp geschwungene Eisentreppe nach oben.
Der Hotelier löst sich aus der Gruppe, lauscht plötzlich und sagt:
HOTELIER: Still! Es kommt jemand den Gang hinab.
INGENIEUR: Es wird Zeit. Ich habe nichts getrunken seit heute morgen.
Der Bankmann tritt an das primitive Gitter und wendet sich an den Wächter.
BANKMANN: Wächter! Wächter!
Der Wächter hebt müde den Kopf
WÄCHTER: Ja, Herr?
BANKMANN: Ich muß telefonieren. Niemand weiß, wo ich bin. Meine Frau muß Bescheid wissen und die Bank. Sie müssen es erfahren.

WÄCHTER: Ich sehe es ein, Herr.

KONSUL: Sein Fehler ist, daß er alles einsieht, aber nichts unternehmen kann – wie der Kummerkasten vor unserer alten Kirche: die Leute schreiben immer noch ihre Sorgen auf Zettel und werfen sie in den Schlitz, aber es gibt niemanden mehr, der den Kasten leert.

HOTELIER: Die Schritte kommen näher.

Alle treten an das Gitter heran, stehen im Licht einer nackten elektrischen Birne, blicken erwartungsvoll auf die Eisentreppe.

BANKMANN: Wir müssen darauf bestehen, daß man unsere Angehörigen informiert. Sie müssen wissen, wo wir sind und was uns zugestoßen ist: das ist das wichtigste.

INGENIEUR: Noch wichtiger ist, daß wir etwas zu trinken bekommen.

BAUER: Es muß ein Irrtum sein.

KONSUL: Heute gibt es keine Irrtümer mehr, zumindest ist die Regierung dieser Ansicht, wenn sie über die Schuld des Menschen befindet: heute gibt jeder einen prächtigen Schuldigen ab.

HOTELIER: Sparen Sie sich Ihren Zynismus, Konsul. Wir alle hier sind unschuldig, das wissen Sie genau. Man hat es uns sogar zugesichert.

KONSUL: Aber nur mündlich. Ich wäre froh, wenn es auch in meinen Papieren stünde, vielleicht als Berufsangabe –: unschuldig.

LASTWAGENFAHRER: Ich habe einen vollen Laster draußen stehen. Sie warten im Hafen auf die Ladung.

BANKMANN: Still, jetzt kommt jemand.

Die Schritte zweier Männer sind deutlich zu hören, dann wird eine Tür aufgestoßen, und auf der Treppe erscheinen: Sason, ein junger, blasser, magerer Mann, der die Spuren der Folter an sich trägt; hinter ihm der Major, ein Offizier von eleganter Brutalität. Beide kommen die Treppe herab, der Wächter nimmt Haltung an. Sason bleibt stehen. Bevor der Major sich an die Eingeschlossenen wendet, sagt der Hotelier:

HOTELIER: Ich muß protestieren, Major. Ich bin unabkömmlich in meinem Hotel. Sie können mich hier nicht festhalten. Der Gouverneur war oft mein Gast.

MAJOR: Ich weiß, doch jetzt sind Sie sein Gast.

BANKMANN: Wir bestehen darauf, daß unsere Angehörigen informiert werden. Außerdem muß man an unseren Arbeitsplätzen Bescheid wissen. Wir sind fast einen Tag hier.

Mehrere der Eingeschlossenen rufen rasch hintereinander.

BAUER: Es ist ein Irrtum.

HOTELIER: Ich protestiere!

INGENIEUR: Wann gibt es etwas zu trinken!?

BANKMANN: Wir sind unschuldig!

Der Major lächelt gelassen – tritt an das Gitter heran, seine Figur strafft sich, er sagt in einem Tonfall von Verbindlichkeit:

MAJOR: Meine Herren: niemand ist von Ihrer Unschuld mehr überzeugt als wir selbst. Wir wissen auch, daß wir Mühe hätten, in dieser Stadt Bürger zu finden, die so frei von Makel sind wie Sie. Doch das ist gerade der Grund, warum wir Sie hier zusammengebracht haben. Wir hätten niemanden ausgesucht, von dem wir gewußt hätten, daß er sich je etwas hat zuschulden kommen lassen. Auch wenn es Sie in Erstaunen setzen wird: diesen Zwangsaufenthalt verdanken Sie nur Ihrer vollkommenen Schuldlosigkeit. Es ist eine Idee des Gouverneurs.

Unter den Eingeschlossenen tritt eine begreifliche Ratlosigkeit und Unruhe ein. Sie schieben sich näher heran.

BANKMANN: Niemand weiß, wo wir uns befinden.

MAJOR: Sie haben es in der Hand, diesen Zustand zu beenden. Der Gouverneur hat eine Bitte an sie.

HOTELIER: Warum läßt er uns dann in den Kerker bringen?

Der Konsul ist der einzige, der sich nicht ganz nach vorn geschoben hat.

KONSUL: So fällt ihm die Bitte leichter. Es ist eine kleine Vorsichtsmaßnahme, vermute ich: Der Gouverneur könnte es sich nicht erlauben, erfolglos zu bitten. Er müßte zuviel riskieren.

Der Major blickt den Konsul zurechtweisend an.

MAJOR: Schweigen Sie! Der Gouverneur hat das Recht, die Bürger gelegentlich mit einer Bitte anzugehen, und zwar jeden, der den Schutz und die vielfältigen Vorzüge des Staates genießt. Worum er Sie bittet, ist lediglich eine Gefälligkeit, die nur verweigern wird, wer den stillschweigenden Pakt übersieht, den jeder von uns mit der Regierung schließt. An diesen Pakt gegenseitiger Dienstleistung möchte der Gouverneur Sie erinnern – Sie, meine Herren, von deren absoluter Schuldlosigkeit er am tiefsten überzeugt ist.

SIEGFRIED LENZ

– Haben Sie gemerkt, dass auch eine andere Person dieses Stilmittel – wie eine Art „Gegenmittel" – einmal einsetzt?

Syntaktischer Befund

Wort- und Satzformen

Gegenstand unserer nächsten Untersuchung sind die **Sprachzeichen** und **deren Beziehung zueinander,** d.h. die vorkommenden **Wort- und Satzformen.**

Unter Anwendung der eingeführten Fragetechnik (vgl. S. 39) konzentrieren wir uns auf die beiden Grundfragen:

1. **Welche Wortformen** treten auf?
2. **Wie** sind die Sätze **strukturiert**?

Welche Wortformen treten auf? (Modus, Genus verbi, Tempus)

Originaltext

Im Nordwesten des Landes liegt zwischen waldigen Hügeln und kleinen stillen Seen das große Zisterzienserkloster Maulbronn. Weitläufig, fest und wohl erhalten stehen die schönen alten Bauten und wären ein verlockender Wohnsitz, denn sie sind prächtig, von innen und außen, und sind in den Jahrhunderten mit ihrer ruhig schönen, grünen Umgebung edel und innig zusammengewachsen. Wer das Kloster besuchen will, tritt durch ein malerisches, die hohe Mauer öffnendes Tor auf einen weiten und sehr stillen Platz. Ein Brunnen läuft dort, und es stehen alte ernste Bäume da und zu beiden Seiten alte steinerne und feste Häuser und im Hintergrunde die Stirnseite der Hauptkirche mit einer spätromanischen Vorhalle, Paradies genannt, von einer graziösen, entzückenden Schönheit ohnegleichen. Auf dem mächtigen Dach der Kirche reitet ein nadelspitzes, humoristisches Türmchen, von dem man nicht begreift, wie es eine Glocke tragen soll. Der unversehrte Kreuzgang, selber ein schönes Werk, enthält als Kleinod eine köstliche Brunnenkapelle; das Herrenrefektorium mit kräftig edlem Kreuzgewölbe, weiter Oratorium, Parlatorium, Laienrefektorium, Abtwohnung und zwei Kirchen schließen sich massig aneinander. Malerische Mauern, Erker, Tore, Gärtchen, eine Mühle, Wohnhäuser umkränzen behaglich und heiter die wuchtigen alten Bauwerke. Der weite Vorplatz liegt still und leer und spielt im Schlaf mit den Schatten seiner Bäume; nur in der Stunde nach Mittag kommt ein flüchtiges Scheinleben über ihn. Dann tritt eine Schar junger Leute aus dem Kloster, verliert sich über die weite Fläche, bringt ein wenig Bewegung, Rufen, Gespräch und Gelächter mit, spielt etwa auch ein Ballspiel und verschwindet nach Ablauf der Stunde rasch und spurlos hinter den Mauern.

HERMANN HESSE

Beim ersten Lesen dieses Textausschnitts werden wir wohl kaum bei einer bestimmten **Wortform** aufhorchen. Man wird die dichterische Beschreibung eines besonders idyllischen Fleckchens Erde ohne Argwohn zur Kenntnis nehmen, bis man zu Zeile 22/23 kommt. Hier wird man stutzen: *ein flüchtiges Scheinleben* – angesichts einer *Schar junger Leute*? Sollte man den Text viel-

leicht missverstanden haben? Ist der Ort etwa gar nicht so idyllisch, wie es scheint? Erneutes Lesen liefert in Zeile 3/4 die Antwort: Die Bauten *wären* eben nur *ein verlockender Wohnsitz*, sie sind es also tatsächlich nicht. Der **Konjunktiv des Hilfsverbs** ist ein deutliches Signal dafür, dass die Idylle sich als Schein-Idylle entlarvt.
Der Blick auf Besonderheiten des Verbs (hier Modus) hilft somit beim textgerechten Lesen.

Originaltext

MEHR FREIZEIT –
WENIGER PFLICHTEN

Damit **Sie** die wichtigen Dinge tun können.

Wer hätte **das** gedacht!
Das wird von uns gemacht:

IHR HUND WIRD
TÄGLICH AUSGEFÜHRT

! Unser fachkundiges Personal ist stets für Ihren Liebling da !

DOG-WALKER **Anruf genügt: Telefon 196 57**

Dieser Text ist als Werbetext darauf ausgerichtet, den Leser aufhorchen zu lassen, ihn anzusprechen und ihn mit etwas Neuem bekannt zu machen.
Bevor wir unseren Blick auf besondere Wortformen richten, wollen wir uns die Anzeige erst etwas näher ansehen:

Wer wirbt hier?
- ein Unternehmen namens *Dog-Walker,* was sich wohl mit *Hunde-Spaziergänger* übersetzen ließe. (Der fremdländische Name legt Begleit-Gedanken nahe, etwa: Es ist etwas Besonderes. Es genügt hohen Ansprüchen.)

Wofür wird hier geworben?
- Gegenstand der Werbung ist eine Dienstleistung. Manchem Hundebesitzer ist die Verpflichtung zum täglichen Spaziergang lästig; hier soll Abhilfe geschaffen werden.

Wie wird geworben?
- Der Leser wird durch die Ausrufezeichen als optisches Signal auf die Wichtigkeit des Textes aufmerksam gemacht und durch Reizwörter wie *Freizeit* und *Pflicht* zum Lesen veranlasst.

– Durch den Satz … *damit* ***Sie*** *die wichtigen Dinge tun können* wird dem Leser die verlockende Gelegenheit zu eigenem Handeln in Aussicht gestellt. Dies wird durch das Genus verbi, das **Aktiv** (*tun können*), ausgedrückt. Bedingung für das Stück Freizeit/Freiheit ist die Leistung anderer. Der Hundebesitzer hat, wenn er die Leistungen von *Dog-Walker* in Anspruch nimmt, weniger Pflichten, weil andere sie ihm abnehmen. Es ist dabei nicht entscheidend, welcher einzelne Mensch die Pflicht abnimmt; Hauptsache ist: *Das wird von uns gemacht: Ihr Hund wird täglich ausgeführt.* Das Geschehen selbst ist wichtig, der Ausführende nicht. Sprachlich wird dies im Verb durch das **Passiv** ausgedrückt (*wird gemacht, wird ausgeführt*), das durch die „Täterverschweigung“ das Augenmerk auf den Vollzug des Ereignisses richtet.

Obwohl bei diesem Werbetext noch manche interessante Entdeckung zu machen wäre – etwa bezüglich der Wirkung versteckter psychologischer Mittel –, brechen wir unsere Analyse hier ab.
Wie man sieht, trägt die Untersuchung des Genus verbi (Aktiv, Passiv) ebenfalls dazu bei, eine Textkomposition zu durchschauen.

Übung B8

Beim nächsten Textbeispiel soll das **Tempus** untersucht werden.

- Kennzeichnen Sie die Stelle des Tempuswechsels.
- Überlegen Sie dessen Funktion.
- Notieren Sie die Konsequenzen für die Bedeutung.

Originaltext

Anekdote zur Senkung der Arbeitsmoral

In einem Hafen an einer westlichen Küste Europas liegt ein ärmlich gekleideter Mann in seinem Fischerboot und döst. Ein schick angezogener Tourist legt eben einen neuen Farbfilm in seinen Fotoapparat, um das idyllische Bild zu fotografieren: blauer Himmel, grüne See mit friedlichen schneeweißen Wellenkämmen, schwarzes Boot, rote Fischermütze. Klick. Noch einmal: klick, und da aller guten Dinge drei sind und sicher sicher ist, ein drittes Mal: klick. Das spröde, fast feindselige Geräusch weckt den dösenden Fischer; der sich schläfrig aufrichtet, schläfrig nach seiner Zigarettenschachtel angelt; aber bevor er das Gesuchte gefunden hat, hat ihm der eifrige Tourist schon eine Schachtel vor die Nase gehalten, ihm die Zigarette nicht gerade in den Mund gesteckt, aber in die Hand gelegt, und ein viertes Klick, das des Feuerzeuges, schließt die eilfertige Höflichkeit ab. Durch jenes kaum meßbare, nie nachweisbare Zuviel an flinker Höflichkeit ist eine

gereizte Verlegenheit entstanden, die der Tourist – der Landessprache mächtig – durch ein Gespräch zu überbrücken versucht.
„Sie werden heute einen guten Fang machen."
Kopfschütteln des Fischers.
„Aber man hat mir gesagt, daß das Wetter günstig ist."
Kopfnicken des Fischers.
„Sie werden also nicht ausfahren?"
Kopfschütteln des Fischers, steigende Nervosität des Touristen. Gewiß liegt ihm das Wohl des ärmlich gekleideten Menschen am Herzen, nagt an ihm die Trauer über die verpaßte Gelegenheit.
„Oh, Sie fühlen sich nicht wohl?"
Endlich geht der Fischer von der Zeichensprache zum wahrhaft gesprochenen Wort über. „Ich fühle mich großartig", sagt er. „Ich habe mich nie besser gefühlt." Er steht auf, reckt sich, als wolle er demonstrieren, wie athletisch er gebaut ist. „Ich fühle mich phantastisch."
Der Gesichtsausdruck des Touristen wird immer unglücklicher, er kann die Frage nicht mehr unterdrücken, die ihm sozusagen das Herz zu sprengen droht: „Aber warum fahren Sie dann nicht aus?"
Die Antwort kommt prompt und knapp. „Weil ich heute morgen schon ausgefahren bin."
„War der Fang gut?"
„Er war so gut, daß ich nicht noch einmal auszufahren brauche, ich habe vier Hummer in meinen Körben gehabt, fast zwei Dutzend Makrelen gefangen ..."
Der Fischer, endlich erwacht, taut jetzt auf und klopft dem Touristen beruhigend auf die Schultern. Dessen besorgter Gesichtsausdruck erscheint ihm als ein Ausdruck zwar unangebrachter, doch rührender Kümmernis.
„Ich habe sogar für morgen und übermorgen genug", sagt er, um des Fremden Seele zu erleichtern. „Rauchen Sie eine von meinen?"
„Ja, danke."
Zigaretten werden in Münder gesteckt, ein fünftes Klick, der Fremde setzt sich kopfschüttelnd auf den Bootsrand, legt die Kamera aus der Hand, denn er braucht jetzt beide Hände, um seiner Rede Nachdruck zu verleihen.
„Ich will mich ja nicht in Ihre persönlichen Angelegenheiten mischen", sagt er, „aber stellen Sie sich mal vor, Sie führen heute ein zweites, ein drittes, vielleicht sogar ein viertes Mal aus und Sie würden drei, vier, fünf, vielleicht gar zehn Dutzend Makrelen fangen ... stellen Sie sich das mal vor."
Der Fischer nickt.
„Sie würden", fährt der Tourist fort, „nicht nur heute, sondern morgen, übermorgen, ja, an jedem günstigen Tag zwei-, dreimal, vielleicht viermal ausfahren – wissen Sie, was geschehen würde?"
Der Fischer schüttelt den Kopf.
„Sie würden sich in spätestens einem Jahr einen Motor kaufen können, in zwei Jahren ein zweites Boot, in drei oder vier Jahren könnten Sie vielleicht einen kleinen Kutter haben, mit zwei Booten oder dem Kutter würden Sie natürlich viel mehr fangen – eines Tages würden Sie zwei Kutter haben, Sie würden ...", die Begeisterung verschlägt ihm für ein paar Augenblicke die

Stimme, „Sie würden ein kleines Kühlhaus bauen, vielleicht eine Räucherei, später eine Marinadenfabrik, mit einem eigenen Hubschrauber rundfliegen, die Fischschwärme ausmachen und Ihren Kuttern per Funk Anweisungen geben. Sie könnten die Lachsrechte erwerben, ein Fischrestaurant eröffnen, den Hummer ohne Zwischenhändler direkt nach Paris exportieren – und dann …“, wieder verschlägt die Begeisterung dem Fremden die Sprache. Kopfschüttelnd, im tiefsten Herzen betrübt, seiner Urlaubsfreude schon fast verlustig, blickt er auf die friedlich hereinrollende Flut, in der die ungefangenen Fische munter springen. „Und dann“, sagt er, aber wieder verschlägt ihm die Erregung die Sprache.
Der Fischer klopft ihm auf den Rücken, wie einem Kind, das sich verschluckt hat.
„Was dann?“ fragt er leise.
„Dann“, sagt der Fremde mit stiller Begeisterung, „dann könnten Sie beruhigt hier im Hafen sitzen, in der Sonne dösen – und auf das herrliche Meer blicken.“
„Aber das tu ich ja schon jetzt“, sagt der Fischer, „ich sitze beruhigt am Hafen und döse, nur Ihr Klicken hat mich dabei gestört.“
Tatsächlich zog der solcherlei belehrte Tourist nachdenklich von dannen, denn früher hatte er auch einmal geglaubt, er arbeite, um eines Tages einmal nicht mehr arbeiten zu müssen, und es blieb keine Spur von Mitleid mit dem ärmlich gekleideten Fischer in ihm zurück, nur ein wenig Neid.

HEINRICH BÖLL

Dass bisher nur die Wortformen des Verbs behandelt wurden, nämlich sein

- Modus,
- Genus verbi,
- Tempus,

liegt daran, dass die Verbformen unserer Sprache besonders variationsreich sind und eine Aussage entscheidend prägen. Es lohnte zwar noch eine Untersuchung des **Substantivs** und dessen **Numerus**; wir wollen uns jedoch nicht von einem Übermaß an Fragezeichen erschlagen lassen und wenden uns daher jetzt dem nächsten Arbeitsschritt zu.

Wie sind die Sätze strukturiert?

(Wortanordnung, Satzart, Satzverknüpfung)

Beispiel 1: „*Das* hätte ich nicht von dir gedacht!“
„*Von dir* hätte ich das nicht gedacht!“
„*Ich* hätte das nicht von dir gedacht!“

Dreimal dasselbe – und doch nicht dasselbe. An diesem Beispiel lässt sich ablesen, wie der Sinn eines Satzes durch seine **Struktur** festgelegt wird (hier durch Umstellung der Wörter: die **Inversion**).

Diese Gestaltungsmöglichkeit, nämlich durch gezielte **Wortanordnung** eine bestimmte Wirkung zu erreichen, wird vielfältig genutzt.

- **Polysyndeton** (griech. „Viel-Verbundenheit“)
  Gleichgeordnete Satzglieder werden durch Konjunktion verbunden.
  Beispiele:
  – *Einigkeit und Recht und Freiheit …*
  (Solche Sprachform schafft eine enge Verbindung zwischen den einzelnen Begriffen.)
  – *Er redet und redet und redet.*
  (Die wiederholte Wortverbindung betont die Dauer und Eintönigkeit des Sprechens.)

Wortverbindung

- **Asyndeton** (griech. „Un-Verbundenheit“)
  Gleichgeordnete Satzglieder stehen ohne Konjunktion nebeneinander.
  Beispiele:
  – *Das Schiff geht in Neapel, Genua, Barcelona, Lissabon vor Anker.*
  (Die Unverbundenheit hebt die einzelnen Orte stärker hervor.)
  – *Da – er reagiert blitzschnell, spurtet, sucht sich eine Lücke, trifft das Leder und – Tor!*
  (Die Unverbundenheit der Satzglieder stellt ein drängendes Tempo des Geschehens her.)

Wortverbindung

- **Klimax** (griech. „Leiter“)
  Mehrere Ausdrücke werden in steigender Anordnung verwendet.
  Beispiele:
  – *Ich kam, ich sah, ich siegte. (Veni, vidi, vici,* wie bekanntlich Cäsar nach dem schnellen Sieg bei Zela nach Rom gemeldet haben soll.)
  (Solche Ausdruckssteigerung ermöglicht eindringliche Betonung.)
  – *Was war das? – Irgendwo knisterte es, dann war mir, als ob etwas knarrte, und plötzlich polterte es laut.*
  (Die steigernde Anordnung der Ausdrücke bewirkt eine Spannungssteigerung.)

Wortfolge

- **Ellipse** (griech. „Auslassung“)
  Einzelne (grammatisch notwendige) Wörter werden ausgespart.
  Beispiele:
  – (Das) *Ende* (ist) *gut,* (also ist) *alles gut.*
  (Das Fortlassen von Unwichtigem pointiert das Wichtige.)
  – *Herr Minister, die Staatsfinanzen sind …, aber wem sage ich das.*
  (Das Aussparen des Wichtigen weist auf das Ungesagte hin.)

Wortfolge

Organisation

Originaltext

Herr K. sagte einmal: „Der Denkende benützt kein Licht zuviel, kein Stück Brot zuviel, keinen Gedanken zuviel.“

BERTOLT BRECHT

Übung B9

Sie erkennen sicher sofort, dass dieser kleine Brecht-Text asyndetisch gebaut ist und welche Wirkung sich hieraus einstellt.
Aber: Fällt Ihnen noch eine weitere syntaktische Besonderheit auf, die bisher noch nicht erwähnt wurde?

- Geben Sie dem neu gefundenen sprachlichen Gestaltungsmittel einen selbst gewählten Namen.
- Überlegen Sie, welche Funktion es hat!
- Notieren Sie, welche Konsequenzen sich daraus für die Bedeutung ergeben.

Beispiel 2: „Lesen macht Spaß."
„Lesen macht Spaß?"
„Lesen macht Spaß!"

Diese Beispielsätze bedürfen wohl kaum einer Erklärung. Was sie verdeutlichen, verdient allerdings Beachtung.
Jede **Satzart** ist Spiegel einer Grundhaltung, die man beim Lesen bewusst wahrnehmen sollte: die Sicherheit eines Aussagesatzes, die Offenheit eines Fragesatzes, das Engagement eines Ausrufesatzes und die Willensäußerung eines Aufforderungssatzes.

!

Jeder Gedanke hat seine ihm eigene sprachliche Form, d. h. umgekehrt: Jede sprachliche Form offenbart etwas über den Gedanken.

Übung B10

Diese Übung soll auf das syntaktische Gestaltungsmittel der **Satzverknüpfung** aufmerksam machen.

- Welche beiden grundsätzlichen Arten der Satzverknüpfung finden sich in unseren Beispielen?
- Welchen Beitrag leisten sie (allgemein) jeweils für den Gedanken?

– Welche Art der Satzverknüpfung halten Sie im Bild-Beispiel für situationsangemessen? Begründen Sie Ihre Ansicht.

Phonetischer Befund

Wir beschäftigen uns nun mit denjenigen Textgegebenheiten, die beim Lesen das „innere Ohr" ansprechen, mit der **Lautgestalt,** die sich in Ton und Bewegung äußert. Im Unterschied zur semantischen und syntaktischen Sprachgestalt, deren Aufgabe es ist, eine Aussage zu ermöglichen, hat sie mehr unterstützende Funktion, vor allem in literarischen Texten.

Wir nähern uns diesem Bereich anhand der beiden Grundfragen:

1. **Welchen Beitrag** leistet das **Klangbild**?

2. **Wie** werden **Akzente gesetzt**?

Welchen Beitrag leistet das Klangbild?

(Lautgebung, Wortspiel, Wiederholung)

Originaltext

Eine wunderbare Heiterkeit hat meine ganze Seele eingenommen, gleich den süßen Frühlingsmorgen, die ich mit ganzem Herzen genieße. Ich bin allein und freue mich meines Lebens in dieser Gegend, die für solche Seelen geschaffen ist wie die meine. Ich bin so glücklich, mein Bester, so ganz in dem Gefühle von ruhigem Dasein versunken, daß meine Kunst darunter leidet. Ich könnte jetzt nicht zeichnen, nicht einen Strich, und bin nie ein größerer Maler gewesen als in diesen Augenblicken. Wenn das liebe Tal um mich dampft und die hohe Sonne an der Oberfläche der undurchdringlichen Finsternis meines Waldes ruht und nur einzelne Strahlen sich in das innere Heiligtum stehlen, ich dann im hohen Grase am fallenden Bache liege und näher an der Erde tausend mannigfaltige Gräschen mir merkwürdig werden, wenn ich das Wimmeln der kleinen Welt zwischen Halmen, die unzähligen unergründlichen Gestalten der Würmchen, der Mückchen näher an meinem Herzen fühle und fühle die Gegenwart des Allmächtigen, der uns nach seinem Bilde schuf, das Wehen des Alliebenden, der uns in ewiger Wonne schwebend trägt und erhält; mein Freund, wenn´s dann um meine Augen dämmert und die Welt um mich her und der Himmel ganz in meiner Seele ruhn wie die Gestalt einer Geliebten, dann sehne ich mich oft und denke: Ach, könntest du das wieder ausdrücken, könntest du dem Papiere das einhauchen, was so voll, so warm in dir lebt, daß es würde der Spiegel deiner Seele, wie deine Seele ist der Spiegel des unendlichen Gottes! – Mein Freund! – Aber ich gehe darüber zugrunde, ich erliege unter der Gewalt der Herrlichkeit dieser Erscheinungen.

JOHANN WOLFGANG VON GOETHE

Dieser berühmte Brief vom 10. Mai aus Goethes „Werther" klingt wie eine harmonische Melodie. Dies liegt nicht allein daran, dass Wortwahl und formale Sprachgestalt Ausdruck tiefer seelischer Ausgeglichenheit sind, sondern hier schwingt zugleich eine Stimmung mit.
Woher kommt sie? Sie steht nicht „zwischen den Zeilen"; sie wird auch nicht beliebig *hinein*gelesen, sie kann *heraus*gehört werden aus der Klangfarbe der Wörter.

Lautgebung – Stimmung

Hier wird die **Lautgebung** zum Stimmungsträger, sei es, dass bestimmte Klangfarben den Inhalt der Worte vertiefen (wie z. B. die dunklen *u*-Laute in Zeile 5: *von ruhigem Dasein versunken*/**Lautsymbolik**), sei es, dass sie den Inhalt sogar sprachlich nachzubilden versuchen (wie z. B. Zeile 12 *Wimmeln* / **Lautmalerei**).

Natürlich gibt es keine gesetzmäßige Zuordnung von Laut und Lautbedeutung; aber es ist nicht zu überhören, dass Sprachklänge im individuellen Textzusammenhang ihre individuelle Wirkung haben. So können beispielsweise inhaltliche Gegensätze durch einen Klangwechsel von hellen zu dunklen Vokalen (und umgekehrt) signalisiert werden, ohne dass jeder einzelne Vokal Träger einer festgelegten Bedeutung ist.
Man sollte sich beim Lesen das Hinhören nicht entgehen lassen.

Originaltext

Dorlamm meint

Dichter Dorlamm läßt nur äußerst selten
andre Meinungen als seine gelten.

Meinung, sagt er, kommt nun mal von mein,
deine Meinung kann nicht meine sein.

Meine Meinung – ja, das läßt sich hören!
Deine Deinung könnte da nur stören.

Und ihr andern schweigt! Du meine Güte!
Eure Eurung steckt euch an die Hüte!

Laßt uns schweigen, Freunde! Senkt das Banner!
Dorlamm irrt. Doch formulieren kann er.

ROBERT GERNHARDT

Was hier so leichtfüßig daherkommt, ist kunstvoll komponiert.
Bei aller Normalität der Sprache wird nämlich von besonderen „Klangfiguren" Gebrauch gemacht, die nicht nur den Text „würzen", sondern ihm noch eine zusätzliche Dimension verleihen.
Hierbei tut uns der Text den Gefallen, dass er gleich zwei der wichtigsten Stilmittel einsetzt: das Wortspiel und die Wiederholung. Unter einem **Wortspiel**

versteht man das gezielte Spiel mit Buchstaben, bei dem der lautliche Gleichklang zweier Wörter keineswegs inhaltliche Entsprechungen hat, sondern gerade die Verbindung von zwei bedeutungsfernen Wörtern eine Pointe schafft.

Wortspiel

In „Dorlamm meint" geschieht dies gleich zweimal: zum einen bei den zentralen Kernstellen *meine Meinung, deine Deinung, eure Eurung* (Zeile 5, 6, 8), zum anderen – gleichsam als Echo – am Schluss *Banner/kann er* (Zeile 9/10). Solche Pointierung wirkt wie ein akustischer Rotstift, der unterstreicht, was wichtig ist.

Wiederholung

Das andere sprachliche Ausdrucksmittel der **Wiederholung** kann in mehreren Formen auftreten: als Wiederholung eines ganzen Wortes oder als Wiederholung von Wortteilen:

- **Anapher** (griech. „Zurückführung")
  Wiederholung eines ganzen Wortes zu Beginn von Zeilen oder Sätzen (vgl. Zeile 4/6 *deine)*

- **Reim**
  Wiederholung bestimmter Einzelbuchstaben oder Buchstabenfolgen

  – **Anfangsreim** (Alliteration/Stabreim)
  Wiederholung desselben Anlauts (vgl. Zeile 1 *Dichter Dorlamm,* Zeile 3 *Meinung, mal, mein* usw.)

  – **Endreim**
  Wiederholung der Buchstaben, vom letzten betonten Vokal an (vgl. Zeile 1/2 *selten, gelten,* Zeile 3/4 *mein, sein* usw.)

Dass solche Klangwiederholungen Wörter verbinden (und damit zugleich von nicht verbundenen abgrenzen), liegt auf der Hand.
Dass sie außerdem einen ästhetischen Wohlklang auslösen, ist ebenfalls eine Binsenweisheit.
Dass sie zusätzlich einer Aussage folgenreiche Eindringlichkeit verleihen, merken wir vor allem in der Werbung, die sich dieses Stilmittels intensiv bedient.

Übung B 11

Notieren Sie nun einige bekannte Werbesprüche, an deren Wirkung die Wiederholung der Lautgestalt maßgeblich beteiligt ist:

Originaltext

Das ästhetische Wiesel

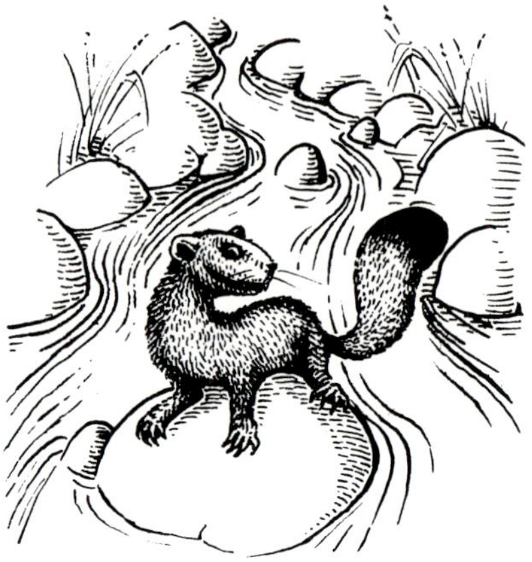

Ein Wiesel
saß auf einem Kiesel
inmitten Bachgeriesel.

Wißt ihr,
weshalb?

Das Mondkalb
verriet es mir
im stillen:

Das raffinier-
te Tier
tats um des Reimes willen.

CHRISTIAN MORGENSTERN

Wie werden Akzente gesetzt?

(Rhythmus, Text, Pause)

Originaltext

Rom: Springquell (1860)

Es steigt der Quelle reicher Strahl
Und sinkt in eine schlanke Schal'.
Das dunkle Wasser überfließt
Und sich in eine Muschel gießt.
Es überströmt die Muschel dann
Und füllt ein Marmorbecken an.
Ein jedes nimmt und gibt zugleich
Und allesammen bleiben reich,
Und ob's auf allen Stufen quillt,
So bleibt die Ruhe doch im Bild.

Der schöne Brunnen (1864)

In einem römischen Garten
Weiß ich einen schönen Bronnen,
Von Laubwerk aller Arten
Umwölbt und grün umsponnen.
Er steigt in lichtem Strahle,
Der unerschöpflich ist,
Und plätschert in eine Schale,
Die golden wallend überfließt.

Das Wasser flutet nieder
In zweiter Schale Mitte,
Und voll ist diese wieder,
Es flutet in die dritte:
Ein Geben und ein Nehmen
Und alle bleiben reich.
Und alle Stufen strömen
Und scheinen unbewegt zugleich.

Der Brunnen (1865)

In einem römischen Garten
Verborgen ist ein Bronne,
Behütet von dem harten
Geleucht' der Mittagssonne,
Er steigt in schlankem Strahle
In dunkle Laubesnacht
Und sinkt in eine Schale
Und übergießt sie sacht.

Die Wasser steigen nieder
In zweiter Schale Mitte
Und voll ist diese wieder,
Sie fluten in die dritte:
Ein Nehmen und ein Geben,
Und alle bleiben reich,
Und alle Fluten leben
Und ruhen doch zugleich.

Der Brunnen (1869)

Der Springquell plätschert und erfüllt
Die Schale, daß sie überfließt;
Die steht vom Wasser leicht umhüllt,
Indem sie´s in die zweite gießt;
Und diese wallt und wird zu reich
Und gibt der dritten ihre Flut,
Und jede gibt und nimmt zugleich,
Und alles strömt und alles ruht.

Der römische Brunnen (1882)

Aufsteigt der Strahl und fallend gießt
Er voll der Marmorschale Rund.
Die, sich verschleiernd, überfließt
In einer zweiten Schale Grund;
Die zweite gibt, sie wird zu reich,
Der dritten wallend ihre Flut,
Und jede nimmt und gibt zugleich
        Und strömt und ruht.

CONRAD FERDINAND MEYER

Fünf Versuche zeugen von C. F. MEYERS Bemühen, der Sprache einen angemessenen **Rhythmus** zu verleihen, der dem Inhalt entspricht; und man ist wohl ohne Zögern geneigt, die letzte Fassung für besonders gelungen zu erklären. Denn die Sprechbewegung ist so geraten, dass sie den Weg des Brunnenwassers nachgestaltet.
Außer dem Klang der Buchstaben ermöglicht also auch die Verteilung von betonten und unbetonten Silben (von Hebungen und Senkungen), Akzente zu setzen.
Dieses Gestaltungsmittel ist jedoch keineswegs Gedichten vorbehalten, sondern kann in jedem Text genutzt werden. Wie der Rhythmus dabei ursächlich-wechselseitig mit dem Satzbau zusammenhängt, lässt sich an den Beispielsätzen von S. 56 erkennen: Die innere Dynamik beim Aussagesatz *LESEN macht Spaß.* (Akzent auf *Lesen)* ist völlig anders als beim Fragesatz *Lesen macht SPASS?* (Akzent auf *Spaß"*). Ja, sogar die Art der Satzverknüpfung – Satzreihe (Parataxe) oder Satzgefüge (Hypotaxe) – führt jeweils einen anderen Sprechrhythmus herbei, wie die Beispielsätze von Seite 56 zeigen, da Spannung und Ent-Spannung der Satzfolge anders gelagert sind.
Fazit: Wer den Rhythmus eines Textes überprüft, nimmt akustische Zeigefinger wahr.

Originaltext

ordnung   ordnung
ordnung   ordnung
ordnung   ordnung
ordnung   ordnung
ordnung   ordnung
ordnung unordn   g
ordnung   ordnung
ordnung   ordnung
ordnung   ordnung
ordnung   ordnung
ordnung   ordnung

TIMM ULRICHS

Außer der sinnbezogenen Akzentuierung durch den Rhythmus verfügt die Sprache offensichtlich noch über eine Sonderform der Betonung, die im vorliegenden Textbeispiel augenfällig gestört ist: die Ordnung durch den **Takt**, das Metrum („Silbenmaß“).

metrische Einheiten

Diese Art der Akzentuierung basiert auf der regelmäßigen Wiederkehr metrischer Einheiten, die wiederum durch eine bestimmte Abfolge von betonten und unbetonten Silben gebildet werden. Die häufigsten solcher metrischer Einheiten sind:

Jambus xx́ (z. B. *Apríl, Augúst),*
Trochäus x́x (z. B. *Júni, Júli)* und
Daktylus x́xx (z. B. *Jánuar, Fébruar).*

Wie jeder weiß, treten solche rhythmischen Sonderformen hauptsächlich in der Lyrik auf. Da sie aber durchaus auch manchmal in nicht-lyrischen Texten eingesetzt werden, sollte man auch in solchen Texten nach ihnen Ausschau halten, um sie gegebenenfalls als Gleichmaß bewirkende Sprachmittel zu durchschauen.

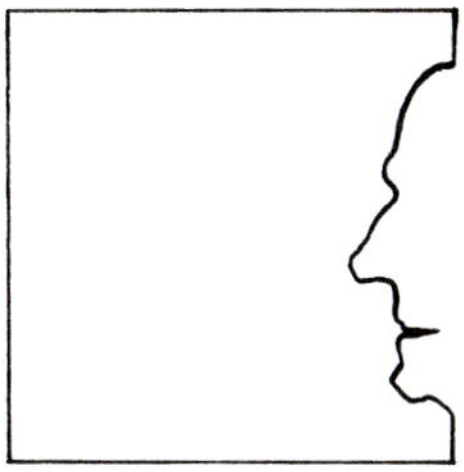

Es mag paradox erscheinen, aber auch dort, wo nichts ist, entstehen Konturen, werden Akzente gesetzt.

Und wo ist bei der Kommunikation nichts? In der **Pause** natürlich.
In der verschriftlichten Kommunikation entstehen Pausen vor allem bei den **Satzzeichen**.

Übung B12

– Werden Sie sich über die Pausenfunktion der Satzzeichen klar.
– Machen Sie eine Pause.

Übung B13

Führen Sie an folgendem Text die **Vorarbeiten für eine Textanalyse** durch (Erkennen der Textart – Lesen – Unterstreichen – Kommentieren).

Originaltext

Saisonbeginn (1947)

Die Arbeiter kamen mit ihrem Schild und einem hölzernen Pfosten, auf den es genagelt werden sollte, zu dem Eingang der Ortschaft, die hoch in den Bergen an der letzten Paßkehre lag. Es war ein heißer Spätfrühlingstag, die Schneegrenze hatte sich schon hinauf zu den Gletscherwänden gezogen. Überall standen die Wiesen wieder in Saft und Kraft; die Wucherblume verschwendete sich, der Löwenzahn strotzte und blähte sein Haupt über den milchigen Stengeln; Trollblumen, welche wie eingefettet mit gelber Sahne waren, platzten vor Glück, und in strahlenden Tümpeln kleinblütiger Enziane spiegelte sich ein Himmel von unwahrscheinlichem Blau. Auch die Häuser und Gasthöfe waren wie neu: ihre Fensterläden frisch angestrichen, die Schindeldächer gut ausgebessert, die Scherenzäune ergänzt. Ein Atemzug noch: dann würden die Fremden, die

Sommergäste kommen – die Lehrerinnen, die mutigen Sachsen, die Kinderreichen, die Alpinisten, aber vor allem die Autobesitzer in ihren großen Wagen … Röhr und Mercedes, Fiat und Opel, blitzend von Chrom und Glas. Das Geld würde anrollen. Alles war darauf vorbereitet. Ein Schild kam zum andern, die Haarnadelkurve zu dem Totenkopf, Kilometerschilder und Schilder für Fußgänger: Zwei Minuten zum Café Alpenrose. An der Stelle, wo die Männer den Pfosten in die Erde einrammen wollten, stand ein Holzkreuz, über dem Kopf des Christus war auch ein Schild angebracht. Seine Inschrift war bis heute die gleiche, wie sie Pilatus entworfen hatte: J.N.R.J. – die Enttäuschung darüber, daß es im Grund hätte heißen sollen: er behauptet nur, dieser König zu sein, hatte im Lauf der Jahrhunderte an Heftigkeit eingebüßt. Die beiden Männer, welche den Pfosten, das Schild und die große Schaufel, um den Pfosten in die Erde zu graben, auf ihren Schultern trugen, setzten alles unter dem Wegekreuz ab; der dritte stellte den Werkzeugkasten, Hammer, Zange und Nägel daneben und spuckte ermunternd aus.

Nun beratschlagten die drei Männer, an welcher Stelle die Inschrift des Schildes am besten zur Geltung käme; sie sollte für alle, welche das Dorf auf dem breiten Paßweg betraten, besser: befuhren, als Blickfang dienen und nicht zu verfehlen sein. Man kam also überein, das Schild kurz vor dem Wegekreuz anzubringen, gewissermaßen als Gruß, den die Ortschaft jedem Fremden entgegenschickte. Leider stellte sich aber heraus, daß der Pfosten dann in den Pflasterbelag einer Tankstelle hätte gesetzt werden müssen – eine Sache, die sich von selbst verbot, da die Wagen, besonders die größeren, dann am Wenden behindert waren. Die Männer schleppten also den Pfosten noch ein Stück weiter hinaus bis zu der Gemeindewiese und wollten schon mit der Arbeit beginnen, als ihnen auffiel, daß diese Stelle bereits zu weit von dem Ortsschild entfernt war, das den Namen angab und die Gemeinde, zu welcher der Flecken gehörte. Wenn also das Dorf den Vorzug dieses Schildes und seiner Inschrift für sich beanspruchen wollte, mußte das Schild wieder näherrücken – am besten gerade dem Kreuz gegenüber, so daß Wagen und Fußgänger zwischen beiden hätten passieren müssen.

Dieser Vorschlag, von dem Mann mit den Nägeln und dem Hammer gemacht, fand Beifall. Die beiden anderen luden von neuem den Pfosten auf ihre Schultern und schleppten ihn vor das Kreuz. Nun sollte also das Schild mit der Inschrift zu dem Wegekreuz senkrecht stehen; doch zeigte es sich, daß die uralte Buche, welche gerade hier ihre Äste mit riesiger Spanne nach beiden Seiten wie eine Mantelmadonna ihren Umhang entfaltete, die Inschrift im Sommer verdeckt und ihr Schattenspiel deren Bedeutung verwischt, aber mindestens abgeschwächt hätte.

Es blieb daher nur noch die andere Seite neben dem Herrenkreuz, und da die erste, die in das Pflaster der Tankstelle überging, gewissermaßen den Platz des Schächers zur Linken bezeichnet hätte, wurde jetzt der Platz zur Rechten gewählt und endgültig beibehalten. Zwei Männer hoben die Erde aus, der dritte nagelte rasch das Schild mit wuchtigen Schlägen auf;

dann stellten sie den Pfosten gemeinsam in die Grube und rammten ihn rings von allen Seiten mit größeren Feldsteinen an.

Ihre Tätigkeit blieb nicht unbeachtet. Schulkinder machten sich gegenseitig die Ehre streitig, dabei zu helfen, den Hammer, die Nägel hinzureichen und passende Steine zu suchen; auch einige Frauen blieben stehen, um die Inschrift genau zu studieren. Zwei Nonnen, welche die Blumenvase zu Füßen des Kreuzes aufs neue füllten, blickten einander unsicher an, bevor sie weitergingen. Bei den Männern, die von der Holzarbeit oder vom Acker kamen, war die Wirkung verschieden: Einige lachten, andere schüttelten nur den Kopf, ohne etwas zu sagen; die Mehrzahl blieb davon unberührt und gab weder Beifall noch Ablehnung kund, sondern war gleichgültig, wie sich die Sache auch immer entwickeln würde. Im ganzen genommen konnten die Männer mit der Wirkung zufrieden sein. Der Pfosten, kerzengerade, trug das Schild mit der weithin sichtbaren Inschrift, die Nachmittagssonne glitt wie ein Finger über die zollgroßen Buchstaben hin und fuhr jeden einzelnen langsam nach wie den Richtspruch auf einer Tafel …

Auch der sterbende Christus, dessen blasses, blutüberronnenes Haupt im Tod nach der rechten Seite geneigt war, schien sich mit letzter Kraft zu bemühen, die Inschrift aufzunehmen: man merkte, sie ging ihn gleichfalls an, welcher bisher von den Leuten als einer der ihren betrachtet und wohlgelitten war. Unerbittlich und dauerhaft wie sein Leiden, würde sie ihm nun für lange Zeit schwarz auf weiß gegenüberstehen.

Als die Männer den Kreuzigungsort verließen und ihr Handwerkszeug wieder zusammenpackten, blickten alle drei noch einmal befriedigt zu dem Schild mit der Inschrift auf. Sie lautete: „In diesem Kurort sind Juden unerwünscht."

Elisabeth Langgässer[1]

[1] *Elisabeth Langgässer (1899 – 1950) war jüdischer Abstammung; die Veröffentlichung ihrer Bücher wurde 1936 verboten.*

Die **systematische Textanalyse** könnte zu folgenden Ergebnissen führen (Thema/Inhalt – Struktur mit grafischer Darstellung – sprachliche Gestaltung).

Beispiel Textanalyse

Thema/Inhalt

- **Thema/Inhalt**

Der Text handelt vom Aufstellen eines antijüdischen Schildes am Ortseingang eines Kurortes.

In einem kleinen Dorf in fruchtbarer Berglandschaft werden bei strahlendem Frühlingswetter die letzten Vorbereitungen zum Beginn der Kursaison getroffen, zu der man begüterte Gäste erwartet. Alles ist durch Renovierungsarbeiten und zusätzliche Orientierungsschilder auf die Ankunft der Fremden eingestellt.

In der Eingangsszene des Textes bringen Arbeiter ein Schild und einen Pfosten mit Werkzeug zum Ortseingang, wo den Ankommenden noch ein wichtiger Hinweis gegeben werden soll. Am geplanten Standort steht ein Kruzi-

fix, unter dem sie alles abladen. Sie suchen nach einer geeigneten Stelle für ihr Schild und entscheiden sich für einen unübersehbaren Platz kurz vor dem Holzkreuz. Da dieser Standort jedoch das Wenden der Autos an einer Tankstelle erschwert hätte, tragen sie alles noch ein Stück weiter, sehen aber, dass sie nun bereits zu weit vom Ortsschild entfernt sind, zu dem das neue Hinweisschild Bezug hat. Nun wollen sie den Pfosten dem Kreuz gegenüber an der anderen Straßenseite aufstellen, bemerken jedoch, dass die Inschrift im Sommer dann wegen ausladender Buchenäste schwer lesbar wäre.
Sie wählen schließlich den Platz zur Rechten des Kreuzes, nageln das Schild auf und rammen den Pfosten in eine ausgehobene Grube. Hierbei helfen hinzugekommene Kinder. Einige Frauen lesen die Inschrift, zwei Nonnen am Kruzifix werden verunsichert; die meisten vorüberkommenden Männer zeigen sich gleichgültig, manche reagieren belustigt oder verwundert.
Das sonnenbeschienene Schild ist gut lesbar: Auch der Christus des Herrenkreuzes scheint sich für den Text zu interessieren.
Bevor die Arbeiter fortgehen, betrachten sie noch einmal befriedigt ihr Schild mit der Aufschrift: *In diesem Kurort sind Juden unerwünscht.*

Struktur

- **Struktur mit grafischer Darstellung**

Die Gedankeneinheiten lassen sich vom Inhalt her erschließen mithilfe der Frage: Wovon ist die Rede?

Zeile 1 – 28:
Arbeitsbeginn, Einführung in die Situation

Zeile 29 – 60:
Suche nach einem geeigneten Standort für das Schild

Zeile 61 – 75:
Wirkung des Schildes auf Passanten

Zeile 76 – 81:
Beziehung Kruzifix – Schild

Zeile 82 – 85:
Arbeitsbeendigung, Inschrift

Die ersten beiden Gedankeneinheiten konzentrieren sich auf den äußeren Vorgang des Schildaufstellens im Rahmen der Saisonvorbereitungen, die letzten drei Einheiten dagegen auf die Schildinschrift, deren Wortlaut der Leser erst im Schlusssatz erfährt.

In allen Textteilen finden sich Verweise auf das Kruzifix als durchgängig wiederkehrendes Motiv (Zeile 19 – 24, 54 – 57, 64 – 66, 76 – 81 und 82).

Grafisch ließen sich diese Zusammenhänge folgendermaßen darstellen:

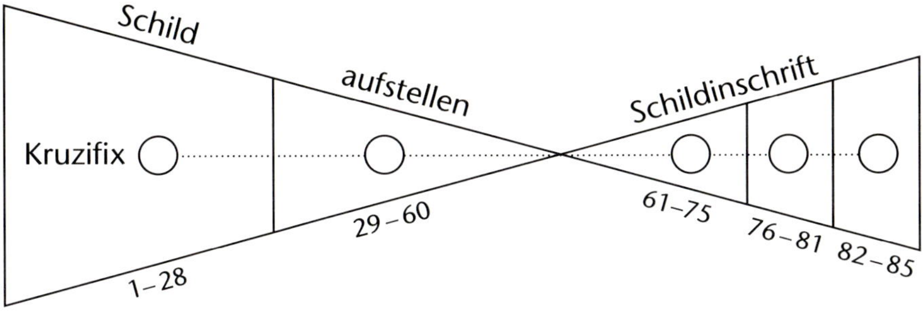

grafische Darstellung

• **Sprachliche Gestaltung**

Semantischer Befund

semantischer Befund

(– Welche Wörter werden benutzt? – Wie werden die Wörter gebraucht?)

Bei der einleitenden Beschreibung der Natur, die die Kulisse für das Geschehen bildet, fällt die Verwendung zahlreicher Adjektive, Verben und Partizipien auf: *heiß – milchig – gelb – kleinblütig – unwahrscheinlich – sich verschwenden – strotzen – blähen – platzen – sich spiegeln – eingefettet – strahlend* (Zeile 3–10). Solche (meist dynamisch übertriebene) Wortwahl vermittelt nicht den Eindruck einer friedlichen Bergidylle, sondern sie lässt vor dem Leser das Bild einer prallen, zum Bersten angespannten Natur entstehen, die keineswegs „natürlich" ist (vgl. hierzu auch die Substantive *Saft und Kraft* und *Wucherblume* in Zeile 5, 6).

Bei der folgenden kurzen Situationsbeschreibung überwiegen dagegen die Substantive *(Häuser – Gasthöfe – Fensterläden – Schindeldächer – Scherenzäune* in Zeile 10–12); sie sind ausnahmslos begleitet von Wörtern aus dem Bereich des Renovierungshandwerks *(waren wie neu – frisch gestrichen – gut ausgebessert – ergänzt*). Dies kennzeichnet das Dorf als einen Ort, der mit totalem Einsatz auf das bevorstehende Kurgeschäft eingestellt ist. (Vgl. auch Zeile 16: *Alles war … vorbereitet.)*

Dies zeigt sich auch bei den näheren Angaben zu den erwarteten Fremden, die aus einer Aneinanderreihung konkreter Substantive besteht: *Wagen – Röhr – Mercedes – Fiat – Opel – Chrom – Glas* (Zeile 15, 16). Materielles ist wichtig (vgl. auch *Das Geld würde anrollen.*/ Zeile 16).

Individuelles bleibt hinter ironischer Wortwahl verborgen: *Lehrerinnen – mutige Sachsen – Kinderreiche – Alpinisten* (Zeile 13/14).

Überprüft man den semantischen Bereich der Wörter, die die Arbeiter betreffen, so fällt auf, dass die meisten von ihnen schwere körperliche Tätigkeiten bezeichnen: *schleppen* / Z. 38, 48 – *auf Schultern tragen* / Z. 26, 48 – *nageln* / Z. 2, 58 – *Erde ausheben* / Z. 57/58, auch ähnlich Z. 26 – *einrammen* / Z. 19/20, 59 – *wuchtige Schläge* / Z. 58 (vgl. auch die Erwähnung von Handwerkszeug in Zeile 26–28, 46, 62, 82, vor allem von *Hammer* und *Nägeln*). Zusammen mit einigen Wörtern, die sich auf das Gespräch unter den Männern beziehen (etwa *beratschlagen* / Z. 29 – *übereinkommen* / Z. 32 – *wurde gewählt* / Z. 56/57), kommt diesen Wortfeldern die Funktion zu, die Tätigkeit der Arbeiter als äußerst zielgerichtet darzustellen.

Stellt man diese Tätigkeiten in Beziehung zu den religiösen Anspielungen zum Kruzifix (vgl. Seite 66) und zur *Mantelmadonna* /Z. 51, so kommt die Vermutung auf, dass sie zusätzlich eine symbolische Bedeutung haben. Das Schlüsselwort in Zeile 82 *Kreuzigungsort* schafft dann Klarheit und stellt einen unmittelbaren Zusammenhang zwischen den Arbeitern und den römischen Kriegsknechten bei der Kreuzigung her.

Hält man nun unter semantischer Fragestellung nach Leitbegriffen Ausschau, so ist unübersehbar, dass die Begriffe *Schild* und *Inschrift* in vielfacher Verwendung durch den Text leiten. Hieraus folgt für die Bedeutung, dass der in der Überschrift angekündigte Saisonbeginn ursächlich etwas mit dem Aufstellen des Schildes zu tun hat, dessen gewichtige Inschrift die besondere Art dieses *Saisonbeginns* offenbart.

Die Inschrift des Schildes hat nun auch Auswirkungen auf das Verständnis von Zeile 31, 33 und 42: *Blickfang* – *Gruß* – *Vorzug dieses Schildes* erweisen sich als krasse Ironie.

An einigen Stellen werden bildhafte Vergleiche eingesetzt, mit denen das Geschehen indirekt kommentiert wird (z. B. *wie ein Finger* / Z. 73 – *wie den Richtspruch* / Z. 75).

Syntaktischer Befund

- **Syntaktischer Befund**

(– Welche Wortformen treten auf? – Wie sind die Sätze strukturiert?)

Durchgängiges Erzähltempus ist das Imperfekt; es schafft Distanz zum dargestellten Geschehen.

Wird zeitlich zurückgegriffen (etwa für vorangegangene Naturveränderung / Z. 4/5 oder abgeschlossene Tätigkeiten / Z. 11, 20–22 oder für zurückliegende Auffassungen / Z. 79/80), so wird das Plusquamperfekt verwendet.

Aufschlussreich ist die Verwendung des Genus verbi (Aktiv/Passiv) an den genannten Stellen: Fast alle Verben, die sich auf Menschen beziehen, treten im Passiv auf, d. h. in der Wortform, die das Subjekt – den handelnden Menschen – nicht nennt. Es ist also unerheblich, wer in der Vergangenheit bestimmte Tätigkeiten ausgeführt hat.

Zudem wird hierbei das Plusquamperfekt in verkürzter Form verwendet, ohne das Hilfsverb *worden*: Durch solche verkürzte Formulierung entsteht der Eindruck der Endgültigkeit, z. B. *über dem Kopf des Christus war auch ein Schild angebracht (worden)* / Z. 20/21. Beide Formprinzipien werden nur einmal unterbrochen: Pilatus wird im Aktiv bei Namen genannt (Zeile 22).

Beim Modus hebt sich mehrfach der Konjunktiv heraus, wobei zwei Fälle zu unterscheiden sind: Er gibt entweder die Überlegungen der Arbeiter wieder (z. B. … *an welcher Stelle die Inschrift des Schildes am besten zur Geltung käme* / Z. 29/30 oder … *so daß Wagen und Fußgänger zwischen beiden hätten passieren müssen* / Z. 44/45), oder er dient gedanklichen Vorausdeutungen, wenn auch hierbei unklar bleibt, wer eigentlich denkt (z. B. *Das Geld würde anrollen* / Z. 16 oder … *wie sich die Sache auch immer entwickeln würde* / Z. 70/71).
Beim Satzbau dominiert die parataktische Reihung, angereichert durch eingestreute Gliedsätze, sodass in weiten Teilen der Eindruck eines gleichmäßigen Zeitablaufs entsteht. Erheblich kompliziertere Satzgefüge weisen dagegen diejenigen Passagen auf, die die Beratungen der Arbeiter (z. B. Zeile 34 ff. oder 49 ff.) oder die Inschrift des Holzkreuzes (Zeile 21 ff). betreffen. Hierdurch entsteht (im/durch den Lesefluss) der Eindruck einer Art Stauung.

- **Phonetischer Befund**

Phonetischer Befund

(– Welchen Beitrag leistet das Klangbild? – Wie werden Akzente gesetzt?)

Unter phonetischem Aspekt fällt auf, dass sich die vielfache Wiederholung der beiden Leitbegriffe *Schild* und *Inschrift* fast wie ein akustisches Stakkato durch den Text zieht. Gegenläufig hierzu sind mehrmals Einschnitte durch Gedankenstriche und Pausenzeichen zu vermerken, die das Tempo anhalten und den Fortgang verzögern (Zeile 13, 15, 22, 36, 43 und 75).

- **Zusammenfassung der Ergebnisse**

ELISABETH LANGGÄSSER stellt in ihrer Kurzgeschichte dar, wie die Aufrichtung eines antijüdischen Schildes einer symbolischen Kreuzigung gleichkommt.

C Die Interpretation

1. Wie man eine textimmanente Interpretation durchführt

In den folgenden Kapiteln werden nun einige Arbeitstechniken gezeigt, die sich für die Interpretation als nützlich erwiesen haben. Sie sind keineswegs als universale Rezepte gedacht, sondern als methodische Anregungen für die jeweils individuelle Arbeit am Text.

1.1. Was grundsätzlich zu empfehlen ist

Wie man sich einstellt

Da haben wir's: Man braucht die richtige Einstellung zum Interpretieren …
Nein, nicht so. Kein elitäres Getue mit höheren Weihen, sondern schlichtweg das:

- nämlich **Offenheit** und Fähigkeit, auf Unerwartetes gefasst zu sein.

Und das:

Originaltext

Geschenkartikel

Signor Veneranda betrat ein Geschäft für Geschenkartikel.
„Das ist ein Geschäft für Geschenkartikel, nicht wahr?", fragte Signor Veneranda die Verkäuferin.
„Ja", sagte die Verkäuferin, „mit was kann ich Ihnen dienen?"
„Ach, wegen mir …", sagte lächelnd Signor Veneranda, „mir ist's eigentlich egal."
„Wie bitte?", fragte die Verkäuferin, die nicht begriff.
„Ich habe gesagt, mir ist's egal", sagte Signor Veneranda, „das überlasse ich Ihnen."
„Was überlassen Sie mir?", fragte die Verkäuferin erstaunt. „Ich habe Sie gefragt, was Sie wünschen."
„Hören Sie", sagte Signor Veneranda, „ich will Ihnen kein Kompliment machen, aber womit Sie mir auch dienen, es wird mich auf jeden Fall freuen. Wirklich, ich überlasse es ganz Ihnen."

„Ich verstehe nicht", stotterte die Verkäuferin, die wirklich nicht verstand, „wollen Sie denn nicht einen Geschenkartikel kaufen?"
„Aber nein", sagte Signor Veneranda, „warum soll ich ein Geschenk kaufen? Ein Geschenk schenkt man doch, oder? Lassen Sie sich Geschenke bezahlen?"
„Aber nein", sagte die Verkäuferin.
„Und warum wollen Sie dann, daß ich sie Ihnen bezahle?", sagte Signor Veneranda. „Wenn ich Ihnen ein Fläschchen Parfum schenke, bezahlen Sie es mir dann?"
„Aber ...", stotterte die Verkäuferin, die nicht mehr wußte, was sie sagen sollte. „Das hier ist ein Geschäft, das Geschenkartikel verkauft."
„Hören Sie, nur keine Ungenauigkeiten", sagte Signor Veneranda. „Verkaufen ist etwas, und Schenken ist etwas anderes. Wenn Sie verkaufen, ist es unnötig, daß Sie schenken. Stimmt's? Ich sehe schon, Sie wollen mir nichts schenken. Sie haben auch keine Verpflichtung, mir etwas zu schenken, aber dann wäre es besser gewesen, es gleich zu sagen." Signor Veneranda grüßte die Verkäuferin, ging brummend und schlug die Tür zu.

CARLO MANZONI

- nämlich **normales Sprachgefühl** ohne den Zwang, immer um die Ecke denken zu müssen.

Und das:

- nämlich **Aufmerksamkeit** und den Willen, nichts aus dem Zusammenhang zu reißen.

Nun kann es losgehen:

1.2. Wie man eine Interpretation aufbaut

Die Interpretation beginnt dort, wo die Textanalyse endet. Ihr erster Schritt ist die Anfertigung einer **Stoffsammlung,** in der man diejenigen Textbefunde notiert, die man aus der Textanalyse in der Interpretation verwenden will. Dann folgt die Festlegung ihres Aufbauprinzips in Form einer systematischen **Gliederung.**

Hierfür bieten sich vor allem drei Alternativen an:

Aufbauprinzip 1

Man folgt abschnittweise den in der Textanalyse festgelegten **Gedankeneinheiten** und hält sich chronologisch an die Abfolge des Textes. Dadurch behält man stets engen Kontakt zum Text und kann solide an ihm entlangarbeiten.

– Vorgriffe, Wiederholungen meiden!
– Überblick bewahren!

Aufbauprinzip 2

Man wählt wichtige **Aspekte der Textanalyse** aus und ordnet sie als Gliederungspunkte einander zu. Hierdurch hat man immer das Textganze im Auge und kann souverän nach Schwerpunkten vorgehen.

⚠
- Nichts überinterpretieren!
- Auch einmal Textbefunde übergehen!

Aufbauprinzip 3

Man betrachtet den Text als Antwort auf **unausgesprochene Fragen,** die man durch Rückschlüsse vom Text aus findet, und macht diese Fragen zu Gesichtspunkten der Gliederung. Damit gewinnt man eine neue Deutungsperspektive und kann bereits gezielt die Frage nach der Gesamtaussage ins Blickfeld rücken.

⚠
- Keine wesentlichen Fragen vergessen!
- Kreativ denken!

Am besten konkretisieren wir die unterschiedlichen Aufbautypen gleich einmal an unserem Textbeispiel „Saisonbeginn“ (S. 63 ff.):

Aufbauprinzip 1:

1 Situation
2 Suche nach einem geeigneten Standort für das Schild
3 Wirkung des Schildes auf Passanten
4 Beziehung Kruzifix – Schild
5 Inschrift

(übernommen aus der Analyse der Textstruktur S. 66 ff.)

Aufbauprinzip 2:

1 Aufbau/Schwerpunktverschiebung
2 Thema
2.1 Leitbegriffe
2.2 Überschrift/Doppeldeutigkeit
3 Handlung
3.1 Situation/Scheinwelt
3.2 Tätigkeit der Arbeiter/Realität
3.3 Reaktion der Passanten
4 Wertung
4.1 Schlüsselwort
4.2 Abgrenzung gegen Kruzifix
4.3 Vergleich/Anklage

(in Anlehnung an einige Aspekte der Textanalyse S. 65 ff.)

Aufbauprinzip 3:

1 Wovon handelt der Text?
 – Erzählkern
 – Leitbegriffe
2 In welchem Umfeld findet das Geschehen statt?
 – Ort
 – Zeit
 – Situation
3 Von was für Menschen ist die Rede?
 – Einwohner
 – Arbeiter
 – Passanten
 – Kurgäste
4 Wie wird das Geschehen bewertet?
 – religiöses Bezugssystem
 – Vergleiche
5 Zu welcher Aussage führt der Text?
 – Überschrift
 – Schlusssatz

(entstanden durch rückerschlossene Fragen zum Text)

Solche Fragen findet man leicht durch die Hilfsfrage:
Auf welche Fragen antwortet der Text?
Nur selten sind die Fragen, die der Autor mit dem Text beantwortet, deutlich vor-formuliert.
Übrigens: Es kann auch deutenswert sein, welche Fragen *nicht* beantwortet werden!

Übung C1

Versuchen Sie, zu der folgenden kleinen Fabel eine Interpretationsgliederung nach Aufbauprinzip 3 anzufertigen.

Originaltext

Gehorsam

Eine Kaulquappe hatte einen Weißfisch geehelicht. Als ihr Beine wuchsen und sie ein Frosch zu werden begann, sagte sie eines Morgens zu ihm: „Martha, ich werde jetzt bald einer Berufung aufs Festland nachkommen müssen; es wird angebracht sein, daß du dich beizeiten daran gewöhnst, auf dem Lande zu leben." „Aber um Himmels willen!" rief der Weißfisch verstört, „bedenke doch, Lieber: meine Flossen! Die Kiemen!" Die Kaulquappe sah seufzend zur Decke empor. „Liebst du mich, oder liebst du micht nicht?" „Ei, aber ja", hauchte der Weißfisch ergeben. „Na also", sagte die Kaulquappe.

WOLFDIETRICH SCHNURRE

1.3. Wie man überzeugt – Arbeiten mit Textbelegen

Eine Interpretation darf Geltung beanspruchen, wenn sie sich ohne Ausnahme auf Texttatsachen stützt, ohne dass dabei Widersprüche auftreten. Hieraus folgt, dass es so viele „richtige" Interpretationen gibt, wie es sorgfältige Leser gibt.
Diese Aussage aus der Einleitung (S. 18) gilt natürlich immer noch. Wir müssen uns jetzt nur klarmachen, wie man sie in die Tat umsetzt.
Hierzu rufen wir uns unseren Satz in Erinnerung (vgl. S. 17), den wir als **Interpretationsregel** kennen gelernt haben:

! Jede Aussage der Interpretation muss durch den Text belegt werden.

In der Befolgung dieser einen Regel liegt das Geheimnis der interpretatorischen Überzeugungskraft.
Um nicht eintönig zu schreiben, kann man hierbei verschiedene Verfahren anwenden, die jeweils mit einem Beispiel aus der Geschichte von ELISABETH LANGGÄSSER vorgestellt werden:

wörtliches Zitat

1. Man zitiert wörtlich den Text (so knapp wie möglich).
   - Beispiel:
   Die Arbeiter sind sich der Auswirkungen ihres Tuns nicht bewusst; denn *als die Männer den Kreuzigungsort verließen und ihr Handwerkszeug wieder zusammenpackten, blickten alle drei noch einmal befriedigt zu dem Schild mit der Inschrift*. (Zeile 82 – 84)

   - Vorteil: Die wörtliche Wiedergabe schützt vor irrtümlichen Entstellungen des Beleges.
   - Nachteil: Zitate wirken manchmal wie Fremdkörper, da sie sich selten fugenlos in den eigenen Sprachfluss einbauen lassen.

verkürzte Textwiedergabe

2. Man gibt den Text verkürzt mit eigenen Worten wieder.
   - Beispiel:
   Die Arbeiter sind sich der Auswirkungen ihres Tuns nicht bewusst, wie aus ihrer Zufriedenheit nach getaner Arbeit ersichtlich ist (vgl. Zeile 82 – 84).

   - Vorteil: Der Textbeleg lässt sich stilistisch der Deutung anpassen.
   - Nachteil: Sprachliche Abweichungen vom Original ziehen leicht Bedeutungsverschiebungen nach sich. (*Zufriedenheit* meint nicht ganz genau dasselbe wie das *befriedigte* Aufblicken.)

Verweis auf Belegstelle

3. Man verweist durch Zeilenangabe auf die gemeinte Belegstelle.
   - Beispiel:
   Die Arbeiter sind sich der Auswirkungen ihres Tuns nicht bewusst (vgl. Zeile 82 – 84).

– Vorteil: Der deutende Gedankengang wird kaum unterbrochen.
– Nachteil: Der Leser muss erst nachschlagen, da die entscheidende Formulierung fehlt.

Wie man sieht, ist allen genannten Verfahren die eindeutige Angabe der gemeinten Textstellen gemeinsam.

Hierbei ergeben sich allerdings manchmal Schwierigkeiten, da in vielen Texten die Zeilenzählung fehlt und Seitenangaben zu ungenau sind. Für solche Fälle muss man eben Zusatzinformationen liefern, wie z. B. Abschnitte oder Kapitel.

Bedenkt man, dass sich die Reihenfolge – 1. Deutung, 2. Beleg – auch umkehren lässt, so steht uns eine stattliche Zahl von Variationsmöglichkeiten zur Verfügung, um durch Textnähe eine in sich stimmige Interpretation zu erhalten.

Übung C2

Liefern Sie den Textbeleg für folgende Interpretationsaussage unter Verwendung aller drei eingeführten Verfahren:

- Die Inschrift kommt einer Verurteilung gleich.

1.4. Wie man Bedeutungsnuancen erfasst und Mehrdeutigkeiten meistert

Drei kleine Tipps seien noch verraten, die manchmal sehr hilfreich sein können bei der Antwort auf die Frage:

Was bedeutet das, was da steht?

Originaltext

Wer je die flamme umschritt

Wer je die flamme umschritt
Bleibe der flamme trabant!
Wie er auch wandert und kreist:
Wo noch ihr schein ihn erreicht
Irrt er zu weit nie vom ziel.
Nur wenn sein Blick sie verlor
Eigener schimmer ihn trügt:
Fehlt ihm der mitte gesetz
Treibt er zerstiebend ins all.

Stefan George

Tipp 1 Wir ersetzen das dichterische Wort durch ein sinnverwandtes: z. B. *Feuer* statt *flamme*, sodass es heißt:

Wer je das Feuer umschritt
Bleibe des Feuers trabant ...

Solche **Ersatzprobe** führt zur Wahrnehmung der kleinen – oft aber entscheidenden – Unterschiede zwischen ähnlichen Inhalten und damit zum Erkennen der tragenden Bedeutungsnuancen des Ausgangsworts.

Wir stellen nämlich fest, dass der Text nach dem Austausch einen leicht verschobenen Sinn erhält: Das Ruhe ausstrahlende Element *flamme* (im Gedicht: Singular) wird zum unsteten *Feuer*, das schwerlich als bestimmende Mitte (vorletzte Zeile) wirken kann. Bei der Deutung der *flamme* darf also ihr In-sich-Ruhen keinesfalls übersehen werden. Die Abgrenzung gegen das Ersatzwort trägt somit zur Bewusstmachung wesentlicher Aspekte des Originalwortes bei.

Tipp 2 Wir streichen (vorübergehend) das Wort oder den Satz, dessen Bedeutung wir erfassen wollen, und überlegen nun, was fehlt, z. B.

... Fehlt ihm der mitte gesetz
Treibt er (zerstiebend) ins all.

Solche **Streichung** hinterlässt eine Lücke: Der Gedanke der zerstörerisch-richtungslosen Fliehkraft (*zer-stiebend*) fehlt nun. Wir erkennen ihn auf diese Weise als Bedeutungskern.

Tipp 3 Wir notieren uns alle **Assoziationen,** die uns spontan bei dem zu deutenden Wort einfallen, z. B. zu *flamme.*

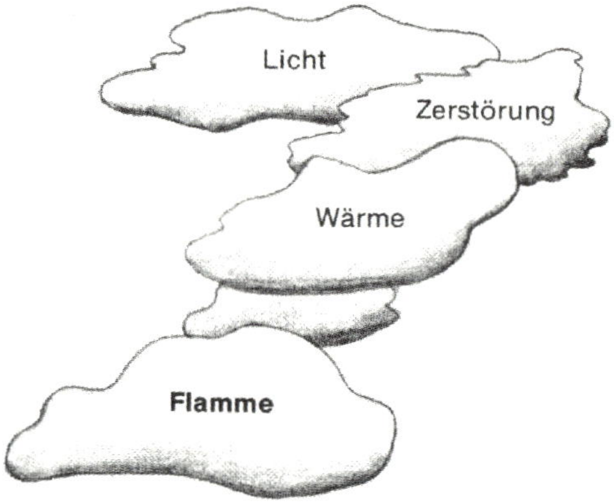

Bei unserem Textbeispiel würde wohl die Assoziation *Licht* interpretationswirksam werden.

Beschäftigen Sie sich mit dem nachstehenden Text:

Übung C3

Originaltext

Man wird nicht besser mit den Jahren

Man wird nicht besser mit den Jahren –
Wie sollt´ es auch? Man wird bequem
Und bringt, um sich die Reu´ zu sparen,
Die Fehler all in ein System.

Das gibt dann eine glatte Fläche,
Man gleitet unbehindert fort,
Und „allgemeine Menschenschwäche"
Wird unser Trost- und Losungswort.

Die Fragen alle sind erledigt,
Das eine geht, das andre nicht,
Nur manchmal eine stumme Predigt
Hält uns der Kinder Angesicht.

THEODOR FONTANE

Setzen Sie die erläuterten Tipps in die Tat um:

Tipp 1: Ersatzprobe bei *erledigt*
Tipp 2: Streichung von *Losungswort*
Tipp 3: Assoziationen bei *Predigt*

Geben Sie an, welchen Beitrag das Ergebnis jeweils für das Textverständnis leistet.

Literarische Texte haben eine Vorliebe für die uneigentliche Redeweise: Sie bedienen sich gern metaphorischer Ausdrücke, verwenden anschauliche Symbole oder arbeiten mit bildhaften Vergleichen.

Solche Formulierungen machen oft den Reiz poetischer Texte aus, da sie den Sinn nicht mit definitorischer Genauigkeit ersticken, sondern ihn in schöpferischer Schwebe lassen.

Aber … bei der Interpretation werden diese Mehrdeutigkeiten leicht zu Stolpersteinen.

Was symbolisiert beispielsweise die „Küchenuhr" in WOLFGANG BORCHERTS folgender gleichnamiger Kurzgeschichte?

Originaltext

Die Küchenuhr

Sie sahen ihn schon von weitem auf sich zukommen, denn er fiel auf. Er hatte ein ganz altes Gesicht, aber wie er ging, daran sah man, daß er erst zwanzig war. Er setzte sich mit seinem alten Gesicht zu ihnen auf die Bank. Und dann zeigte er ihnen, was er in der Hand trug.

Das war unsere Küchenuhr, sagte er und sah sie alle der Reihe nach an, die auf der Bank in der Sonne saßen. Ja, ich habe sie noch gefunden. Sie ist übriggeblieben. Er hielt eine runde tellerweiße Küchenuhr vor sich hin und tupfte mit dem Finger die blaugemalten Zahlen ab.

Sie hat weiter keinen Wert, meinte er entschuldigend, das weiß ich auch. Und sie ist auch nicht so besonders schön. Sie ist nur wie ein Teller, so mit weißem Lack. Aber die blauen Zahlen sehen doch ganz hübsch aus, finde ich. Die Zeiger sind natürlich nur aus Blech. Und nun gehen sie auch nicht mehr. Nein. Innerlich ist sie kaputt, das steht fest. Aber sie sieht noch aus wie immer. Auch wenn sie jetzt nicht mehr geht.

Er machte mit der Fingerspitze einen vorsichtigen Kreis auf dem Rand der Telleruhr entlang. Und er sagte leise: Und sie ist übriggeblieben.

Die auf der Bank in der Sonne saßen, sahen ihn nicht an. Einer sah auf seine Schuhe und die Frau sah in ihren Kinderwagen. Dann sagte jemand: Sie haben wohl alles verloren?

Ja, ja, sagte er freudig, denken Sie, aber auch alles! Nur sie hier, sie ist übrig. Und er hob die Uhr wieder hoch, als ob die anderen sie noch nicht kannten.

Aber sie geht doch nicht mehr, sagte die Frau.

Nein, nein, das nicht. Kaputt ist sie, das weiß ich wohl. Aber sonst ist sie doch noch ganz wie immer: weiß und blau. Und wieder zeigte er ihnen seine Uhr. Und was das Schönste ist, fuhr er aufgeregt fort, das habe ich Ihnen ja noch überhaupt nicht erzählt. Das Schönste kommt nämlich noch: Denken Sie mal, sie ist um halb drei stehengeblieben. Ausgerechnet um halb drei, denken Sie mal!

Dann wurde Ihr Haus sicher um halb drei getroffen, sagte der Mann und schob wichtig die Unterlippe vor. Das habe ich schon oft gehört. Wenn die Bombe runtergeht, bleiben die Uhren stehen. Das kommt von dem Druck.

Er sah seine Uhr an und schüttelte überlegen den Kopf. Nein, lieber Herr, nein, da irren Sie sich. Das hat mit den Bomben nichts zu tun. Sie müssen nicht immer von den Bomben reden. Nein. Um halb drei war ganz etwas anderes, das wissen Sie nur nicht. Das ist nämlich der Witz, daß sie gerade um halb drei stehengeblieben ist.

Und nicht um viertel nach vier oder um sieben. Um halb drei kam ich nämlich immer nach Hause. Nachts, meine ich. Fast immer um halb drei. Das ist ja gerade der Witz.

Er sah die anderen an, aber die hatten ihre Augen von ihm weggenommen. Er fand sie nicht. Da nickte er seiner Uhr zu: Dann hatte ich natürlich Hunger, nicht wahr? Und ich ging immer gleich in die Küche. Da war es dann fast immer halb drei. Und dann, dann kam nämlich meine Mutter. Ich konnte noch so leise die Tür aufmachen, sie hat mich immer gehört. Und wenn ich in der dunklen Küche etwas zu essen suchte, ging plötzlich das Licht an. Dann stand sie da in ihrer Wolljacke und mit einem roten Schal um. Und barfuß. Immer barfuß. Und dabei war unsere Küche gekachelt. Und sie machte ihre Augen ganz klein, weil ihr das Licht so hell war. Denn sie hatte ja schon geschlafen. Es war ja Nacht. So spät wieder, sagte sie dann. Mehr sagte sie nie. Nur: So spät wieder. Und dann machte sie mir das Abendbrot warm und sah zu, wie ich aß. Dabei scheuerte sie immer die Füße aneinander, weil die Kacheln so kalt waren. Schuhe zog sie nachts nie an. Und sie saß so lange bei mir, bis ich satt war. Und dann hörte ich sie noch die Teller wegsetzen, wenn ich in meinem Zimmer schon das Licht ausgemacht hatte. Jede Nacht war es so. Und meistens immer um halb drei. Das war ganz selbstverständlich, fand ich, daß sie mir nachts um halb drei in der Küche das Essen machte. Ich fand das ganz selbstverständlich. Sie tat das ja immer: Und sie hat nie mehr gesagt als: So spät wieder. Aber das sagte sie jedesmal. Und ich dachte, das könnte nie aufhören. Es war mir so selbstverständlich. Das alles war doch immer so gewesen.

Einen Atemzug lang war es ganz still auf der Bank. Dann sagte er leise: Und jetzt? Er sah die anderen an. Aber er fand sie nicht. Da sagte er der Uhr leise ins weißblaue runde Gesicht: Jetzt, jetzt weiß ich, daß es das Paradies war. Das richtige Paradies.

Auf der Bank war es ganz still. Dann fragte die Frau: Und Ihre Familie?

Er lächelte sie verlegen an: Ach, Sie meinen meine Eltern? Ja, die sind auch mit weg. Alles ist weg. Alles, stellen Sie sich vor. Alles weg.

Er lächelte verlegen von einem zum anderen. Aber sie sahen ihn nicht an. Da hob er wieder die Uhr hoch und er lachte. Er lachte: Nur sie hier. Sie ist übrig. Und das Schönste ist ja, daß sie ausgerechnet um halb drei stehengeblieben ist. Ausgerechnet um halb drei.

Dann sagte er nichts mehr. Aber er hatte ein ganz altes Gesicht. Und der Mann, der neben ihm saß, sah auf seine Schuhe. Aber er sah seine Schuhe nicht. Er dachte immerzu an das Wort Paradies.

Wie weit der Bedeutungsspielraum für das Symbol der Küchenuhr sein kann, offenbaren folgende Antworten einiger Oberstufenschüler:

das Vergangene, Erinnerungen, die „schöne, alte Zeit", das letzte Überbleibsel, das verlorene Paradies, letzter Halt, nur noch alles/[illegible]-lich, vergangenes Glück, Vergangenheit, Mutter Paradies, Geborgenheit, alle Hoffnungen und jegliche Freude aus Vergangenheit ist „stehengeblieben"
Leben in Frieden
friedliche, heile Welt
vergangenes glückliches Leben
Erinnerung an das vergangene Paradies: unnütz aber halt übriggeblieben
Erinnerung an eine zerstörte bessere, paradiesische Zeit
Erinnerung an die Zeit, in der es ihm gut ging und die Küchenuhr noch ging
Erinnerung an die Zeit vor dem Krieg; alle Menschen, selbst wenn sie wie immer aussehen, können sie innen zerstört sein.
Deutschland – zwar kaputt, aber immer noch existent. Heile, geordnete Welt
Vertrautlichkeit durch Gewöhnung, Ordnung in der Unordnung
Mahnung an das Gleichmaß, zu spät erkannte Schönheit des Alltags, S. für den zum Paradies glorifizierten verlorenen Alltag, Schöner Alltag der Vergangenheit.

Kontext

Und welche Bedeutungsnuance hatte BORCHERT im Auge? Entscheidungshilfe erhält man aus dem umgebenden Text, dem **Kontext.** Da die Küchenuhr in Verbindung gebracht wird mit der mütterlichen Fürsorge, die *Ordnung in der Unordnung* schuf, wie ein Schüler formuliert, symbolisiert sie wohl unter anderem das Gefühl der Geborgenheit, das erst in der Erinnerung als verlorenes Paradies bewusst wird.
Falls auch der Kontext keine endgültige Klarheit liefern kann, sollte man den Mut haben, mehrere Deutungen anzubieten und aus dem Kontext zu stützen, um dann einer einzigen den Vorrang zu geben.

Übung C4

Lesen Sie noch einmal BENNS Gedicht „Ein Wort" (Seite 6). Stecken Sie den Bedeutungsspielraum von *Chiffre* ab (Zeile 1) und begründen Sie aus dem Kontext, für welche Bedeutung Sie sich entscheiden.

1.5. Wie man die Darstellungsperspektive berücksichtigt

Das Ziel der Interpretation ist erreicht, wenn der Leser die Mitteilung des Autors in ihrer literarischen Einkleidung verstanden hat. Es liegt nun nahe, zum Abschluss die Frage zu stellen: Was **will** der Autor mit dem Text **sagen**? Da uns jedoch nur wenige Autoren den Gefallen tun, ihre Aussageabsicht unverschlüsselt mitzuteilen – z. B. in Form einer veröffentlichten Tagebuchnotiz, eines Briefes, eines Interviews oder ihrer Memoiren –, ist der Leser meist ausschließlich auf die Angaben im Text angewiesen. Es kann also nur eine Antwort auf die Frage gefunden werden, wenn man formuliert:

Was sagt der Text?

Wenn wir uns daran erinnern, dass der Text Teil einer Kommunikation zwischen Autor und Leser ist, so leuchtet ein, dass nicht nur seine semantischen, syntaktischen und phonetischen Sachverhalte die **Gesamtaussage** bestimmen, sondern auch seine Darstellungsperspektive, d. h. der Blickwinkel, unter dem der Autor seinen Gegenstand dem Leser vermittelt. Der Leser sollte also auch untersuchen, welche Einstellung gegenüber dem Gegenstand durch die gewählte **Perspektive** angezeigt wird.

Perspektivenwahl

Hierbei interessiert vor allem:
- Ist der Blick des Autors aus der Distanz (auf Zusammenhänge) oder aus der Nähe (auf Einzelheiten) gerichtet? **Wie viel** zeigt der Autor? **Welche Seite** zeigt er?
- Bleibt die Perspektive unverändert oder vollzieht sich ein Standortwechsel?

Die Perspektivenwahl hat nämlich zwei Konsequenzen für den Text:
1. auf die Auswahl der Gegenstände
   (Beispielsweise kann das lyrische Ich nur das ausdrücken, was es selbst wahrnimmt; der Erzähler einer Rahmenhandlung dagegen verfügt über einen unbegrenzten Beobachtungsraum.)

Perspektive bedeutet also Horizontfestlegung und Grenzziehung.

2. auf den Verstehungsprozess beim Leser
   (Der Autor gibt durch seine Perspektivenwahl einen Fingerzeig, wie der Gegenstand vom Leser betrachtet werden möge.)

Perspektive bedeutet also auch Verstehensvorgabe für den Leser.

Welchen Beitrag die Wahrnehmung der Darstellungsperspektive für die Gesamtaussage leisten kann, sei am Beispiel der Anfangspassage von ULRICH PLENZDORFS „Die neuen Leiden des jungen W." gezeigt:

Notiz in der „Berliner Zeitung" vom 26. Dezember:

Originaltext

Am Abend des 24. Dezember wurde der Jugendliche Edgar W. in einer Wohnlaube der Kolonie Paradies II im Stadtbezirk Lichtenberg schwer verletzt aufgefunden. Wie die Ermittlungen der Volkspolizei ergaben, war Edgar W., der sich seit längerer Zeit unangemeldet in der auf Abriß stehenden Laube aufhielt, bei Basteleien unsachgemäß mit elektrischem Strom umgegangen.

Anzeige in der „Berliner Zeitung" vom 30. Dezember:

Ein Unfall beendete am 24. Dezember
das Leben unseres jungen Kollegen
Edgar Wibeau
Er hatte noch viel vor!
VEB WIK Berlin
AGL Leiter FDJ

Anzeigen in der „Volkswacht" Frankfurt/O. vom 31. Dezember:

Völlig unerwartet riß ein tragischer Unfall
unseren unvergessenen Jugendfreund
Edgar Wibeau
aus dem Leben.
VEB (K) Hydraulik Mittenberg
Berufsschule Leiter FDJ

Für mich noch unfaßbar erlag am
24. Dezember mein lieber Sohn
Edgar Wibeau
den Folgen eines tragischen Unfalls.
Else Wibeau

„Wann hast du ihn zuletzt gesehen?"
„Im September. Ende September. Am Abend bevor er wegging."
„Hast du nie an eine Fahndung gedacht?"
„Wenn mir einer Vorwürfe machen kann, dann nicht du! Nicht ein Mann, der sich jahrelang um seinen Sohn nur per Postkarte gekümmert hat!"
„Entschuldige! – War es nicht dein Wunsch so, bei meinem Lebenswandel?!"
„Das ist wieder deine alte Ironie! – Nicht zur Polizei zu gehen war vielleicht das einzig Richtige, was ich gemacht hab. Selbst das war schließlich falsch. Aber zuerst war ich einfach fertig mit ihm. Er hatte mich in eine unmögliche Situation gebracht an der Berufsschule und im Werk. Der Sohn der Leiterin, bis dato der beste Lehrling. Durchschnitt eins Komma eins, entpuppt sich als Rowdy! Schmeißt die Lehre! Rennt von zu Hause weg! Ich meine …! Und dann kamen ziemlich schnell und regelmäßig Nachrichten von ihm. Nicht an mich. Bewahre. An seinen Kumpel Willi. Auf Tonband. Merkwürdige Texte. So geschwollen. Schließlich ließ sie mich dieser Willi anhören, die Sache wurde ihm selber unheimlich. Wo Edgar war, nämlich in Berlin, wollte er mir zunächst nicht sagen. Aus den Tonbändern wurde jedenfalls kein Mensch schlau. Immerhin ging so viel daraus hervor, daß Edgar gesund war, sogar arbeitete, also nicht gammelte. Später kam ein Mädchen vor, mit der es dann aber auseinanderging. Sie heiratete! Solange ich ihn hier hatte, hat er nichts mit Mädchen gehabt. Aber es war doch kein Fall für die Polizei!"

Stop mal, stop! – Das ist natürlich Humbug. Ich hatte ganz schön was mit Mädchen. Zum erstenmal mit vierzehn. Jetzt kann ich's ja sagen. Man hatte so allerhand Zeug gehört, aber nichts Bestimmtes. Da wollte ich's endlich genau wissen, das war so meine Art. Sie hieß Sylvia. Sie war ungefähr drei Jahre älter als ich.

Der Autor nimmt zunächst die Rolle eines („schweigenden") Erzählers ein, der den Leser zum Zeitungsleser (Zeitungsnotiz und Todesanzeigen) und zum Zuhörer eines Gesprächs (Disput der Eltern) macht. Danach wandelt er sich zum Ich-Erzähler (Kommentar des toten Sohnes), der den Leser an seinem eigenen Blickwinkel teilhaben lässt. Da der Text anhand rekonstruierender Aufklärung eines Unglücksfalls das Schicksal eines jungen Mannes vor Augen führt, verweist solcher Perspektivenwechsel (der den ganzen Text durchzieht) auf die eingeschränkte Wahrnehmungs- und Urteilsfähigkeit der handelnden Personen. Das Nebeneinanderstellen verschiedener Perspektiven kann, wie in diesem Fall, die (ebenfalls eingeschränkte) Erkenntnisfähigkeit des Lesers erweitern.

Die Perspektive eines Textes kann also Rückschlüsse auf die vermutete Intention des Verfassers zulassen und zum Verstehen der Gesamtaussage beitragen.

Enthält der Text außerdem Sätze, die den Leser unmittelbar ansprechen, so können auch diese Angaben eine Verständnishilfe bei der Ermittlung der Gesamtaussage werden. Zum Beispiel verdient folgender Satz aus PLENZDORFS Text in diesem Sinne Beachtung: *Ich weiß nicht, ob das einer versteht, Leute,* der auffällig oft vom Ich-Erzähler ausgesprochen wird (etwa S. 99, 108).

Übung C5

Überprüfen Sie die Darstellungsperspektive des folgenden Textes und überlegen Sie, welchen Beitrag sie (und ihr Wechsel) für die Gesamtaussage leistet.

Originaltext

Am Ziel

Das also war der Abend zuvor, der Abend vor der Nacht zu dem Tag, der ihm den Triumph bringen sollte! Nun war es so weit, kein Zweifel! Seit Tagen schon hatte sich Doktor Stiasny, ohne daß Gründe zu erfahren gewesen wären, in den Büros der Firma nicht mehr blicken lassen, und an diesem Nachmittag hatte ein Schreiben der Direktion ihn, den „S. g. Herrn Hans Leisiger, Oberinspektor der Vereinigte Zuckerfabriken A. G.", für den nächsten Vormittag um halb neun Uhr in den kleinen Konferenzsaal gebeten: man habe ihm eine für ihn höchst bedeutsame Eröffnung zu machen.

Ja, dachte Leisiger, in den kleinen Konferenzsaal! Holzgetäfelt, dunkler Parkettboden ohne Teppich, ein Eichentisch und acht geschnitzte Armsessel, ein bauchiger Kachelofen in der Ecke, ein Gemälde der größten, der Inglhofer Fabrik zwischen zwei Hirschgeweihen an der Längsseite gegenüber den beiden Fenstern mit den handgewebten Vorhängen; und unsichtbar in dem Raume sich wölkend der Rauch von Zigarren, vermischt mit Spuren von Gerüchen, die seltsamerweise an erdige Schuhe und an schweißfeuchtes Pferdeleder denken ließen. Dahin hatte man ihn auch geladen, als er Inspektor in der Inglhofer Fabrik wurde, und wenig später wiederum, als er aufrückte in den Rang eines Oberinspektors und hierher zurückversetzt wurde, in die Zentrale. Und so lud man ihn auch diesmal in den kleinen Konferenzsaal – und er wußte, warum! Seit er, vor nunmehr zehn Jahren, in die Firma gekommen war, hatte er nie sein hochgestecktes Ziel aus dem wie anvisierend halb zugekniffenen Auge gelassen, das Ziel, Prokurist und damit Geschäftsführer zu werden – oder, mit einer Deutlichkeit gesagt, die jetzt, am Vorabend seines Triumphes, endlich wohl verstattet sein mußte: den Platz einzunehmen, den der Doktor Stiasny innehatte. Und nun war es so weit, nur noch dieser Abend und diese eine Nacht trennten ihn von der festgesetzten Stunde des Tages, der ihn triumphieren sehen sollte, triumphieren nicht mehr bloß über diesen armseligen, über diesen blaß-zerbrechlichen teetassenhäutigen Doktor Stiasny, sondern viel mehr über die Mühsal seines bisherigen Lebens vom zweiundvierzigsten bis zum eben vollendeten zweiundfünfzigsten Lebensjahr; denn seit er eingetreten war in die Firma, hatte er hingearbeitet auf diesen Tag des Triumphes, nicht nur seine vorgeschriebenen acht Stunden täglich und die Überstunden während der Rübenkampagne dazu, o nein! Sondern dreimal acht Stunden eines jeden Tages zehn Jahre lang hatte er dafür gelebt: dafür nicht nur gearbeitet, sondern dafür auch geschlafen, gegessen, sich rasiert, sich (wenn auch immer nur flüchtig) mit Frauen eingelassen, gelesen, Besuche gemacht und empfangen, geraucht, sich geschneuzt, Medizinen geschluckt, Luft eingeatmet und ausgeatmet … gelebt nur für diesen einen Tag, für dieses eine Ziel; mit eiskalter Sachlichkeit, von sich selber kontrolliert bis in die Reflexe der Augenlider und bis in die Träume hinab, so hatte er darauf zugelebt, worüber er allmählich die angestrebten Vorteile, als da sind die finanzielle Besserstellung, das erhöhte Ansehen, die vermehrte Macht, vergessen hatte (genau wie jener Obmann der Rübenbauern in Neustadl, der damals, als durch den großen Streik in der Eisenindustrie auch die Bahn aus den Gleisen kam und die Waggons nicht mehr pünktlich bereitstellen konnte, der damals also partout die von den Bauern der Gemeinde herangefahrenen Rüben einmieten wollte, was ihm, da dies auf seinem Grund und Boden hätte geschehen müssen, eine kleine Summe Geldes eingebracht hätte, und der, um es gegen Leisiger durchzusetzen, was ihm endlich dann aber doch nicht gelang, die doppelte Summe in Gesprächen mit der Direktion vertelephonierte, bis dann doch die Waggons noch kamen und in pausenloser Tag- und Nachtarbeit beladen wurden; aber daran, und wie bis zur Siedehitze jener Bauer ihn damals geärgert hatte, daran dachte Leisiger schon längst nicht mehr). Er dachte nur an den Triumph seiner Diplomatie. Seit er in der Firma war, hatte er mit allem, was er tat, gar nichts anderes getan, als den Ruf, das Ansehen, die Position des Doktor Stiasny –, ‚seines Vorgängers', dachte er fiebrig-trunken – unterhöhlt, untergraben, unterminiert, und mit welch lautlosen Spatenstichen, mit welch diffiziler Wühlarbeit, mit welcher Spannung zwischen äußerer Nonchalance und innerer Vibration: gleichwie ein lebenslänglich Gefangener just unter den Ohren seiner hellhörigen Bewacher sich mit den bloßen Fingernägeln einen Gang in die Freiheit kratzt! Auf vielfach verschlungenen Umwegen, geschleust durch alle Kanäle von Sympathien und Antipathien innerhalb der Belegschaft, hatte er die Direktion in Kenntnis gesetzt von jedem Mißgeschick, von jeder Nachlässigkeit, von jeder auch nur mikroskopisch kleinen Abweichung, von jeder wirklichen oder scheinbaren Verfehlung des Doktor Stiasny; hatte zahllose Mittelsmänner, von den Boten bis zum Oberbuchhalter, für den Transport dieser Nachrichten und Gerüchte eingespannt so unmerklich, daß keiner sich als sein Werkzeug fühlen konnte. Und hatte anderseits in den Sitzungen ausdrücklich für Stiasny plädiert; natürlich nicht etwa, indem er offenbare Verfehlungen oder Unregelmäßigkeiten Stiasnys bestritt, sondern so, daß er sie entweder bagatellisierte oder daß er im Charakter des Prokuristen oder in der jeweiligen geschäftlichen Situation entschuldigende Gründe suchte, immer aber so fadenscheinig argumentierend, daß die Entkräftung der Argumente gar nicht ausbleiben konnte.

Und nun war es so weit, nun stand er am Ziel! Mit zitternden Fingern die erloschene Zigarette aus dem Mundwinkel klaubend, wandte er sich von dem Fenster, aus dem er in die föhnig-vielfärbige Abenddämmerung gestarrt hatte, zurück in das dunkelnde Zimmer. Nun, dachte er, würde es auch notwendig werden, eine größere Wohnung zu mieten; hier, in Untermiete, wohnte er viel zu provisorisch, gleichsam seit Jahren nur auf Abruf. Und nun war es so weit! Dieser eine Abend und die Nacht nur noch trennten ihn, nach zehn randvoll mit Energie erfüllten Jahren, von dem Moment des Triumphes! Und da spürte er plötzlich die Stille und die Leere dieses Abends, in den er aus der Höhe seiner Anspannung unvorbereitet hineingestürzt war, eine Stille und Leere, die auch schon den morgigen Tag mit dem großen Ereignis, wie um es ihm vorzuenthalten, in sich aufsaugte, nichts ihm belassend als die Last all der Jahre, die er auf den morgigen Tag zugelebt hatte; spürte plötzlich, indes die kurze Spanne Zeit bis zum nächsten Vormittag ihm ins Endlose zu entgleiten schien, die summierte Last dieser Jahre überschwer auf seinen Schultern, spürte sie einsinken in die Brust und Jahresringe der Angst um sein Herz legen, spürte sie sein inneres Wesen zerdrücken, zerquetschen, zermalmen, es beseitigen, indes sein mächtiger Leib noch aufrecht stand, aber schon mit einem ungekannten Gefühl der Haltlosigkeit darin: grad als stünde, wo eben er selber noch gestanden, nur seine Haut noch da, zwar noch der Gewohnheit gehorchend, aber alsbald zusammensackend und liegenbleibend als ein erbärmliches Häuflein, so wie man sich vorstellt, daß die Kleider eines Ertrunkenen noch tagelang an dem Strande liegenbleiben, von dem aus er sich zu weit, als daß eine Rückkehr noch möglich gewesen wäre, aufs offene Meer hinausgewagt hat. Und so, so fand ihn am nächsten Morgen seine Haushälterin liegen, ein kleines Häuflein wie die Kleider eines Ertrunkenen am Strand. Um etwa die gleiche Zeit geschah das, als die Herren in dem kleinen Konferenzsaal bereits an die zehn Minuten gewartet hatten, der Minister a. D. Dr. h. c., klein, ausgetrocknet, zigarrenrauchend, Bauernbündler und jetzt Generaldirektor, und der kommerzielle Direktor, Statur eines Fußballspielers, Nichtraucher, Gesicht wie eine Uhr, und der technische Direktor, ein breithüftiger, wie von dauerndem Sitzen geformter Mann, Zigarrenraucher auch er, und als sie haargenau zehn Minuten gewartet hatten, sagte der kommerzielle Direktor: „Scheint, er hat den Braten gerochen!" Der technische Direktor wälzte seine Zigarre zwischen den Lippen, er mochte den kommerziellen Direktor nicht leiden, weil der immer auch in den Fabriken herumschnüffelte, und er dachte, daß Leisiger eben doch ein Dummkopf war, wenn er glaubte, der erste und einzige zu sein, der auf solche Weise sich emporzuschrauben gedachte; er hätte wissen müssen, daß diese Methode bekannt ist; und daß man durch nichts sich so verdächtig macht wie durch ein Verhalten, das sich zusammensetzt aus Objektivität und Kollegialität! Doch weil ihm ein passendes Wort dafür nicht einfiel, dachte er mit einer plötzlichen Wendung, als ließe sein Denken sich schalten wie eine seiner Maschinen, an andere Dinge. „Der Stiasny ist doch", ließ sich nun der Minister a. D. hinter einer Rauchwolke vernehmen, „der Stiasny ist doch wirklich ein zuverlässiger Mann?" Die beiden Direktoren nickten. „Ein Starrkopf", sagte dann der kommerzielle Direktor, „und immer gleich mit irgend einer vertrackten Theorie bei der Hand, die er in der schlaflosen Nacht vorher erfunden hat. Aber wenn man ihm – in aller Freundschaft, versteht sich! – das Messer an die Brust setzt, dann ist er tüchtig für zwei!" Hinter seinem Rauchschleier nickte der Minister a. D., murmelte dann etwas von einer Gehaltserhöhung für Stiasny, und der technische Direktor dachte, daß sich durch das Fernbleiben Leisigers alles auf die bequemste Weise geregelt habe. Und dann diskutierten sie, was an diesem Tage sonst noch zur Debatte stand.

HERBERT EISENREICH

Nun ist es aber höchste Zeit für eine Erholungspause:

Originaltext

In einem Leistungskurs Erziehungswissenschaft (in Nordrhein-Westfalen normales Wahlfach der reformierten Oberstufe) behandelte ich ausführlich ADORNOS Aufsatz ‚Erziehung nach Auschwitz'. Ich merkte, daß der Text die Schüler nicht betroffen machte, sondern genauso konsumiert wurde wie irgendein anderer Unterrichtsstoff. Anscheinend nahmen die Schüler das Elend des Faschismus in gleicher Weise auf wie die Struktur des modernen Romanes beziehungsweise die des Kuhauges im Deutsch- oder Biologieunterricht.

Um zu sehen, ob meine Befürchtungen zutrafen, unternahm ich etwas, was man im heutigen didaktischen Jargon als ‚Lernzielkontrolle' bezeichnet. Ich entwarf einen Text ohne Sinn, bestehend aus Gemeinplätzen, Unrichtigkeiten, unzusammenhängenden und inhaltsleeren Phrasen, die allerdings in eine pseudowissenschaftliche Form gebracht wurden. Die Überschrift des Textes: Die dispensorische Erziehungstheorie.
Den Schülern stellte ich den Text mit der Bemerkung vor, daß es sich hierbei um die neueste erziehungswissenschaftliche Theorie handelt. Meine Vermutungen bewahrheiteten sich. In einer Doppelstunde wurden besprochen: die Ziele der dispensorischen Theorie, das Menschenbild der dispensorischen Theorie, der wissenschaftstheoretische und philosophische Hintergrund dieser Theorie, ihre Methode. Keiner der zukünftigen Abiturienten entlarvte den Text als Schwachsinn. Die Hausaufgabe zum Text wurde brav gemacht.
Anschließend zeigte ich den Text einem Fachreferendar, der auf Grund seiner Ausbildung befähigt sein sollte, den Text als unsinnig zu erkennen. Sein spontaner Kommentar signalisierte, daß er sich bereits in einem fortgeschrittenen Stadium der Lehrerausbildung befand: ‚Interessant – schwierig – abstrakter Text – welche Klasse? in der 13 machbar!' Dieser Sachverständigenkommentar ermutigte mich, die Sache weiter zu betreiben. Andere Kollegen bekamen den Text zu lesen. Die Wirkung war verblüffend! Die dispensorische Theorie wurde nicht entlarvt.
Einen Fachleiter, dem auf Grund seiner Tätigkeit als Referendarausbilder die neueren pädagogischen Theorien nicht unbekannt geblieben sind, hatten offenbar die naturphilosophischen Betrachtungen des Textes sehr beeindruckt. Er befand den Text für ‚äußerst interessant', zumal er ihn an die ‚Kommunikative Theorie' erinnerte. Sein professioneller Hintergrund wurde auch dadurch deutlich, daß er den Text zugleich auf seine didaktische Verwendbarkeit hin reflektierte. Ein weiterer Fachleiter des Referendarseminars meinte, Züge der ‚Kompensatorischen Theorie' in dem Text wiederzuerkennen.

Daß der Schwachsinn offenbar Methode hat, zeigte sich einige Wochen später. Die dispensorische Theorie bewährte sich auch an der Hochschule. Ein befreundeter Assistent, der an der Uni Köln Proseminare in Pädagogik abhält, besprach den Text mit seinen Studenten. Das Ergebnis war das gleiche wie an der Schule.
Auch Studenten sind heute offenbar nicht mehr in der Lage, sinnleere von sinnvollen Texten zu unterscheiden. Woher auch? Schüler, Studenten, Referendare und Lehrer fallen auf den falschen Schein der Wissenschaft herein. Sicherlich gibt es dafür eine Reihe von subjektiven Gründen: der Leistungsdruck, ständig Schlaues sagen zu müssen, der naive und gutgläubige Respekt vor Autoritäten, Eitelkeit und Wichtigtuerei, die Angst vor der Blama-

ge. Sind dies aber hinreichende Ursachen, das Aussetzen des gesunden Menschenverstandes zu erklären?
Die Wissenschaftsgläubigkeit ist bis in die Berufs- und Privatspähre vorgedrungen. Einer Gesellschaft, in der die Beziehungen zwischen den Menschen immer mehr zum Problem werden, wird fälschlicherweise suggeriert, daß die Wissenschaft über Allheilmittel verfügt.
Im pädagogischen Bereich hat die Verwissenschaftlichung ihre eigentliche Aufgabe, den Abbau irrationaler Autorität, verfehlt. Statt dessen ist der Mythos der Allmacht der Wissenschaft verstärkt worden. Welche seltsamen Blüten diese Entwicklung hervorbringen kann, wird am Beispiel der dispensorischen Theorie deutlich.
Der Wissenschaftsflair erlaubt den Beteiligten, tiefergehende Auseinandersetzungen zu vermeiden: niemand muß sich engagieren, bekennen oder einlassen. Der Konsens besteht darin, daß keiner in die peinliche Verlegenheit gebracht wird, Farbe zu bekennen. Genau diese absurde Situation hat dazu beigetragen, daß die dispensorische Theorie sich etablieren konnte. Andersens Märchen von des Königs neuen Kleidern hat so eine neue Auslegung erfahren.
Fairerweise sollte ich aber auch zugeben, daß die dispensorische Theorie auch auf mich nicht ohne Wirkung geblieben ist. Auf Grund der Reaktionen fing ich nämlich an zu zweifeln, ob mir mit dem Text nicht ein grundlegender philosophischer Entwurf gelungen ist.

WOLFGANG MEYER

2. Lyrische, epische und dramatische Texte: Was im Einzelfall geraten wird

Meist fasst man die literarischen Texte in drei Großgattungen zusammen:
- lyrische Texte (von griech. „Leier"/Saiteninstrument)
- epische Texte (von griech. „Wort", „Erzählung")
- dramatische Texte (von griech. „Handlung")

Es hat sich herumgesprochen, dass diese Klassifizierung wegen vorkommender Überschneidung (z. B. beim Versepos), absichtlicher Vermischung dieser Gattungen durch den Autor und möglicher Ergänzung (denkbare Zusatzgattung für literarische Zweckformen, z. B. Essays) manchmal problematisch ist; sie kann jedoch weiter als großräumiges Zuordnungsraster dienen.

Zu **lyrischen Texten** zählen z. B.

– Lied	– Elegie
– Ode	– Ballade
– Sonett	

– und andere Gedichtarten.

Als **epische Texte** werden z. B. angesehen

- Roman
- Anekdote
- Kurzgeschichte
- Fabel
- Novelle

– und andere erzählende Texte.

Als **dramatischer Text** gilt jede Form eines
– Theatertextes.

Die Wahl einer bestimmten Textart stellt für den Autor eine wichtige Vorentscheidung dar, da dadurch die Ausdrucksmöglichkeiten sowohl geschaffen als auch eingeschränkt werden und gewisse Eigengesetzlichkeiten der jeweiligen Textart in Kraft treten (z. B. Reimzwang).
Drei Textbeispiele sollen diesen Gedanken nachvollziehbar machen:

Beispiel 1
Originaltext

Ich habe mich schon oft gefragt, was die Leute eigentlich meinen, wenn sie von Erlebnis reden. Ich bin Techniker und gewohnt, die Dinge zu sehen, wie sie sind. Ich sehe alles, wovon sie reden, sehr genau; ich bin ja nicht blind. Ich sehe den Mond über der Wüste von Tamaulipas – klarer als je, mag sein, aber eine errechenbare Masse, die um unseren Planeten kreist, eine Sache der Gravitation, interessant, aber wieso ein Erlebnis? Ich sehe die gezackten Felsen, schwarz vor dem Schein des Mondes; sie sehen aus, mag sein, wie die gezackten Rücken von urweltlichen Tieren, aber ich weiß: Es sind Felsen, Gestein, wahrscheinlich vulkanisch, das müßte man nachsehen und feststellen.

MAX FRISCH: Homo faber

Beispiel 2
Originaltext

Sewa: 's ist eine schöne Mondennacht. Der See
Liegt ruhig da als wie ein ebner Spiegel.
Am Bühel: Sie haben eine leichte Fahrt.
Winkelried (zeigt nach dem See): Ha sehet! Seht dorthin!
Seht ihr nichts?
Meier: Was denn? – Ja wahrlich!
Ein Regenbogen mitten in der Nacht!
Melchtal: Es ist das Licht des Mondes, das ihn bildet.
Von der Flüe: Das ist ein seltsam wunderbares Zeichen!
Es leben viele, die das nicht gesehn.
Sewa: Er ist doppelt, seht, ein blässerer steht drüber.
Baumgarten: Ein Nachen fährt soeben drunter weg.
Melchtal: Das ist der Stauffacher mit seinem Kahn.
Der Biedermann läßt sich nicht lang erwarten.
(Geht mit Baumgarten nach dem Ufer.)

FRIEDRICH SCHILLER: Wilhelm Tell

Beispiel 3
Originaltext

Das Fräulein stand am Meere
Und seufzte lang und bang,
Es rührte sie so sehre
Der Sonnenuntergang.

„Mein Fräulein! sein Sie munter,
Das ist ein altes Stück;
Hier vorne geht sie unter
Und kehrt von hinten zurück."

HEINRICH HEINE

Da die Textarten innerhalb einer Gattung bei aller Unterschiedlichkeit einige gemeinsame Strukturmerkmale aufweisen, werden im Folgenden gattungsbezogene Interpretationsanregungen gegeben.

2.1. Lyrische Texte

Originaltext

Weiß man nicht

Eigentlich weiß man ja nicht warum
man Gedichte schreibt: Wörter sucht und
verwirft den Rhythmus drosselt oder
beschleunigt wie der Autofahrer das Tempo
dieses Ding zur Anschauung bringt und ein
andres zurücknimmt weiß man nicht warum
man Stunden und Tage opfert.

während man geduldig oder verzweifelt
sucht was man nicht kennt und was
niemandem frommt während andere
nützliche Arbeit verrichten in Büros und am
Fließband – weiß man nicht anachronistischer
Alchimist nach welchem Golde
man forscht und dennoch weiter-
experimentiert bis man schließlich

aufhören darf wenn am Ende
Grund und Figur ihren gerechten
Anteil haben im Text und man beim letzten
Darübergehen an keiner
Stelle mehr einbricht

RUDOLF HARTUNG

Gedichte sind gemalte Fensterscheiben!
Sieht man vom Markt in die Kirche hinein,
da ist alles dunkel und düster;
und so sieht's auch der Herr Philister:
der mag denn wohl verdrießlich sein
und lebenslang verdrießlich bleiben.

Kommt aber nur einmal herein!
Begrüßt die heilige Kapelle;
da ist's auf einmal farbig helle,
Geschicht' und Zierat glänzt in Schnelle,
bedeutend wirkt ein edler Schein.
Dies wird euch Kindern Gottes taugen,
erbaut euch und ergetzt die Augen!

JOHANN WOLFGANG GOETHE

Originaltext

Sprachlos

Warum schreibst du
noch immer
Gedichte
obwohl du
mit dieser Methode
immer nur
Minderheiten erreichst

fragen mich Freunde
ungeduldig darüber
daß sie mit ihren Methoden
immer nur
Minderheiten erreichen

und ich weiß
keine Antwort
für sie

ERICH FRIED

Originaltext

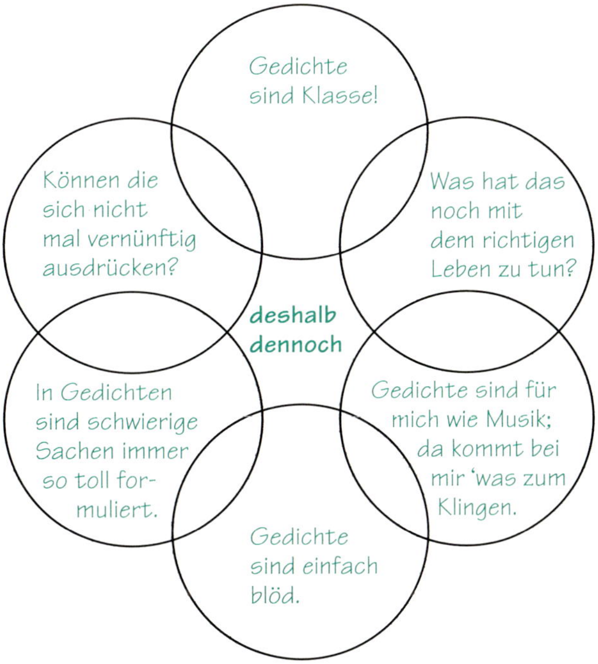

Dass lyrische Texte so widersprüchliche Reaktionen hervorrufen können, liegt vor allem an ihrer Unmittelbarkeit. Obwohl sprachlich meist intensiv an ihnen gefeilt wird – wie das Beispiel auf Seite 60 ff. eindringlich zeigt –, zeichnen sich lyrische Texte dadurch aus, dass sie eine geringe Distanz aufweisen zwischen Text und Autor – und damit auch zwischen Text und Leser: Auch wenn der Verfasser nicht als persönliches Ich, sondern als fiktives Ich auftritt, sind sie meist als dichterische Selbstaussagen zu verstehen, denen sich der Leser kaum verschließen kann (es sei denn, er blättert gleich weiter).
Im Mittelpunkt solcher stark subjektiven Äußerungen stehen Gefühle, Vorstellungen oder Gedanken, deren Vermittlung sich selten ohne seelische Gestimmtheit vollzieht.

Grundelemente lyrischer Texte

Als weiteres Strukturmerkmal haben lyrische Texte eine gewisse Melodiosität der Sprache gemeinsam, die sich vor allem in den rhythmischen und klanglichen Gegebenheiten äußert. Grundelemente lyrischer Texte sind also in der Regel:

- unmittelbare Sprechhaltung
- seelische Gestimmtheit
- melodiöse Sprache

Stilmittel

Um solche Wirkung hervorrufen zu können, werden Stilmittel eingesetzt, denen man bei der Interpretation Beachtung schenken sollte.
Bevorzugte Stilmittel sind hierfür:

- Rhythmus
- Metrum
- Vers, Strophe
- Reim
- Bild

Bei ihrer Verwendung hat sich allerdings in der Moderne ein grundlegender Wandel vollzogen, der vor allem aus einer veränderten Lebenshaltung herrührt: In früheren Jahrhunderten hob das Gedicht meist eine individuelle Stimmung oder einen persönlichen Gedanken kunstvoll in eine höhere Ebene, um ihm dadurch überpersönliche Allgemeingültigkeit zu verleihen; heute dagegen überwiegt die nüchterne Wiedergabe authentischer Bewusstseinsprozesse oder ungeschminkter Weltbeobachtung, die „nicht mehr für die Ewigkeit" geschrieben ist, z. B.

Originaltext

Ecco homo

Ja, ich weiß, woher ich stamme!
Ungesättigt gleich der Flamme
Glühe und verzehr ich mich.
Licht wird alles, was ich fasse,
Kohle alles, was ich lasse:
Flamme bin ich sicherlich!

Friedrich Nietzsche (1888)

Was ich alles bin

Originaltext

Nichtraucher
Rechtshänder
Steuerpflichtiger
Dienstuntauglicher
Zuzüger
Einwohner
Bürger
Wochenaufenthalter
Aufenthaltsberechtigter
Meldepflichtiger
Ersatzpflichtiger
Zivilschutzpflichtiger
Teilnehmer
Halter
Leser
Hörer
Abonnent
Zuschauer
Bazillenträger
Kassenpatient
Vollversicherter
Geschädigter
Gesuchsteller
Zeuge des Vorfalls
Schwimmer
Einzelwanderer
Pflanzenfreund
raschentschlossener Selbstkäufer
Benützer
Adressat
Absender
Bezüger
Empfänger
Käufer
Besteller
Selbstabholer
Anwohner
Zubringer
Fußgänger
Autofahrer
Linksabbieger
Fahrzeughalter
Passagier
Fahrgast

Reisender in Richtung
frischgebackener Ehemann
modebewußter Kunde
selbständig Erwerbender
Mieter
Schuldner
Begünstigter
Eigentümer
Inhaber
Besitzer
Nachkomme
Vorfahre
Mitspieler
Gewinner
Verlierer

manche finden mich auch als Mensch sehr nett

FRANZ HOHLER (1970)

Natürlich ist mit diesen knappen Feststellungen weder die Vielfalt lyrischer Formen erfasst noch die traditionelle und moderne Lyrik auf einen Nenner gebracht. Die vorangegangenen Überlegungen können aber ein Anhaltspunkt dafür sein, warum wir bei zeitgenössischer Lyrik oft vergeblich nach den gewohnten Stilmitteln Ausschau halten oder sogar manchmal den Eindruck gewinnen, wir hätten es mit einem raffiniert gedruckten Prosatext zu tun. Es lohnte zwar, einmal über die Ursachen solcher Gattungsverschiebungen nachzudenken – etwa unter Einbeziehung von ADORNOS Gedanken, dass nach Auschwitz keine Lyrik mehr möglich sei.

Übung C6

Ob Sie aus den wenigen Anmerkungen über Tendenzen traditioneller und moderner Lyrik bereits eine Entscheidungshilfe für die Frage entnehmen können: Welcher Art ist der nachstehende Text?
Versuchen Sie, eine Begründung für Ihre Antwort zu geben.

Originaltext

Trauerarbeit

In tiefer Trauer
    plötzlich und unerwartet
für immer von uns gegangen
    verschied
wir haben die schmerzliche pflicht
    in den ewigen frieden heimgegangen
nach einem arbeitsreichen leben
    verstarb
ist heimgegangen zu Gott
    völlig unerwartet

tiefbewegt geben wir kenntnis
    entschlief
zu sich in die ewigkeit aufgenommen
    in das ewige reich gegangen
hat Gott zu sich geholt
    entschlummert
von schwerem qualvollem leiden erlöst
    sanft entschlafen
in unermeßlichem ratschluß
    abberufen
wir nehmen abschied
    in aller stille erlöst
wir beklagen den Tod unsres teuren
    fortgegangen
    tot

Bevor wir nun eine Gedichtinterpretation durchführen, sollten wir uns vergegenwärtigen, was im Einzelnen unter den auf S. 92 genannten Stilmitteln zu verstehen ist, da die Verwendung des interpretatorischen Vokabulars wegen seiner Prägnanz oft weitschweifige Erläuterungen erspart:

Rhythmus

Rhythmus (abgeleitet von griech. „fließen")

der so genannte „Pulsschlag der Sprache", d. h. die durch die Verteilung von betonten und unbetonten Silben entstehende **Sprechbewegung.**
Entscheidend für die Wirkung dieser sinnbezogenen Akzentuierung ist das Zusammenspiel von Haupt- und Nebenhebungen und Pausen.
Die Spanne reicht hierbei von gleichmäßig-fließendem Bewegungsverlauf über drängend-vorwärts treibenden bis zu gestaut-unterbrochenem Rhythmus.

Zum Beispiel:

Originaltext

Frühling läßt sein blaues Band
wieder flattern durch die Lüfte …

aus: EDUARD MÖRIKE: Er ist's

Originaltext

… Alles rennet, rettet, flüchtet,
taghell ist die Nacht gelichtet …

aus: FRIEDRICH SCHILLER: Die Glocke

Originaltext

Ich, der brennende Wüstensand,
erkaltete und nahm Gestalt an …

aus: ELSE LASKER-SCHÜLER: Weltschmerz

Verszeilen, deren Sprechbewegung ausschließlich aus der natürlichen Betonung und reimlosen Wortwahl stammt, nennt man **freie Rhythmen** (Näheres S. 144), z. B.

Originaltext

Dem Géier glèich,
Der auf schwéren Mórgenwòlken
Mit sánftem Fíttich rúhend
Nach Beúte schaùt
Schwébe mein Liéd.

(JOHANN WOLFGANG GOETHE: Harzreise im Winter)

Viele lyrische Texte weisen dagegen einen **metrisch-gebundenen Rhythmus** auf.

Metrum

Metrum (abgeleitet von griech. „messen")

das durch regelmäßige Abfolge betonter und unbetonter Silben zählbare **Versmaß** (Takt; vgl. auch S. 63)

Hauptarten metrischer Einheiten sind:

- **Jambus** (griech. der Aufschnellende)
  xx́ z. B. *vielléicht, die Wélt*
- **Trochäus** (griech. der Laufende)
  x́x z. B. *Lében, sónnig*
- **Daktylus** (griech. der Finger)
  x́xx z. B. *Wánderung, hóffnungsvoll*
- **Anapäst** (griech. der Zurückgeschlagene)
  xxx́ z. B. *Horizónt, unterwégs*

Das Metrum gibt als Regelsystem dem Rhythmus Stetigkeit; da es immer von ihm überlagert wird, herrscht zwischen beiden Betonungspolen eine unterschwellige Wechselbeziehung.

Welche individuelle Wirkung von dem Zusammenspiel zwischen Metrum und Rhythmus ausgeht, lässt sich besonders gut erkennen, wenn man zwei Texte miteinander vergleicht, die dasselbe metrische Grundschema aufweisen, z. B. die Jambenfolge:

xx́ | xx́ | xx́ | xx́
xx́ | xx́ | xx́ | xx́
xx́ | xx́ | xx́ | xx́
xx́ | xx́ | xx́ | xx́

Du kamst, du gingst mit leiser Spur
Ein flücht'ger Gast im Erdenland;
Woher? Wohin? Wir wissen nur:
Aus Gottes Hand in Gottes Hand.

LUDWIG UHLAND: Auf den Tod eines Kindes

Originaltext

Ich bin der Doktor Eisenbart,
Kurier' die Leut nach meiner Art,
Kann machen, daß die Blinden gehn,
Und daß die Lahmen wieder sehn …

Originaltext

Dass dasselbe keineswegs dasselbe ist, wird offenkundig, wenn man durch lautes (oder innerliches) Lesen versucht, die rhythmischen Akzente herauszuhören und zu notieren (´ = Hauptton, ` = Nebenton).

Text 1:	Text 2:
xx́ | xx́ | xx́ | xx́	xx́ | xx̀ | xx́ | xx̀
xx́ | xx́ | xx́ | xx̀	xx́ | xx̀ | xx́ | xx̀
xx́ | xx́ | xx́ | xx̀	xx́ | xx̀ | xx́ | xx̀
xx́ | xx́ | xx́ | xx́	xx̀ | xx́ | xx̀ | xx̀

Text 1 klingt ernst, getragen, und man sieht in der Aufzeichnung: Jeder metrischen Einheit kommt ein eigenes Gewicht zu.
Text 2 dagegen setzt spielerisch wechselnde Betonungsschwerpunkte, sodass von ihm eine gewisse Leichtigkeit ausgeht.
Bei aller Wechselwirkung zwischen Metrum und Rhythmus bleibt also der Rhythmus der Hauptträger lyrischer Ausstrahlungskraft.

Vers

Vers (abgeleitet von lat. „wenden")
Gedichtzeile
Zu welchen besonderen **Versformen** Metren zusammengefügt werden können, ist in Auswahl auf Seite 144 nachzulesen; für unser kleines Einmaleins der Interpretationstechnik sollten wir uns nach dem Grundsatz richten:

> Lieber weniges verstehen und richtig anwenden
> als vieles halb verstanden und halb richtig anwenden.

Zwei Aspekte der Verszeile seien jedoch gesondert erwähnt:

Aspekt 1

1. Satzbau und Verszeile können so strukturiert sein, dass sich Satzende und Versende decken **(Zeilenstil)**. Der Satz kann aber auch das Zeilenende übergreifen und auf diese Weise die Sprechbewegung verändern – und dadurch auch Bedeutungsschwerpunkte verlagern.
   Dass solcher **Zeilensprung (Enjambement)** nicht ohne Wirkung bleibt, zeigt folgender kleine Text:

Originaltext

Wer was zu sagen hat,
hat keine Eile.
Er läßt sich Zeit und sagt's
in einer Zeile.

ERICH KÄSTNER: Präzision

Aspekt 2

2. Für den **Versausgang,** die **Kadenz,** besteht die Alternative:

- **stumpf/männlich,** d.h. der Vers endet mit betonter Silbe und erhält damit einen abgeschlossenen Charakter
- **klingend/weiblich,** d.h. der Vers endet mit unbetonter Silbe, sodass ein fließender Ausklang entsteht

Strophe

Strophe (abgeleitet von griech. „wenden")

Verbindung mehrerer Verszeilen zu einer (meist) in sich geschlossenen Gedichteinheit. Dem Strophenbau kommt vor allem gliedernde Funktion zu. Einige besondere **Strophenformen** sind im Anhang Seite 145 ff. erläutert.

Reim

Reim

Gleichklang von Einzelbuchstaben oder Buchstabenfolgen

Die drei grundsätzlichen Reimarten – Anfangsreim, Binnenreim und Endreim – dürften als bekannt vorauszusetzen sein.

Als besondere Spielarten des Endreims sind vor allem hervorzuheben:

Paarreim	– aa bb cc
Kreuzreim	– ab ab cd cd
Umarmender Reim	– abba cddc
Schweifreim	– aab ccb

Außer der Mitwirkung an der Sprachmelodie tragen Reime zur gezielten Verklammerung von Textteilen bei.

Bild

Bild

Verwandlung einer gedanklichen Vorstellung in eine optische Vorstellung. Bildhafte Sprache veranschaulicht das Gemeinte und trägt dazu bei, den Einzelfall zu verallgemeinern.

Dies gilt vom offen ausgeführten Vergleich (z. B. HEINRICH HEINE: *Du bist* ***wie eine Blume*** *...*) bis hin zur Metapher (z. B. RUDOLF ALEXANDER SCHRÖDER: *Blume, runder* ***Sternenkreis****, du, der Rose jüngre* ***Schwester****...*)

Eine Übersicht der gebräuchlichen Fachtermini findet sich Seite 142 f.

Übung C7

Untersuchen Sie die Verwendung folgender Stilmittel in MÖRIKES Gedicht:
- Rhythmus (und Metrum)
- Reim
- Bild

Deuten Sie – vorläufig – an, welche Wirkung diese Stilmittel hervorrufen.

Originaltext

Um Mitternacht

Gelassen stieg die Nacht ans Land,
Lehnt träumend an der Berge Wand,
Ihr Auge sieht die goldne Waage nun
Der Zeit in gleichen Schalen stille ruhn;
Und kecker rauschen die Quellen hervor,
Sie singen der Mutter, der Nacht, ins Ohr
Vom Tage,
Vom heute gewesenen Tage.

Das uralt alte Schlummerlied,
Sie achtet's nicht, sie ist es müd;
Ihr klingt des Himmels Bläue süßer noch,
Der flücht'gen Stunden gleichgeschwungnes Joch.
Doch immer behalten die Quellen das Wort,
Es singen die Wasser im Schlafe noch fort
Vom Tage,
Vom heute gewesenen Tage.

EDUARD MÖRIKE

Wie man an die Interpretation herangehen könnte

Da die Wahrnehmungsfähigkeit nun geschärft ist, steht einer Gedichtinterpretation nichts mehr im Wege. Sie wird an zwei Textbeispielen durchgeführt:

Textbeispiel 1
Originaltext

Hälfte des Lebens

Mit gelben Birnen hänget
und voll mit wilden Rosen
das Land in den See,
ihr holden Schwäne,
und trunken von Küssen
tunkt ihr das Haupt
ins heilignüchterne Wasser.

Weh mir, wo nehm ich, wenn
es Winter ist, die Blumen, und
wo den Sonnenschein,
und Schatten der Erde?
Die Mauern stehn
sprachlos und kalt, im Winde
klirren die Fahnen.

FRIEDRICH HÖLDERLIN

Gründliches Lesen und eine ausführliche Textanalyse könnten zu folgender Stoffsammlung führen, die das Rohmaterial für den Interpretationsaufsatz bietet:

Stoffsammlung

Thema

- vordergründig:
  Beziehung zur Natur (im Wechsel der Jahreszeiten)
- hintergründig:
  Seelenzustand (zur Zeit der Lebensmitte)

Aufbau

kontrastreiche Zweiteilung

Wortwahl

Strophe 1

- Substantive zur konkreten Kennzeichnung spätsommerlicher Naturgegebenheiten:
  ausnahmslos aus dem Bereich des Lebendigen, teilweise symbolisch überhöht (*Rose, Schwäne, Küsse*)
- Adjektive zur individuellen Beschreibung lebendiger Einzelheiten, teilweise emotional aufgewertet (*hold, heilignüchtern*)
- Verben: Ausdruck der Ruhe (*hängen*) oder der leichten Bewegung (*tunken*)

Strophe 2

- Substantive zur Ankündigung winterlicher Naturzustände: entweder aus dem Bereich des Nicht-Lebendigen oder als Hinweis auf Mangel (*Blume, Sonnenschein*)
- Adjektive reduziert auf zwei adverbial gebrauchte Zustandsangaben (*sprachlos, kalt*)
- Verben: Ausdruck mechanischer Bewegung (*nehmen, klirren*) oder der Unbeweglichkeit (*stehen*)
- Fragepronomen (*wo*) wiederholt

Satzbau

Strophe 1

- einfache Hauptsatzreihung (Parataxe) mit eingeschobener Anrede

Strophe 2

- verschachteltes Satzgefüge (Hypotaxe) aus Ausruf, Konditionalsatz und doppelter Frage
- abschließender parataktischer Block

Klangbild

Strophe 1

- variationsreicher Vokalbestand
- ausgewogener Rhythmus mit Entsprechungen zwischen Syntax und Verseinheit
- vorwiegend klingender Versausgang

Strophe 2
– Überwiegen dunkler Vokale, vermischt mit mehrfachen e-Längen
– unruhiger Rhythmus mit versetzten Betonungen und schroffen Einschnitten, die in starker Spannung zur Verseinheit stehen
– vorwiegend stumpfer Versausgang
– auffällige Alliteration in Zeile 8, 9

Perspektive

Strophe 1
– lyrisches Ich im Zwiegespräch mit der Natur

Strophe 2
– lyrisches Ich im Selbstgespräch (*mir, ich*)

Im Sinne von Aufbauprinzip 3, nach dem jeder Text als Antwort auf unausgesprochene Fragen verstanden wird (vgl. S. 72), könnte nun die Gliederung des Interpretationsaufsatzes folgendermaßen aussehen:

Gliederung

1. Wovon handelt der Text?
   – Thema
   – Überschrift
2. Welche Beziehung hat das lyrische Ich zur Natur?
   – Einklang
   – Isolation
3. Welches Lebensgefühl hat das lyrische Ich?
   – Ausgeglichenheit
   – Angst
4. Was sagt der Text aus?
   – menschliche Grunderfahrung
   – Krisenbewusstsein

Hieraus ließe sich folgender Interpretationsaufsatz entwickeln:

Beispiel Gedichtinterpretation: Hölderlin

Thema des Gedichts „Hälfte des Lebens“ ist die Naturbetrachtung eines lyrischen Ichs angesichts des bevorstehenden Wechsels vom Spätsommer (*gelbe Birnen*, Z. 1) zum Winter (Z. 9). Ein Blick auf den Wortlaut der Überschrift stellt dabei von vornherein klar, dass es sich aber nicht nur um ein Naturgedicht handelt, sondern um die Reflexion über eine Lebenssituation, die offensichtlich als Wende empfunden wird. Die Aussagen über die Beziehung zur Natur sind also nicht wörtlich zu verstehen, sondern sie verweisen auf ein dahinter liegendes Lebensgefühl zur Zeit der Lebensmitte.

Die Beziehung zur Natur ist durch krasse Gegensätze gekennzeichnet, die das Gedicht in zwei grundverschiedene Hälften (!) teilt:

Die erste Strophe bietet das Bild einer Landschaft, deren Teile miteinander verschmelzen: Das Land *hänget* (Z. 1) blüten- und fruchtbeladen (*Birnen, Rosen*, Z. 1, 2) in den See. Das lyrische Ich nimmt Farben und reife Fülle wahr (*gelb, voll*, Z. 1, 2) und lässt sie auf sich wirken. Es fühlt sich zugehörig und eröffnet mit den Schwänen eine Art Zwiegespräch, wobei die vertrauliche Anrede *ihr* (Z. 4, 6) von stillem Einverständnis zeugt.

Dies vermittelt den Eindruck einer leicht bewegten (*tunkt*, Z. 6), harmonischen Welt, in der der Mensch nichts in Frage stellt, sondern sich eingebettet weiß in die umgebende Natur.

In der zweiten Strophe dagegen steigt im lyrischen Ich die Vision einer trostlosen Winterlandschaft auf, die statt lebendiger *Blumen* (Z. 9) und warmer Sonne (Z. 10) nur tote Dinge (Z. 12, 14) und Kälte (Z. 13, 14) zu bieten hat. Der Versuch, mit der Natur in Beziehung zu treten, nimmt die Form drängender Fragen an (hämmernde Alliteration in Z. 8, 9: *Weh, wo, wenn, Winter, wo*). Die Suche nach Kontakt wird zum Selbstgespräch (*mir, ich*, Z. 8): Statt einer gezielten Antwort schweigen die Mauern (Z. 13), und der Mensch bleibt isoliert, ausgeliefert dem mechanischen Geräusch steifer Fahnen.

Diesem gebrochenen Verhältnis zur Natur entspricht das gegensätzliche Lebensgefühl, wie es in den beiden Strophen zum Ausdruck kommt:
Die erste Strophe strahlt mit ihrer gleichmäßigen Hauptsatzreihung Ruhe aus: Satzbau und Versführung bilden eine klangliche Einheit; an entscheidenden Stellen sorgen klingende Versausgänge für gleitende Übergänge. Das sprachliche Gleichgewicht schafft den Eindruck entspannter Atmosphäre und seelischer Ausgeglichenheit. Auch die emotional-verklärenden Assoziationen, die bei einigen Wörtern mitschwingen (*Rose, hold, Schwäne, Küsse, heilignüchtern*, Z. 2, 4–6), lassen Rückschlüsse auf das Seelenleben des lyrischen Ichs zu, das in gelöster Stimmung und seelischer Ausgeglichenheit die Situation bejaht.

Ein völlig anderes Lebensgefühl kommt dagegen in der zweiten Strophe zur Sprache: Bereits die ersten Worte (*Weh mir*, Z. 8) stimmen den veränderten Grundton der Angst an, der in dem zerrissenen Satzgefüge, das alle Verseinheiten sprengt, seine Fortsetzung findet. Ungewöhnliche Wortstellung, sperriger Rhythmus und abrupte Versausgänge deuten auf eine seelische Notlage hin, in der dem lyrischen Ich die innere Mitte fehlt. Kein Beiwort vermag die erstarrte Wirklichkeit (*stehn*, Z. 12) zu beleben und damit der sprachlosen, kalten Welt etwas entgegenzusetzen. Was bleibt, ist das resignierte Wahrnehmen der ausgebliebenen Antwort.

Da der Wechsel der Jahreszeiten im Sinne der Überschrift auf eine Lebenswende verweist, versinnbildlicht die als leidvoll empfundene Naturveränderung eine tiefe Lebenskrise. Trotz positiver Zwischenbilanz ist das Gedicht Ausdruck einer bedrückenden menschlichen Grunderfahrung: der Angst. Es zeigt eine Krise des Ichs, das nach erfüllter Zeit seine eigene Existenz infrage stellt, ohne die Möglichkeit zu Fortsetzung oder Neuanfang zu sehen.[1]

[1] Hölderlin war zum Zeitpunkt der Gedichtaufzeichnung etwas über 30 Jahre alt. Ob er mit dem Text eine allgemein menschliche Grunderfahrung in Worte fasst oder sich eine persönliche Depression von der Seele schreibt, ist nur bei gründlichem Studium seiner Biographie zu klären.

Wir wollen beim jetzigen Stand des Textverständnisses die Interpretation beenden. Und damit wir erfahren, wofür wir eigentlich diese Mühe auf uns genommen haben, steht das Gedicht nun noch einmal zur genussreichen Lektüre zur Verfügung.

Originaltext

Hälfte des Lebens

Mit gelben Birnen hänget
und voll mit wilden Rosen
das Land in den See,
ihr holden Schwäne,
und trunken von Küssen
tunkt ihr das Haupt
ins heilignüchterne Wasser.

Weh mir, wo nehm ich, wenn
es Winter ist, die Blumen, und wo
den Sonnenschein,
und Schatten der Erde?
Die Mauern stehn
sprachlos und kalt, im Winde
klirren die Fahnen.

FRIEDRICH HÖLDERLIN

Textbeispiel 2
Originaltext

Heimkehr des Odysseus

Dies ist das Dach. Die erste Sorge weicht.
Denn aus dem Haus steigt Rauch: es ist bewohnt.
Sie dachten auf dem Schiffe schon: vielleicht
Ist unverändert hier nur mehr der Mond.

BERTOLT BRECHT

Mögliche **Stoffsammlung**

Thema

Überschrift
(Verallgemeinerung *sie*)

Aufbau

1. Momentaufnahme (Z. 1, 2)
2. Rückblende (Z. 3, 4)

Wortwahl

– zwei inhaltlich verschiedene Bereiche:

Dach, Haus, Rauch, bewohnt (Symbolgehalt: *Dach / Haus / Rauch*) ↔ *Sorge, dachten, Schiff, vielleicht* (Symbolgehalt: *Schiff*)

– Schlüsselwort: *Mond*

Wortform

Tempus
1. Präsens
2. Imperfekt

Satzbau schrittweiser Wechsel von kurzen Sätzen zu längeren

Klangbild
- Rhythmus wechselt von zeilengebundenem Stakkato zu zeilenübergreifenden Betonungsverschiebungen, die das Gleichmaß der fünfhebigen Jamben voll überlagern:
  x́x xx́ | xx́ xx́ xx́
  xx xx́ xx́ | xx xx́
  xx́ xx xx̀ xx | xx́
  xx́ xx xx̀ xx xx́
- Zäsurverschiebung
- Hauptton auf Anfangs- und Schlusswort
- Klangbindung bei Kernbegriffen: *Haus, Rauch*
- Reimklammer abab

Perspektive Wechsel in Zeile 3

Für die Aufsatzgliederung wird diesmal das Aufbauprinzip 2 gewählt (vgl. S. 72), das sich an einigen wichtigen Aspekten der Textanalyse orientiert. (Obwohl die ausführliche Textanalyse hier nicht abgedruckt ist, wird sie in der Stoffsammlung sichtbar, sodass der Weg zum Aufbauprinzip nachvollziehbar ist.)

Gliederung

1 Situation
- Überschrift
- Schlüsselwort

2 Seelische Vorgänge
2.1 Primärreaktion
- Symbolik
- Perspektive
- Satzbau

2.2 Sekundärreaktion
- Perspektivenwechsel
- Tempuswechsel
- Rhythmuswechsel

3 Zusammenfassung

Als Interpretation wäre denkbar:

Beispiel Gedichtinterpretation: Brecht

Die Überschrift kündigt die „Heimkehr des Odysseus" an, und der Leser erwartet wohl nähere Ausführungen zur besonderen Situation der besonderen Person Odysseus, der nach entscheidendem Beitrag zum Sieg seines Volkes über die Trojaner nach langer und gefährlicher Irrfahrt allein nach Hause kommt.

Da aber das lyrische Ich sein Schicksal mit anderen namenlosen Heimkehrern teilt (Plural *sie* in Z. 3), liegt es nahe, in der griechischen Sagenfigur einen

Stellvertreter für **den** Heimkehrer schlechthin zu sehen, sodass am Einzelfall das Allgemeine gezeigt werden kann. Die Personenwahl des Odysseus enthält die indirekte Information, dass eine wahre „Odyssee“ hinter den Heimkehrern liegt.

Dies bestätigt sich in Zeile 3 und 4: Wenn sie geglaubt hatten, dass nur noch der *Mond* unverändert sei, müssen sie sehr lange fort gewesen sein. Das gibt dem Moment der Heimkehr großes Gewicht.

Diese Heimkehr wird dem Leser in einer Art Momentaufnahme vor Augen geführt – genau in dem Augenblick der ersten Wahrnehmung des Daches vom Meer (vgl. Z. 3: *Schiff*) aus: *Dies ist das Dach* (Z. 1). Hier ist das *Dach* zum einen ganz wörtlich zu verstehen als derjenige Teil eines Hauses, den man zuerst sieht, wenn man sich vom Meer her dem Land nähert. Da der Blick jedoch bald zum Rauch gleitet und zu der logischen Schlussfolgerung führt, dass jemand zu Hause ist (Z. 2), ist das Dach wohl auch als Symbol für Schutz, Sicherheit und Geborgenheit zu verstehen, zumal es einen Gegenpol zum (schwankenden) Schiff bildet. Diese Momentaufnahme wird aus der Sicht des lyrischen Ichs präsentiert, das sie befreit aufatmend kommentiert (Hauptton auf dem Anfangswort *dies*). Dadurch kann der Leser unmittelbar an der Erleichterung teilnehmen, die sich in knappen Hauptsätzen kurzatmig-stufenweise einstellt: vom zögernden Weichen der Sorge (Z. 1) bis zur endgültigen Gewissheit: *es ist bewohnt* (Z. 2). In diesem Augenblick löst sich das lyrische Ich aus dem Bann der umfassenden Betroffenheit. Noch durch die Reimklammer fest mit den ersten beiden Zeilen verbunden, wechselt die Perspektive: Das lyrische Ich steht gleichsam reflektierend neben sich (*sie dachten*, Z. 3) und erinnert sich an überstandene Zeiten der Unsicherheit (*vielleicht*, Z. 3) und Sorge (Z. 1, 4), die jetzt der Vergangenheit angehören (Imperfekt Z. 3). Der verschobene Rhythmus verrät noch etwas von der veränderten Betrachtungsweise, bis er im Starkton des Schlussworts *Mond* zur Ruhe kommt.

Der Text hält somit die seelischen Vorgänge eines Heimkehrers fest, der sich im Moment der Wahrnehmung seines bewohnten Hauses erleichtert das unerwartet glückliche Ende seiner langen Irrfahrt bewusst macht.

Natürlich ließe sich auch diese Interpretation noch vertiefend ergänzen.[1] Wir aber schließen wieder mit der Einladung, das Gedicht zum Schluss noch einmal – vielleicht laut – zu lesen:

[1] Der Text ist zwischen 1933 und 1938 geschrieben. Zu dieser Zeit lebte Brecht – wie viele andere Deutsche – in der politisch bedingten Emigration.

Originaltext

Heimkehr des Odysseus

Dies ist das Dach. Die erste Sorge weicht.
Denn aus dem Haus steigt Rauch: es ist bewohnt.
Sie dachten auf dem Schiffe schon: vielleicht
Ist unverändert hier nur mehr der Mond.

Bertolt Brecht

Übung C8

Wagen Sie nun eine Interpretation des bereits bekannten MÖRIKE-Gedichts:

Originaltext

Um Mitternacht

Gelassen stieg die Nacht ans Land,
Lehnt träumend an der Berge Wand,
Ihr Auge sieht die goldne Waage nun
Der Zeit in gleichen Schalen stille ruhn;
Und kecker rauschen die Quellen hervor,
Sie singen der Mutter, der Nacht, ins Ohr
Vom Tage,
Vom heute gewesenen Tage.

Das uralt alte Schlummerlied,
Sie achtet's nicht, sie ist es müd;
Ihr klingt des Himmels Bläue süßer noch,
Der flücht'gen Stunden gleichgeschwungnes Joch.
Doch immer behalten die Quellen das Wort,
Es singen die Wasser im Schlafe noch fort
Vom Tage,
Vom heute gewesenen Tage.

EDUARD MÖRIKE

Wie wär's mit einer kleinen Atempause?
Bitteschön:

Originaltext

Was heißt „konsequent"?
Heute so und morgen so.
Was heißt „inkonsequent"?
Heute so und morgen so.

(... ach so!)

2.2. Epische Texte

Was nicht übersehen werden sollte

Epische Texte führen überwiegend in die Welt vergangener Begebenheiten. Als erzählende Texte sind sie vor allem dadurch gekennzeichnet, dass sich der Autor einer künstlichen Zwischeninstanz bedient, der des **Erzählers.** In das Gefüge Autor – Text – Leser tritt also eine Rollenfigur, die die Aufgabe hat, die erzählte Wirklichkeit dem Leser oder einem textinternen Zuhörer zu vermitteln.

der Erzähler

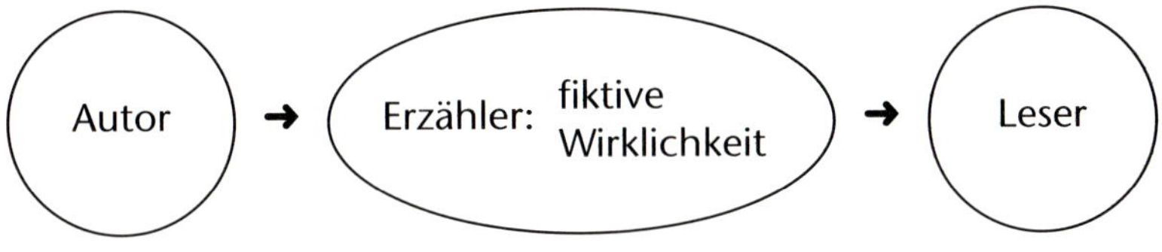

Durch dieses Strukturmerkmal entsteht in epischen Texten eine erheblich größere Distanz zwischen Autor und Leser als in lyrischen Texten. (Die Besonderheiten des modernen Romans, der stärker auf Bewusstseinsvorgänge als auf Handlung ausgerichtet ist, wirken diesem Abstand zwar entgegen; an der Grundtatsache ändert sich jedoch nichts.)

Hierbei kann der Erzähler auf verschiedene Weise auftreten, wobei innerhalb eines epischen Textes in der Regel von allen Möglichkeiten Gebrauch gemacht wird:

1. Der Erzähler tritt als überlegener oder allwissender Berichterstatter auf, der in umfassender Kenntnis der Sachlage über den Dingen steht und den Erzählstoff wie ein Außenstehender mitteilt. Er arrangiert die Reihenfolge, kann sich kommentierend in das Geschehen einblenden und hat auch die Möglichkeit, vorausdeutende Zusammenhänge herzustellen.
Die bevorzugte Sprechform ist die berichtende Erzählweise, oft bereichert durch die wörtliche Wiedergabe von Gesprächen („szenische Darstellung"). Der Leser fühlt sich hierbei meist als Zuschauer des Geschehens, und häufig wird der (irrtümliche) Eindruck erweckt, als sei der Erzähler mit dem Autor identisch, z. B.

Erzähler = allwissender Berichterstatter

An den Ufern der Havel lebte, um die Mitte des sechzehnten Jahrhunderts, ein Roßhändler, namens Michael Kohlhaas, Sohn eines Schulmeisters, einer der rechtschaffensten zugleich und entsetzlichsten Menschen seiner Zeit. – Dieser außerordentliche Mann würde, bis in sein dreißigstes Jahr für das Muster eines guten Staatsbürgers haben gelten können. Er besaß in einem Dorfe, das noch von ihm den Namen führt, einen Meierhof, auf welchem er sich durch sein Gewerbe ruhig ernährte; die Kinder, die ihm sein Weib schenkte, erzog er in der Furcht Gottes, zur Arbeitsamkeit und Treue; nicht einer war unter seinen Nachbarn, der sich nicht seiner Wohltätigkeit, oder seiner Ge-

Originaltext

rechtigkeit erfreut hätte; kurz, die Welt würde sein Andenken haben segnen müssen, wenn er in einer Tugend nicht ausgeschweift hätte. Das Rechtsgefühl aber machte ihn zum Räuber und Mörder.

HEINRICH VON KLEIST: Michael Kohlhaas – Einleitung

auktoriale Erzählsituation

Solche Erzählsituation, die von ihrem gleichsam „olympischen" Standort aus eine besonders weite Darstellungsperspektive ermöglicht, nennt man **auktoriale Erzählsituation** (von lat. „Urheber").

Erzähler = Textfigur

2. Der Erzähler kann aber auch in die Rolle einer Textfigur schlüpfen und das Geschehen aus deren Sicht in der 1. Person mitteilen. Damit ist er Teil der fiktiven Wirklichkeit und vermittelt dem Leser seine persönliche Betrachtungsweise, sodass sich der Leser leicht mit ihm identifiziert, z. B.

Originaltext

Das Rad an meines Vaters Mühle brauste und rauschte schon wieder recht lustig, der Schnee tröpfelte emsig vom Dache, die Sperlinge zwitscherten und tummelten sich dazwischen; ich saß auf der Türschwelle und wischte mir den Schlaf aus den Augen; mir war so recht wohl in dem warmen Sonnenscheine. Da trat der Vater aus dem Hause: er hatte schon seit Tagesanbruch in der Mühle rumort und die Schlafmütze schief auf dem Kopfe, der sagte zu mir: „Du Taugenichts! da sonnst du dich schon wieder und dehnst und reckst dir die Knochen müde und läßt mich alle Arbeit allein tun. Ich kann dich hier nicht länger füttern. Der Frühling ist vor der Tür, geh auch einmal hinaus in die Welt und erwirb dir selber dein Brot." – „Nun", sagte ich, „wenn ich ein Taugenichts bin, so ist's gut, so will ich in die Welt gehen und mein Glück machen." Und eigentlich war mir das recht lieb, denn es war mir kurz vorher selber eingefallen, auf Reisen zu gehen, da ich die Goldammer, welche in Herbst und Winter immer betrübt an unserm Fenster sang: „Bauer, miet mich, Bauer, miet mich!" nun in der schönen Frühlingszeit wieder ganz stolz und lustig vom Baume rufen hörte: „Bauer, behalt deinen Dienst!" – Ich ging also in das Haus hinein und holte meine Geige, die ich recht artig spielte, von der Wand: mein Vater gab mir noch einige Groschen Geld mit auf den Weg, und so schlenderte ich durch das lange Dorf hinaus.

JOSEPH VON EICHENDORFF: Aus dem Leben eines Taugenichts – Einleitung

Auch bei dieser Standortwahl wird bevorzugt die berichtende Erzählweise mit Einbeziehung szenischer Darstellung verwendet. Vermittelt werden kann hierbei allerdings nur derjenige Ausschnitt, der im begrenzten Erfahrungshorizont des Ich-Erzählers liegt. Durch diese Perspektivenverengung verschiebt sich meist auch der Schwerpunkt des Textes: Zentrales Blickfeld ist nun weniger das Geschehen selbst als vielmehr die Persönlichkeit der Figur, mit deren Augen das Geschehen gesehen wird.

Ich-Erzählsituation

Da sich der Autor bei dieser Erzählsituation auf den Standpunkt des Ich-Erzählers beschränkt, spricht man von einer **Ich-Erzählsituation.**

3. Für die dritte Perspektivenwahl hat sich der Name **personale Erzählsituation** eingebürgert. Ihre Besonderheit wird an einer kurzen Passage des folgenden Textes erkennbar:

personaler Erzähler

Originaltext

Die Wintersonne stand nur als armer Schein, milchig und matt hinter Wolkenschichten über der engen Stadt. Naß und zugig war's in den giebeligen Gassen, und manchmal fiel eine Art von weichem Hagel, nicht Eis, nicht Schnee.

Die Schule war aus. Über den gepflasterten Hof und heraus aus der Gartenpforte strömten die Scharen der Befreiten, teilten sich und enteilten nach rechts und links. Große Schüler hielten mit Würde ihre Bücherpäckchen hoch gegen die linke Schulter gedrückt, indem sie mit dem rechten Arm wider den Wind dem Mittagessen entgegenruderten; ein kleines Volk setzte sich lustig in Trab, daß der Eisbrei umherspritzte und die Siebensachen der Wissenschaft in den Seehundsränzeln klapperten. Aber hie und da riß alles mit frommen Augen die Mützen herunter vor dem Wotanshut und dem Jupiterbart eines gemessen hinschreitenden Oberlehrers …

„Kommst du endlich, Hans?" sagte Tonio Kröger, der lange auf dem Fahrdamm gewartet hat; lächelnd trat er dem Freunde entgegen, der im Gespräch mit anderen Kameraden aus der Pforte kam und schon im Begriff war, mit ihnen davonzugehen … „Wieso?" fragte er und sah Tonio an …

„Ja, das ist wahr! Nun gehen wir noch ein bißchen." Tonio verstummte, und seine Augen trübten sich. Hatte Hans es vergessen, fiel es ihm erst jetzt wieder ein, daß sie heute mittag ein wenig zusammen spazierengehen wollten? Und er selbst hatte sich seit der Verabredung beinahe unausgesetzt darauf gefreut!

THOMAS MANN: Tonio Kröger – Einleitung

Übung C9

Kennzeichnen Sie die Stelle in MANNS Text, an der die Kombination von berichtender Erzählweise und szenischer Darstellung endet. Überlegen Sie, aus welcher Perspektive nach dieser Zäsur weitererzählt wird.

In dieser personalen Erzählsituation verschwindet der auktoriale Erzähler plötzlich und „versteckt" sich hinter einer der Personen, die er bisher wie ein Außenstehender beschrieben hatte. Die Person erzählt aber nicht wie bei der Ich-Perspektive, sondern sie lässt den Leser unmittelbar an ihrem Innenleben teilhaben. Diese Erzählmethode kann dahin führen, dass der Text erzählerlos wirkt, der Vermittler zwischen Autor und Leser zu fehlen scheint.

Um diese Wirkung zu erzielen, werden bei der personalen Erzählhaltung vor allem zwei Stilmittel eingesetzt: die erlebte Rede und der innere Monolog. Auch wenn diese Fachausdrücke sicherlich bekannt sind, sei ihr richtiger Gebrauch durch kurze Erläuterungen sichergestellt.

Erlebte Rede

Ein Beispiel hierfür liegt uns bereits in den Schlusszeilen des Textausschnitts von THOMAS MANN vor:

Originaltext

Hatte Hans es vergessen, fiel es ihm erst jetzt wieder ein, daß sie heute mittag ein wenig spazierengehen wollten? (Z. 21 – 23)

THOMAS MANN wählt hier eine Erzähltechnik, in der die direkte und die indirekte Rede miteinander verschmelzen: Mit der direkten Rede teilt sie die Authentizität; d. h. die Person denkt und fühlt[1] so, wie der Text wiedergibt. (Man könnte fast Anführungszeichen hinzudenken.) Mit der indirekten Rede teilt diese Darstellungsart die grammatische Form des Verbes: 3. Person (meist im Imperfekt gebraucht). Dies schafft Distanz und klingt, als melde sich der verborgene Erzähler zu Wort.
Auf diese Weise werden Bewusstseinsregungen mitteilbar, und der Leser bekommt die Illusion, in der fiktiven Wirklichkeit anwesend zu sein.

[1] Der Ausdruck „erlebte Rede" ist ungenau, da ja die Wiedergabe von Gedankenabläufen – und keiner Rede – gemeint ist.

Innerer Monolog

Bei solcher Wiedergabe des stummen Selbstgesprächs ist nun jede Distanz aufgehoben, z. B.

Originaltext

Niederblickend sah er heftig mit den Flügeln flappende, zwischen den öden Kaimauern kreisende Möwen, Rauhes Wetter da draußen. Wenn ich mich da nun runterstürzte?

aus: JAMES JOYCE: Ulysses

Wie man sieht, verzichtet der Erzähler hier auf die Einblendung ins Geschehen. Durch die Verbform 1. Pers. Sg. Präs. (Z. 2) kommen seelische Vorgänge der Handlungsfigur unmittelbar zu Wort, und der Leser befindet sich mitten im Zentrum des vorsprachlichen Bewusstseins.
Im Gegensatz zur direkten und indirekten Rede, die bereits durch eine bestimmte Mitteilungsabsicht komponiert ist, ist es nämlich beim inneren Monolog möglich, auch unkontrolliert-spontane Empfindungen und Einfälle auszudrücken.
In der modernen Erzähltechnik kann solcher innerer Monolog noch weiter aufgelöst werden zu assoziativ gefügten Vorstellungs-Fragmenten, die auch tiefere Schichten des Bewusstseinsstroms erfassen; dies wird auch stream-of-consciousness-Technik genannt.

Zeitgerüst

So wie es keinen epischen Text ohne Erzähler gibt – auch wenn dieser sich manchmal so hinter einer Figur aus der fiktiven Wirklichkeit verbirgt, dass seine Existenz dem Leser nicht mehr bewusst wird –, gibt es auch keinen epischen Text ohne **Zeitgerüst**. Denn wie auch immer der Erzähler mit der Zeitfolge innerhalb der erzählten Vorgänge umgeht: In jedem Fall wird er die Zeitverhältnisse organisieren (müssen). Hierbei reicht die Spanne vom

bloßen Nacheinander bis hin zur komplizierten Umstellung.
Vorab sind zwei (sicherlich längst bekannte) Fachausdrücke zu klären:

Erzählzeit

Erzählzeit
die Dauer des Erzählvorgangs, d.h. diejenige Zeitspanne, die man zum Lesen benötigt – z. B. bei „Saisonbeginn" (S. 63 ff.): ungefähr 10 Minuten.

erzählte Zeit

Erzählte Zeit
die Zeitspanne, über die sich der erzählte Vorgang erstreckt – z. B. bei dem genannten Beispieltext: mehrere Stunden.
Die Einsicht in die Beziehung zwischen beiden Polen ist bei epischen Texten der Schlüssel für das Verständnis der Kompositionsstruktur.

Zu unterscheiden wären grundsätzlich zwei Strukturformen, die meist miteinander verbunden werden: die chronologische und die nicht-chronologische Darstellung.

chronologisch

1. **chronologisches Erzählverfahren**

Zeitdeckung

1.1 **Zeitdeckung:** Da Gegenstände und Ereignisse sprachlich nicht nachgeahmt werden können, kann es exakt zeitdeckendes Erzählen nur in der Wiedergabe der wörtlichen Rede geben, also in einer Darstellungsform, die eigentlich nicht als „Erzählen" zu bezeichnen ist. Sinngemäß ist von zeitdeckendem Erzählen jedoch zu sprechen, wenn die Dauer des vorgespiegelten Geschehensablaufs der Dauer der sprachlichen Wiedergabe entspricht.

Zeitraffung

1.2 **Zeitraffung:** Bei diesem Verfahren ist die Erzählzeit kürzer als die erzählte Zeit. Es ist daher besonders geeignet für die Darstellung größerer Zeiträume, denn Zeitphasen werden raffend zusammengefasst (z. B. *Dann fuhren sie über den See und …*) oder sogar übersprungen (z. B. *Nach vielen Jahren geschah es, dass …*). Dies bedeutet eine entscheidende inhaltliche Akzentuierung und wird daher ein wichtiger Anhaltspunkt für die Frage nach der Textintention.

Zeitdehnung

1.3 **Zeitdehnung:** Auch diese Zeitstruktur, bei der die Erzählzeit die erzählte Zeit überschreitet, greift stark in den Geschehensablauf ein: Sie macht es möglich, bei einem Detail lange zu verweilen – etwa in Form von erlebter Rede oder innerem Monolog oder auch in Form einer ausführlichen Gegenstandsbeschreibung oder Charakteristik. Auch bei diesem Verfahren werden deutliche Schwerpunkte gesetzt, die zur späteren Ermittlung der Gesamtaussage von Bedeutung sein können.

nicht-chronologisch

2. **nicht-chronologisches Erzählverfahren**

   Hierunter fallen die Ordnungsprinzipien, die mit Umstellungen arbeiten. Hervorzuheben sind vor allem Rückwendungen (z. B. zur nachträglichen Erläuterung einer Vorgeschichte) und Vorausdeutungen (z. B. in einer Rahmenhandlung, die den Endzustand zeigt, bevor die Binnenhandlung entfaltet wird).

Neben der Strukturierung des Erzählgefüges hat die Umstellungstechnik in der Regel auch psychologische Auswirkungen auf den Leser, indem sie zur Spannungserzeugung beiträgt.

Übung C10

Untersuchen Sie die Zeitstruktur der auf Seite 83 ff. abgedruckten Kurzgeschichte von Herbert Eisenreich und versuchen Sie, das Arbeitsergebnis in eine Grafik umzusetzen. Empfohlene Umsetzungssymbolik:

Zeitdeckung:	———	Zeitdehnung:	– – – –
Zeitraffung:	∿∿∿	Rückwendung:	↶
Auslassung:	—‖ ‖—	Vorausdeutung:	↷

Wie man eine Interpretation durchführen könnte

Bei den beiden Beispielinterpretationen müssen wir uns wegen des Umfangs auf epische Kurzformen beschränken.

Textbeispiel 1

Herbert Eisenreich: „Am Ziel" (vgl. Seite 83 ff.)

Übung C11

Fertigen Sie nach erfolgter Textanalyse die Abschnitte „Thema" und „Aufbau" der Stoffsammlung an.

Stoffsammlung

Thema:

Aufbau:

Wortwahl

- Häufung von Substantiven und Adjektiven (Z. 10–17) zur Kennzeichnung von Wertvorstellungen
- Häufung von Verben (Z. 37–43 und 61, 62) als Hinweis auf die Totalität der Zielvorstellung
- Häufung von Zeitangaben mit extremer Spannweite zur Charakterisierung übertriebener Zeitplanung
  (das) *Endlose* (96)
  zehn Jahre (22, 37, 89)
  acht Stunden (35, 37)
  kurze Spanne (96)
  zehn Minuten (111/112, 120)
  halb neun (7)
- Häufung von Wörtern, die einen Zusammenbruch signalisieren, z. B.
  Leere (91, 92)
  hineingestürzt (92)

Angst (99)
zerdrücken, zerquetschen, zermalmen, beseitigen (99, 100)
Haltlosigkeit (101)
zusammensacken (104)
erbärmliches Häuflein (104)

Leitbegriffe

– *Triumph* (z. B. Z. 2, 26, 29, 34)

– *Ziel* (z. B. Z. 23, 24, 42, 82)
dazu das erweiterte Wortfeld:
anvisieren (Z. 23)
endlich (Z. 26)
hingearbeitet (Z. 34)
zugelebt (Z. 95)
vgl. auch die eindringliche Wiederholung des Satzes *Nun war es so weit* (Z. 2, 27, 82, 88) und die Hinweise auf den Konkurrenten Stiasny (Z. 3, 27, 61, 71 usw.)
→ Betonung der einseitigen Lebensausrichtung

Schlüsselwort

Ertrunkener (Z. 105, 109)

Wortgebrauch

– metaphorische Wortverwendung zur Veranschaulichung der heimlichen Tätigkeiten:
Wühlarbeit (Z. 63)
dazu auch die entsprechenden Verben Z. 61, 62

– symbolhaltige Andeutungen zur unmerklichen Vorausdeutung:
Abend (Z. 1, 28, 84)
erdige Schuhe, schweißfeuchtes Pferdeleder (Z. 16, 17)
zurückversetzt (Z. 20)

– symbolhaltige Andeutungen zur Kennzeichnung beruflicher Image-Vorstellungen
kleiner Konferenzsaal (Z. 7/8, 10, 21)
Rauch, Zigarren (Z. 15, 113/114, 132/133)

– Vergleiche zur Veranschaulichung der wahren Sachverhalte, z. B.
aus dem wie anvisierend halb zugekniffenen Auge (Z. 23/24)
→ Enge des Blickfeldes
wie jener Obmann … (Z. 47 ff.) → Verallgemeinerung
gleichwie ein lebenslänglich Gefangener (Z. 64)
wie die Kleider eines Ertrunkenen (Z. 105, auch Z. 109)
→ innere Aushöhlung
wie von dauerndem Sitzen geformter Mann (Z. 119)
→ ähnliche Einseitigkeit
wie eine seiner Maschinen (Z. 131) → Entmenschlichung

– ironische Verwendung der Leitbegriffe zur Betonung der Entlarvung:
Ziel und *Triumph* pervertieren sich in ihr Gegenteil: ironischer Unterton bei

Aufzählung seiner lebensfüllenden Tätigkeiten (Z. 38–41) zur Angabe der Nichtigkeit, ebenfalls bei Titelaufzählung (Z. 112–115) als Zeichen der Lächerlichkeit

Satzbau

- Häufung von Ausrufesätzen und Sätzen mit Gedankenstrichen, Kennzeichnung der inneren Erregung (z. B. Z. 2, 10, 21, 36 usw.)
- Häufung von Satzgefügen mit Doppelpunkt als Ausdruck drängender Gedankenballungen (z. B. Z. 8, 26, 37, 64 usw.)
- Verwendung von eingeklammerten Einschüben (Z. 39, Z. 46 – 58) zum Zeichen spontaner Komposition (im Gegensatz zur *eiskalten Sachlichkeit* (Z. 42)
- Vorherrschen langer, parataktischer Satzverknüpfungen, oft fragmentarisch-assoziativ verbunden, auffälliges Satzgefüge Z. 46–58 als Hinweis auf verwobene Bewusstseinsströme;
  Stiländerung ab Z.110: Verkürzung der Satzeinheiten nach Standortwechsel

Phonetischer Befund

- Spannungsbogen vom aufsteigenden ersten Satz (Betonung auf dem ersten Wort) bis zum abfallenden letzten Satz, der den Text fast tonlos abrundet

Perspektive

Wechsel in Z. 82 und 110

Da dieses Buch keine Beispielsammlung für Interpretationen sein soll, sondern methodische Anregungen für ihre Durchführung geben will, wird trotz ihrer Eignung keineswegs jeder Textbefund berücksichtigt werden (können). Dies entspricht der Schulsituation, in der in einer begrenzten Zeitspanne eine geschlossene Interpretation zu erstellen ist.
Die Gliederung erfolgt diesmal anhand des Aufbauprinzips 1: Sie richtet sich also nach den Gedankeneinheiten, die den Aufbau des Textes bestimmen:

Gliederung

1 Situation
2 Psychische Wirklichkeit
2.1 Seelenzustand: Erregung
2.2 Einschätzung der Lage: Sicherheit
2.3 Vorgeschichte
- private Lebensplanung
- berufliche Korruption

3 Physische Wirklichkeit
3.1 Zusammenbruch
3.2 Tod
4 Berufliche Wirklichkeit
4.1 die Vorgesetzten
4.2 ihre Berufsauffassung
5 Aussage

Vorschlag für eine (zeitlich begrenzte) Interpretation:

Beispiel Interpretation: Kurzgeschichte

HERBERT EISENREICHS Kurzgeschichte „Am Ziel" führt den Leser unter Einsatz der erlebten Rede unvermittelt in eine besondere Situation: Er wird vom ersten Satz an Zeuge der Bewusstseinsregungen eines Mannes (*ihm*, Z. 2), dessen Lage nach und nach durchschaubar wird. Es handelt sich um einen Mann namens Leisiger, der für den folgenden Vormittag zu einem Dienstgespräch gebeten wurde, über dessen Bedeutung er am Vorabend nachdenkt.

Während er aus dem Fenster starrt (Z. 84/85), lässt er seinen Gedanken freien Lauf, ganz im Gegensatz zu seiner bisherigen Haltung, die in ständiger Selbststeuerung bestand (vgl. Z. 43/44). Langatmige Satzgefüge, in denen Wortketten oft assoziativ verbunden oder getürmt werden (z. B. Z. 22–27 oder 27–36), zeigen, dass viel in ihm vorgeht; auch lassen Ausrufezeichen, Gedankenstriche und Klammern seine Erregung erkennen (z. B. Z. 10, 21, 25, 36, 39 usw.).

Im Gegensatz dazu weiß er sich ganz sicher in dem erwarteten Gesprächsergebnis, seiner Beförderung, für die nach seiner Meinung ein anderer seinen Platz zu räumen hätte (vgl. Z. 26). Er sieht sich mit diesem Erfolg am *Ziel* seiner Wünsche angekommen (Überschrift, Z. 23 – 25, 82) und wähnt sich im Vorgefühl eines bevorstehenden *Triumphes* (Z. 2, 26, 29, 34, 58 usw.). Immer wieder steigen diese beiden Kernbegriffe in ihm auf und gipfeln in dem mehrfach wiederholten Gedanken: *Nun war es so weit!* (Z. 2, 27, 82, 88).

Diese Überbetonung des Sicherheitsgefühls lässt von Anfang an die Vermutung aufkommen, dass hier eine Fehleinschätzung vorliegen könnte.

Da der unkontrollierte Gedankenfluss ständig von Erinnerungen unterbrochen wird (z. B. Z. 3–9, 22–27, 33–58 usw.), entfaltet sich vor den Augen des Lesers die Vorgeschichte des erwarteten Ereignisses. Herr Leisiger entpuppt sich als ein Oberinspektor, der in den letzten zehn Jahren nichts anderes getan hat, als sein Leben auf die nächste Beförderung auszurichten.

Wie total diese Lebensplanung alles andere beiseite gedrängt hat, wird vor allem in der gedrängt-beliebig wirkenden Verbfolge ersichtlich, die mit leicht ironischem Unterton Wesentliches und Unwesentliches unterschiedslos als *Leben* ausgibt: Zeile 37–41. Unter dem Zusatz, dass dies alles mit *eiskalter Sachlichkeit* geschehen sei (Z. 42), entsteht der Eindruck, dass solcher Arbeitseinsatz (*dreimal acht Stunden*, Z. 36/37) der menschlichen Qualität entbehrt.

Dies bestätigt sich in einer weiteren Rückblende, in der Herr Leisiger sich als jemand zeigt, der sich durch Konkurrenzkampf *bis zur Siedehitze* (Z. 57) provoziert fühlt. Ganz sicher ist der Leser, wenn er abschließend von der *Diplomatie* (Z. 59) erfährt, mit der Herr Leisiger systematisch-berechnend sein berufliches Ziel verfolgt hat: mit schmutziger *Wühlarbeit* (Z. 63) und Raffinesse (Vergleich mit dem Gefangenen, Z. 64–66). Das anfängliche Bild eines Menschen, der Grund zur Zuversicht hat, hat sich also unmerklich von innen ausgehöhlt.

Dieser psychischen Entlarvung folgt nun im Text die physische Entlarvung. In gleitenden Übergängen wechselt ab Zeile 82 die Perspektive. Herr Leisiger wird zunehmend von außen gezeigt, und es entsteht das Bild eines kraftlosen Mannes (die Hände zittern, Z. 82), der sich verzehrt hat. Ein letztes Aufbäumen (Z. 85–90) verhindert nicht das Gewahrwerden der *Stille und Leere dieses Abends* (Z. 91), und statt des erhofften Triumphes folgt der Zusammenbruch. Genauso unmenschlich wie sein Leben ist jetzt sein Tod: Obwohl sich zum ersten Mal sein Gefühl heftig zu Wort meldet (vgl. Z. 90, 95, 98, 101), gleicht sein Tod der mechanischen Zerstörung eines Dinges (Z. 99–100).

Der abschließende Vergleich der übrig gebliebenen Haut mit den Kleidern eines *Ertrunkenen* (Z. 105, 109) leitet bereits über zum letzten Textteil, einem Gespräch zwischen Herrn Leisigers Vorgesetzten in besagtem Konferenzsaal, das zeigt, dass der Maßlose (vgl. Z. 106–108) auch, entgegen seinen Erwartungen, beruflich ertrunken wäre.

Übung C12

Setzen Sie die Interpretation im Sinne der Gliederung fort.
Der Text von Herbert Eisenreich hat uns zwar lange in Atem gehalten; aber vielleicht lockt gerade deshalb noch einmal die Lektüre – einfach nur so. (S. 83 ff.)

Textbeispiel 2
Originaltext

Das Bettelweib von Locarno

Am Fuße der Alpen, bei Locarno im oberen Italien, befand sich ein altes, einem Marchese gehöriges Schloß, das man jetzt, wenn man vom St. Gotthard kommt, in Schutt und Trümmern liegen sieht: ein Schloß mit hohen und weitläufigen Zimmern, in deren einem einst, auf Stroh, das man ihr unterschüttete, eine alte kranke Frau, die sich bettelnd vor der Tür eingefunden hatte, von der Hausfrau aus Mitleiden gebettet worden war. Der Marchese, der, bei der Rückkehr von der Jagd, zufällig in das Zimmer trat, wo er seine Büchse abzusetzen pflegte, befahl der Frau unwillig, aus dem Winkel, in welchem sie lag, aufzustehen, und sich hinter den Ofen zu verfügen. Die Frau, da sie sich erhob, glitschte mit der Krücke auf dem glatten Boden aus, und beschädigte sich, auf eine gefährliche Weise, das Kreuz; dergestalt, daß sie zwar noch mit unsäglicher Mühe aufstand und quer, wie es vorgeschrieben war, über das Zimmer ging, hinter dem Ofen aber, unter Stöhnen und Ächzen, niedersank und verschied.

Mehrere Jahre nachher, da der Marchese, durch Krieg und Mißwachs, in bedenkliche Vermögensumstände geraten war, fand sich ein florentinischer Ritter bei ihm ein, der das Schloß, seiner schönen Lage wegen, von ihm kaufen wollte. Der Marchese, dem viel an dem Handel gelegen war, gab seiner Frau auf, den Fremden in dem obenerwähnten, leerstehenden Zimmer, das sehr schön und prächtig eingerichtet war, unterzubringen. Aber wie betreten war das Ehepaar, als der Ritter mitten in der Nacht, verstört und bleich, zu ihnen herunter kam, hoch und teuer versichernd, daß es in dem Zimmer spuke, indem etwas, das dem Blick unsichtbar gewesen, mit einem Geräusch, als ob es auf Stroh gelegen, im Zimmerwinkel aufgestanden, mit vernehmlichen Schritten, langsam und gebrechlich, quer über das Zimmer gegangen, und hinter dem Ofen, unter Stöhnen und Ächzen, niedergesunken sei.

Der Marchese erschrocken, er wußte selbst nicht recht warum, lachte den Ritter mit erkünstelter Heiterkeit aus, und sagte, er wolle sogleich aufstehen, und die Nacht zu seiner Beruhigung, mit ihm in dem Zimmer zubringen. Doch der Ritter bat um die Gefälligkeit, ihm zu erlauben, daß er auf einem Lehnstuhl, in seinem Schlafzimmer übernachtete, und als der Morgen kam, ließ er anspannen, empfahl sich und reiste ab.

Dieser Vorfall, der außerordentliches Aufsehen machte, schreckte auf eine dem Marchese höchst unangenehme Weise, mehrere Käufer ab; dergestalt, daß, da sich unter seinem eigenen Hausgesinde, befremdend und unbegreiflich, das Gerücht erhob, daß es in dem Zimmer, zur Mitternachtsstunde, umgehe, er, um es mit einem entscheidenden Verfahren niederzuschlagen, beschloß, die Sache in der nächsten Nacht selbst zu untersuchen. Demnach ließ er, beim Einbruch der Dämmerung, sein Bett in dem besagten Zimmer aufschlagen, und erharrte, ohne zu schlafen, die Mitternacht. Aber wie erschüttert war er, als er in der Tat, mit dem Schlage der Geisterstunde, das unbegreifliche Geräusch wahrnahm; es war, als ob ein Mensch sich von Stroh, das unter ihm knisterte, erhob, quer über das Zimmer ging, und hinter dem Ofen, unter Geseufz und Geröchel niedersank. Die Marquise, am anderen Morgen, da er herunter kam, fragte ihn, wie die Untersuchung abgelaufen; und da er sich, mit scheuen und ungewissen Blicken, umsah, und, nachdem er die Tür verriegelt, versicherte, daß es mit dem Spuk seine Richtigkeit habe: so erschrak sie, wie sie in ihrem Leben nicht getan, und bat ihn, bevor er die Sache verlauten ließe, sie noch einmal, in ihrer Gesellschaft, einer kaltblütigen Prüfung zu unterwerfen. Sie hörten aber, samt einem treuen Bedienten, den sie mitgenommen hatten, in der Tat, in der nächsten Nacht, dasselbe unbegreifliche, gespensterartige Geräusch; und nur der dringende Wunsch, das Schloß, es koste was es wolle, los zu werden, vermochte sie, das Entsetzen, das sie ergriff, in Gegenwart ihres Dieners zu unterdrücken, und dem Vorfall irgendeine gleichgültige und zufällige Ursache, die sich entdecken lassen müsse, unterzuschieben. Am Abend des dritten Tages, da beide, um der Sache auf den Grund zu kommen, mit Herzklopfen wieder die Treppe zu dem Fremdenzimmer bestiegen, fand sich zufällig der Haushund, den man von der Kette losgelassen hatte, vor der Tür desselben ein; dergestalt, daß beide, ohne sich bestimmt zu erklären, vielleicht in der unwillkürlichen Absicht, außer sich selbst noch etwas Drittes, Lebendiges, bei sich zu haben, den Hund mit sich in das Zimmer nahmen. Das Ehepaar, zwei Lichter auf dem Tisch, die Marquise unausgezogen, der Marchese Degen und Pistolen, die er aus dem Schrank genommen, neben sich, setzen sich, gegen elf Uhr, jeder auf sein Bett; und während sie sich mit Gesprächen, so gut sie vermögen, zu unterhalten suchen, legt sich der Hund, Kopf und Beine zusammengekauert, in der Mitte des Zimmers nieder und schläft ein. Drauf, in dem Augenblick der Mitternacht, läßt sich das entsetzliche Geräusch wieder hören; jemand, den kein Mensch mit Augen sehen kann, hebt sich, auf Krücken, im Zimmerwinkel empor; man hört das Stroh, das unter ihm rauscht; und mit dem ersten Schritt: tapp! tapp! erwacht der Hund, hebt sich plötzlich, die Ohren spitzend, vom Boden empor, und knurrend und bellend, grad als ob ein Mensch auf ihn eingeschritten käme, rückwärts gegen den Ofen weicht er aus. Bei diesem Anblick stürzt die Marquise, mit sträubenden Haaren, aus dem Zimmer; und während der Marquis, der den Degen ergriffen: wer da? ruft, und da ihm niemand antwortet,

gleich einem Rasenden, nach allen Richtungen die Luft durchhaut, läßt sie anspannen, entschlossen, augenblicklich, nach der Stadt abzufahren. Aber ehe sie noch einige Sachen zusammengepackt und aus dem Tore herausgerasselt, sieht sie schon das Schloß ringsum in Flammen aufgehen. Der Marchese, von Entsetzen überreizt, hatte eine Kerze genommen, und dasselbe, überall mit Holz getäfelt wie es war, an allen vier Ecken, müde seines Lebens, angesteckt. Vergebens schickte sie Leute hinein, den Unglücklichen zu retten; er war auf die elendiglichste Weise bereits umgekommen, und noch jetzt liegen, von den Landleuten zusammengetragen, seine weißen Gebeine in dem Winkel des Zimmers, von welchem er das Bettelweib von Locarno hatte aufstehen heißen.

HEINRICH VON KLEIST

Als **Stoffsammlung** böte sich an:

Folgen menschlichen Fehlverhaltens — Thema

Aufbau

1. Vorgeschichte (mit Vorausdeutung)
1.1 Aufnahme der Bettlerin
1.2 Reaktion des Marquese
1.3 Folgen für die Bettlerin

2. Folgen (in Form einer Steigerung)
2.1 Spukerlebnis des Ritters (aus Zufall)
Folge: Abreise des Ritters
2.2 Spukerlebnis des Marquese (wegen Gerüchten)
Folge: persönliche Verunsicherung
2.3 Spukerlebnis des Marquese und der Marquise mit Bedientem (wegen Überprüfung)
Folge: Verdrängung
2.4 Spukerlebnis des Marquese und der Marquise mit Hund (wegen Klärung)
Folge: Katastrophe (mit Rückwendung)

Wortwahl

- Schlüsselwort *zufällig* (Z. 7, 58, 62) wandelt sich unmerklich zum symbolisch-ironischen Kernwort

- Ausdruckssteigerungen beim Spuk zur Kennzeichnung der Intensivierung:
  – Frau:
  etwas das (Z. 24)
  ein Mensch (Z. 45)
  jemand, den kein Mensch mit Augen sehen kann (Z. 73)
  – Begleitumstände:
  mit einem Geräusch (Z. 25)
  das unbegreifliche Geräusch (Z. 44)
  dasselbe unbegreifliche, gespensterartige Geräusch (Z. 55)
  das entsetzliche Geräusch (Z. 72)
  – Marquese:
  erschrocken (Z. 29)
  erschüttert (Z. 43)
  (unterdrücktes) *Entsetzen* (Z. 57)
  gleich einem Rasenden … von Entsetzen überreizt (Z. 81, 85)

Wortformen

- Passiv als Hinweis auf die Passivität der Marquise:
  war gebettet worden (Z. 6/7)
  (vgl. hierzu die unpersönliche Formulierung *geraten war* Z. 17)

- Konjunktiv bei Darstellung des Spukes zur Bezeichnung des Irrealis *als ob* … (Z. 25 ff., 45 ff., 77 ff.)
  auffällig bei Entgegenstellung zum Indikativ, der die realen Folgen beim Hund zeigt: *weicht aus* (Z. 78)

- Tempuswechsel ins Präsens zur Vergegenwärtigung des Höhepunktes (Z. 67 – 85)
- Tempuswechsel ins Plusquamperfekt bei Zeitumstellungen in die Vorzeitigkeit (Z. 5 – 7, 85 – 87, 88/89)

Satzbau

- auffällig komplizierter Satzbau: logisch konsequente, oft verschachtelte Satzgefüge mit Einsatz zahlreicher Konjunktionen, z. B. *daß, als ob, da, dergestalt* zur Verklammerung der Ereigniskette (Hinweis auf Weltzusammenhänge)
- oft isolierte Stellung des Subjektes; wegen der eingeschobenen Textteile kein Zusammenhang mit dem Prädikat, z. B. Zeile 7 ff., 10 ff., 47 ff., 66 ff.
- mehrfache Partizipialkonstruktionen zur eindringlich gerafften Wiedergabe des Geschehens, z. B. Z. 5 – 7, 23, 67/68, 76/77, 85

Phonetischer Befund

allmähliche Tempobeschleunigung durch Satzbaukonstruktion: vom ruhigen Sprechverlauf des Anfangs bis zum stark drängenden Tempo der Schlusspassage → Spiegel des Innenlebens

Als Richtlinie für die Gliederung soll wieder Aufbauprinzip 3 dienen, bei dem diesmal nicht nur gefragt werden soll, auf welche Fragen der Text antwortet, sondern auch, auf welche er nicht antwortet.

Gliederung

1.1 Wovon handelt der Text?
- Begebenheit im Schloss
- Spuk
- Selbstzerstörung

1.2 In welchem Zusammenhang stehen die Ereignisse?

2.1 Was für Menschen stellt KLEIST in diesem Text dar?
- eingeschränkte Eigeninitiative
- eingeschränkte Sensibilität
- eingeschränkte Kommunikation

2.2 Was für eine Welt zeigt KLEIST in diesem Text?
- Kausalordnung
- Zufallsprodukt

3.1 Welche Mitteilung für den Leser enthält der Text?

3.2 Welche Wertung durch den Autor enthält der Text?

Übung C 13

Führen Sie eine zur Gliederung passende Interpretation zu KLEISTS Text durch!

Es wird Zeit für eine kleine Entspannung.
Herr KISHON lässt bitten:

An den Leser (1962)

Ich sitze im Wartesaal eines großen Bahnhofs. Mein Blick – der Blick des geborenen Schriftstellers – schweift über den Raum und über die anderen Wartenden, schweift über den Menschen und sein Anlitz.
Ganz besonders interessiert mich ein Herr, der an der gegenüberliegenden Wand sitzt und Zeitung liest. Ich betrachte ihn schon seit längerer Zeit. Eigentlich betrachte ich nur ihn. Er liest Zeitung von heute, Freitag, die Wochenend-Ausgabe, die wieder eine meiner unvergleichlichen Kurzgeschichten enthält; eine ganz hervorragende, eine – wie ich in aller Bescheidenheit sagen möchte – nahezu geniale Geschichte.
Natürlich habe ich die Wochenend-Ausgabe längst gelesen, und da ich dank meinem ausgezeichneten Erinnerungsvermögen nicht nur den gesamten Inhalt, sondern auch seine Anordnung im Gedächtnis behalten habe, bin ich in der Lage, den Herrn an der Wand beim Blättern und Lesen sachkundig zu beobachten. Je nachdem, was er als erstes liest, werde ich seinen Lebensstandard bestimmen können, seine Bildung, seine Weltanschauung, bis zu einem gewissen Grad sogar seine seelische Verfassung. Manche Leute lesen als erstes die Tagesneuigkeiten, manche die Filmkritiken, manche die Selbstmordnachrichten. Daraus kann man sehr interessante Schlüsse ziehen, wenn man kann. Vor dem Wissenden liegt der Zeitungsleser wie ein offenes Buch.
Dieser Mann, zum Beispiel, ist ein Idiot. Er hat die Seite mit meiner Geschichte erreicht und hat weitergeblättert.
Um die Wahrheit zu sagen: ich habe gar nicht erwartet, daß er meine Geschichte lesen wird. Eines schickt sich nicht für alle. Es gibt Menschen, die von Gott das Himmelsgeschenk des Humors mitbekommen haben. Andere wieder sind verurteilt, humorlos durchs Leben zu gehen. Wie dieser Idiot hier. Er soll meine Geschichte gar nicht lesen. Keine Gefälligkeiten, bitte.
Es ist allerdings ein peinliches Gefühl, sich in der unmittelbaren Nachbarschaft eines erwachsenen Menschen zu wissen, dessen Intelligenzniveau ungefähr dem eines dreijährigen Kindes entspricht. Vermutlich ein Kleingewerbetreibender, oder in irgendeinem andern trostlosen Erwerbszweig tätig. Wahrhaftig, er tut mir leid.
Jetzt blättert er zurück ... blättert zurück ... und hält auf jener Seite inne, wo meine Geschichte steht.
Na und? Soll ich deshalb vielleicht meine wohlfundierte Meinung über ihn ändern? Nur weil er sich gnädig herabläßt, meine Geschichte zu lesen? Kennt man mich als Opportunisten? Das wäre ja noch schöner! Für mich ist dieser Mann der gleiche uninteressante Unterdurchschnittsbürger geblieben, der er immer war. Daran kann mich weder sein gepflegtes Äußeres irremachen noch seine keineswegs unklugen Augen hinter den geschmackvoll eingefaßten Brillengläsern.
Man sieht: ich bin in keiner Weise nachträgerisch. Der Mann hat mir ja schließlich nichts getan. Er hat zuerst die Zeitung durchgeblättert und ist sodann zu jenem Beitrag zurückgekehrt, von dem er sich am meisten ver-

spricht. Das ist ganz in Ordnung. Es zeugt sogar für eine gewisse Denkmethodik und eine bemerkenswerte ideologische Reife.

Jetzt müßte er allerdings schon gelacht haben. Mindestens einmal. In der zehnten oder elften Zeile meiner Geschichte kommt ein brillantes Wortspiel vor, und darüber müßte er gelacht haben. Aber dieser widerwärtige Glatzkopf tut nichts dergleichen. Macht ein Gesicht, als wäre er bei einem Begräbnis. Ein sturer Geselle. Vollkommen unempfindlich für jede feinere Regung. Sein ganzes Sinnen und Trachten ist nur auf Geld gerichtet. Geld, Geld, Geld! Wirklich abstoßend. Dabei würde ich seinen haarigen Affenhänden keinen roten Heller anvertrauen.

Jetzt hat er auch noch gegähnt. Das ist der Typ, dem wir die Inflation verdanken. Und die Behörden rühren sich nicht. Wen wundert es da noch, daß unser junger Staat zerbröckelt …

Er hat gelacht.

Kein Zweifel, er hat gelacht. Ich habe das Zucken um seinen linken Mundwinkel ganz deutlich gesehen. Diese aristokratischen Charaktere verstehen es eben, ihre wahren Gefühle zu verbergen. Aber bei aller Selbstbeherrschung, über die er verfügt: zum Schluß konnte er meinem Humor eben doch nicht widerstehen. Jede seiner Bewegungen drückt Würde und inneren Adel aus.

Jede? Wirklich jede? Auch die plumpe Gebärde, mit der er sich jetzt in den Mund gefahren ist? Er hat nämlich gar nicht gelacht. Er hat sich mit seinen nikotingelben, ungepflegten Fingern einen Speiserest aus dem Zahn geholt. Ein Fleischhauer. Ein Metzger. Ein Halbtier.

Ja, dort gehörst du hin: in deine dunkle Höhle, zwischen die aufgehängten Tierkadaver, von denen unschuldiges Blut zu Boden tropft. Dort gehörst du hin, du erbärmliche Kreatur! Laß meine Meisterschöpfung in Ruhe, ich beschwöre dich! Nicht einmal mit deinen Blicken sollst du sie verunglimpfen.

Vorausgesetzt, daß so einer überhaupt lesen kann. Wer weiß, vielleicht tut er nur so. Vielleicht ist das nur ein Täuschungsmanöver, mit dem er von einem haarsträubenden Verbrechen abzulenken versucht. Der Mann ist zu allem fähig. Man muß nur seine Augen ansehen, diese flackernden, blutrünstigen Augen. Und diese brutal gekrümmte Habichtsnase. Selbst um seine Ohren spielt ein grausamer Zug. Und schon der bloße Anblick seines fetten, schwammigen Körpers würde zehn Jahre Zuchthaus rechtfertigen. Was macht der Kerl überhaupt hier, auf dieser Bahnhofsstation? Was heckt er aus hinter seiner niedrigen Stirn? Ist er am Ende ein Spion?

Gut möglich. Denn eines steht fest: ein Mensch, der meine meisterhafte Geschichte liest, ohne daß sie ihm auch nur ein Lächeln entlockt, kann kein Jude sein. Da haben wir's. Du hast dich gut getarnt, mein Junge, aber meinen Instinkt kannst du nicht irreführen! Ich muß die Polizei verständigen. Im Wartesaal eines strategisch wichtigen Bahnhofs treibt sich ein Individuum herum, das bei der Lektüre meiner Geschichten nicht lacht. Schicken Sie sofort ein Überfallauto … Was war das jetzt? Er hat gelacht?

Er hat nicht nur gelacht, er hat buchstäblich gejauchzt vor Vergnügen. Nun ja, vielleicht war er bis jetzt nicht so recht bei der Sache. Er ist ja auch nur ein

Mensch, nicht wahr? Ein zerstreuter Professor vielleicht, ein Gelehrter, dessen Gedanken um irgendwelche Atomprobleme kreisen. Obwohl sein Habitus nicht unbedingt der eines Professors ist. Eher gleicht er einem Mitglied des Obersten Gerichtshofs, oder einem Admiral in Zivil, oder sonst einer prominenten Figur des öffentlichen Lebens.
Aber das spielt ja keine Rolle. Wer so von Herzen über meine Geschichte lachen kann, ist jedenfalls ein ehrenwerter Bürger. Gott segne ihn. Da sieht man wieder einmal, wie oberflächlich die ersten Eindrücke sind. Wo gibt es heute noch Menschen mit so markanten Gesichtszügen? Geradezu klassisch. Die klugen Augen strahlen Wärme und Verständnis aus, die makellosen Zähne blitzen im Sonnenschein. Er ist ein Dichter. Ein Humanist. Ein Wohltäter der Menschheit. Am liebsten würde ich seine erhabene Denkerstirne küssen, die Stirne meines Lesers. Ich liebe diesen Mann. Ich liebe sein perlendes Gelächter. Das nenne ich Persönlichkeit!
Glücklich der Staat, der Söhne hat wie ihn und mich. Erlauben Sie, mein Herr, daß ich Sie Vater nenne …

EPHRAIM KISHON
Übersetzt von FRIEDRICH TORBERG

2.3. Dramatische Texte

Worüber Klarheit bestehen sollte

Da dramatische Texte immer Schauspielvorlagen sind, kann das Lesen eines dramatischen Textes nur eine Notlösung sein. Dramatische Texte sind für die Bühne geschrieben und so komponiert, dass sie Auge und Ohr des Zuschauers erreichen. Diese Tatsache hat weit reichende Konsequenzen für die Grundstruktur eines Dramas:

Was der Autor mitzuteilen hat, muss hauptsächlich als wörtliche Rede erscheinen, die von Schauspielern vorgetragen wird. Kern jedes Dramas ist also das Gespräch zwischen Rollenträgern: der **Dialog** (– manchmal ergänzt durch den Monolog, der die Gedanken und Gefühle der jeweiligen Person zum Ausdruck bringt). Gegenstand der Dialoge ist in der Regel ein **Konflikt**, d. h. der Widerstreit unterschiedlicher Haltungen, der in Rede und Gegenrede ausgetragen wird. Hierbei können die **Personen**, die die **Handlung** vorantreiben, entweder individuell ausgestaltete Charaktere sein oder allgemeine Typen. Meist bedienen sich die Schauspieler nichtsprachlicher Hilfsmittel: der Mimik und der Gebärde, deren Beobachtung dem Zuschauer Rückschlüsse auf innere Vorgänge der (Rollen-)Person erlauben.

Ein Schauspiel (ein Theaterstück) stellt also auf begrenztem Bühnenraum in begrenzter Aufführungsdauer ein Stück fiktive Wirklichkeit dar, die Teil eines größeren Zusammenhangs ist. Damit der Zuschauer das gesamte Geschehen überschaut, muss die Vorgeschichte planvoll in die Bühnenhandlung eingebaut sein, z. B. in Form dialogischer Mitteilung (z. B. *Wusstest du schon, dass …*) oder monologischer Erinnerung (z. B. *Wie schön war es damals, als ich …*). Auf diese Weise ergibt sich eine konzentrierte Handlungskette, die den Zuschauer meist in Spannung versetzt und zum Zeugen äußerer und innerer Vorgänge macht.

Bei diesem unmittelbar gegenwärtigen Rollenspiel auf der Bühne tritt der Autor in der Regel ganz hinter den agierenden Personen zurück. Falls er nicht durch präzise Regieanweisungen Vorgaben für Bühnenbild, Kostüme und Requisiten liefert oder Sprechweise und Bewegung der Schauspieler steuert, entstehen sogar im jeweiligen Regisseur und in den beteiligten Schauspielern eine Art Mit-Autoren, die durch die individuelle Inszenierung in das Original ergänzend eingreifen. Für die Dramenlektüre in der Schule ist diese Tatsache zwar ohne Belang; man sollte sich jedoch bei der Interpretation darüber klar sein, dass die schulische Lese-Situation künstlich und unvollständig ist, da sie wesentliche Elemente des aktuellen Bühnengeschehens außer Acht lassen muss.

Auch für diese literarische Gattung seien abschließend noch einige Fachtermini erläutert:

Aufbau

1. **Aufbaueinheiten**

Akt, oft auch **Aufzug** genannt:
Hauptabschnitt zwischen zwei Vorhängen, beim klassischen Fünfakter meist im Ablauf festgelegt auf:
1. Einleitung („Exposition")
2. Steigerung der Verwicklung
3. Höhepunkt
4. Wende
5. Schluss (Lösung oder Katastrophe)

Auftritt, oft auch **Szene** genannt:
Teilabschnitt innerhalb der Akte/Aufzüge, meist abgegrenzt durch das Auf- oder Abtreten einer (oder mehrerer) Person(en).

Mittel

2. **Dramatische Mittel**

Retardation (lat. „Verzögerung")
Tempoverringerung im Handlungsablauf, z. B. durch Zwischenszenen.
Im klassischen Fünfakter: oft im 4. Akt „retardierendes Moment" mit spannungssteigernder Wirkung

Stichomythie (griech. „Zeilenrede")
Dialogform im Versdrama, bei der jeder Gesprächsbeitrag nur eine Zeile in Anspruch nimmt, sodass der Eindruck eines lebhaften Wortwechsels entsteht, z. B. in SOPHOKLES' „Antigone":

Kreon:	So sagt das Volk mir, was ich soll befehlen?	Originaltext
Haimon:	Sieh doch, nun sprachst du allzu jugendlich!	
Kreon:	Soll ich für andre als für mich hier herrschen?	
Haimon:	Das ist kein Staat, der *einem nur gehört.*	
Kreon:	Gilt nicht der Staat als Eigentum des Fürsten?	
Haimon:	Allein herrschst du am besten in der Wüste.	
Kreon:	Man sieht, er steht im Bunde mit dem Weib.	
Haimon:	Bist du das Weib? Um dich bin ich besorgt.	
Kreon:	Nichtswürdiger – und rechtest mit dem Vater!	
Haimon:	Ich sehe, daß du dich am Recht versündigst.	
Kreon:	Wenn ich des Herrschers Würde heilig halte?	
Haimon:	Heilig – und trittst der Götter Recht mit Füßen!	
Kreon:	O die Verworfenheit! In Weibes Fron!	
Haimon:	Doch niemals untertan dem Schändlichen!	
Kreon:	Dein ganzes Reden geht ja nur um sie!	
Haimon:	Und dich und mich und um die Götter drunten.	
Kreon:	Weibshöriger! Geh mir mit dem Geschwätz!	
Haimon:	Du willst nur reden, gar nicht reden lassen.	

Teichoskopie (griech. „Mauerschau")
aktueller Beobachtungsbericht von einem erhöhten Bühnenstandort aus (z. B. Hügel, Turm), sodass der Bühnenraum in der Phantasie der Zuschauer erheblich erweitert wird und auch schwer darstellbare Ereignisse „hinter der Bühne" (z. B. Schlachtgetümmel) indirekt gezeigt werden können, z. B. in GOETHES „Götz von Berlichingen":

Eine Höhe mit einem Wartturm *Originaltext*
Selbitz verwundet. Knechte.

Selbitz:	Legt mich hieher und kehrt zu Götzen.
Erster Knecht:	Laßt uns bleiben, Herr, Ihr braucht unser.
Selbitz:	Steig einer auf die Warte und seh, wie's geht.
Erster Knecht:	Wie will ich hinaufkommen?
Zweiter Knecht:	Steig auf meine Schultern, da kannst du die Lücke reichen und dir bis zur Öffnung hinaufhelfen.
Erster Knecht:	*(steigt hinauf)* Ach, Herr!
Selbitz:	Was siehest du?
Erster Knecht:	Eure Reiter fliehen der Höhe zu.
Selbitz:	Höllische Schurken! Ich wollt, sie stünden und ich hätt eine Kugel vorm Kopf. Reit einer hin! und fluch und wetter sie zurück. *(Knecht ab.)* Siehest du Götzen?
Knecht:	Die drei schwarzen Federn seh ich mitten im Getümmel.
Selbitz:	Schwimm, braver Schwimmer. Ich liege hier!
Knecht:	Ein weißer Federbusch, wer ist das?
Selbitz:	Der Hauptmann.
Knecht:	Götz drängt sich an ihn – Bauz! Er stürzt.

Selbitz:	Der Hauptmann?
Knecht:	Ja, Herr.
Selbitz:	Wohl! Wohl!
Knecht:	Weh! Weh! Götzen seh ich nicht mehr.
Selbitz:	So stirb, Selbitz!
Knecht:	Ein fürchterlich Gedräng, wo er stund. Georgs blauer Busch verschwindt auch.
Selbitz:	Komm herunter. Siehst du Lersen nicht?
Knecht:	Nichts. Es geht alles drunter und drüber.
Selbitz:	Nichts mehr. Komm! Wie halten sich Sickingens Reiter?
Knecht:	Gut. – Da flieht einer nach dem Wald. Noch einer! Ein ganzer Trupp! Götz ist hin.
Selbitz:	Komm herab.
Knecht:	Ich kann nicht. – Wohl! Wohl! Ich sehe Götzen! Ich sehe Georgen!

Botenbericht

Bericht über Ereignisse, die sich in der Zwischenzeit außerhalb des Bühnengeschehens abgespielt haben, z. B. EURIPIDES' „Iphigenie auf Tauris":

Originaltext

Bote: Um dies bekümmere dich nicht! Hör lieber mich!
Was du vernimmst, bedenke und erwäge wohl,
Wie wir den Fremden folgen und die Jagd sie fängt.
Thoas: Du rätst mir gut. So sprich! Denn nicht auf kurzem Pfad
Entfliehen sie, daß sie entgingen meinem Speer.
Bote: Wir kamen an den Strand des Meeres, wo das Schiff
Orests an wohlverborgenem Platz vor Anker lag.
Da winkte Agamemnons Tochter uns, die wir
Der Fremden Fesseln hielten, wie du uns befahlst,
Und hieß uns seitwärts treten, da sie nun geheim
Die Glut bereiten wolle und die Reinigung.
Sie selber nahm der Fremden Fesseln in die Hand
Und schritt von dannen. Zwar verdächtig war dies wohl.
Doch deinen Dienern schien es noch in Ordnung, Herr.
Dann tat sie so, als sei sie weiterhin am Werk
Erhob die Stimme und sang fremde Lieder, gleich
Als sühne sie, nach Zauberpriesterart, den Mord.
Wir aber, da wir eine lange Weile still
Gesessen, dachten, daß die Fremden sich vielleicht
Befreit und sie getötet und entflohn. Indes,
Voll Scheu, Verwehrtes anzuschauen, saßen wir
Stillschweigend da. Zuletzt jedoch beschlossen wir
Gemeinsam, hinzugehen, ob es gleich verwehrt.
Da sahen wir die Muldung eines Griechenschiffs,
Mit Ruderblatt versehen und zur Fahrt beschwingt,
Und fünfzig Rudrer mit den Schäften auf den Reih'n,

Sowie die beiden jungen Männer, schon gelöst
Von ihren Fesseln, bei dem Hinterdeck des Schiffs.
Mit Stangen rücken die den Bug, und jene ziehn
Den Anker an den Balken auf, die Seile läßt
Man durch die Hände gleiten und bereitet für
Die beiden Fremden Leitern auf das Meer hinab.
Als wir dies falsche Spiel erblickten, hielten wir
Uns länger nicht. Die Fremden packten wir, dazu
Die Seile und am Hinterdeck versuchten wir …

Im Hinblick auf den Textumfang wählen wir als Beispiele zwei in sich geschlossene Einzelszenen, die gewissermaßen ein Drama im Kleinen darstellen. Natürlich lässt sich an ihnen nicht alles Gattungstypische zeigen, wohl aber dasjenige, was das Besondere der Drameninterpretation ausmacht.

Textbeispiel 1

Originaltext

Im Hutladen

Verkäuferin: Guten Tag. Sie wünschen?
Valentin: Einen Hut.
Verkäuferin: Was soll das für ein Hut sein?
Valentin: Einer zum Aufsetzen.
Verkäuferin: Ja, anziehen können Sie niemals einen Hut, den muß man immer aufsetzen.
Valentin: Nein, immer nicht – in der Kirche zum Beispiel kann ich den Hut nicht aufsetzen.
Verkäuferin: In der Kirche nicht – aber Sie gehen doch nicht immer in die Kirche.
Valentin: Nein, nur da und hie.
Verkäuferin: Sie meinen nur hie und da!
Valentin: Ja, ich will einen Hut zum Auf- und Absetzen.
Verkäuferin: Jeden Hut können Sie auf- und absetzen! Wollen Sie einen weichen oder einen steifen Hut?
Valentin: Nein – einen grauen.
Verkäuferin: Ich meine, was für eine Fasson?
Valentin: Eine farblose Fasson.
Verkäuferin: Sie meinen, eine schicke Fasson – wir haben allerlei schicke Fassonen in allen Farben.
Valentin: In allen Farben? – Dann hellgelb!
Verkäuferin: Aber hellgelbe Hüte gibt es nur im Karneval – einen hellgelben Herrenhut können Sie doch nicht tragen.
Valentin: Ich will ihn ja nicht tragen, sondern aufsetzen.
Verkäuferin: Mit einem hellgelben Hut werden Sie ja ausgelacht.
Valentin: Aber Strohhüte sind doch hellgelb.
Verkäuferin: Ach, Sie wollen einen Strohhut?
Valentin: Nein, ein Strohhut ist mir zu feuergefährlich!

Verkäuferin: Asbesthüte gibt es leider noch nicht! – Schöne weiche Filzhüte hätten wir.

Valentin: Die weichen Filzhüte haben den Nachteil, daß man sie nicht hört, wenn sie einem vom Kopf auf den Boden fallen.

Verkäuferin: Na, dann müssen Sie sich eben einen Stahlhelm kaufen, den hört man fallen.

Valentin: Als Zivilist darf ich keinen Stahlhelm tragen.

Verkäuferin: Nun müssen Sie sich aber bald entschließen, was Sie für einen Hut wollen.

Valentin: Einen neuen Hut!

Verkäuferin: Ja, wir haben nur neue.

Valentin: Ich will ja einen neuen.

Verkäuferin: Ja, aber was für einen?

Valentin: Einen Herrenhut!

Verkäuferin: Damenhüte führen wir nicht!

Valentin: Ich will auch keinen Damenhut!

Verkäuferin: Sie sind sehr schwer zu bedienen, ich zeige Ihnen einmal mehrere Hüte!

Valentin: Was heißt mehrere, ich will doch nur einen. Ich habe ja auch nur einen Kopf.

Verkäuferin: Nein, zur Auswahl zeige ich Ihnen mehrere.

Valentin: Ich will keine Auswahl haben, sondern einen Hut, der mir paßt!

Verkäuferin: Natürlich muß ein Hut passen, wenn Sie mir Ihre Kopfweite sagen, dann werde ich schon einen passenden finden.

Valentin: Meine Kopfweite ist bei weitem nicht so weit, wie Sie denken! Ich habe Kopfweite 55 – will aber Hutnummer 60 haben.

Verkäuferin: Dann ist Ihnen ja der Hut zu groß.

Valentin: Aber er sitzt gut! Habe ich aber einen um fünf Nummern kleineren, der fällt mir runter.

Verkäuferin: Das hat auch keinen Sinn; wenn man Kopfweite 55 hat, dann muß auch die Hutnummer 55 sein! Das war schon von jeher so.

Valentin: Von jeher! – Das ist ja eben das Traurige, daß die Geschäftsleute an den alten Sitten und Gebräuchen hängen und nicht mit der Zeit gehen.

Verkäuferin: Was hat denn die Hutweite mit der neuen Zeit zu tun?

Valentin: Erlauben Sie mir: die Köpfe der Menschen bleiben doch nicht dieselben, die ändern sich doch fortwährend!

Verkäuferin: Innen – aber außen doch nicht! Wir kommen da zu weit.

Valentin: Ja, Sie wollten doch die Weite wissen!

Verkäuferin: Aber nicht von der neuen Zeit, sondern von Ihrem Kopf.

Valentin: Ich habe Ihnen nur erklären wollen, daß die Menschen in der sogenannten guten alten Zeit andere Köpfe hatten als heute.

Verkäuferin: Das ist Quatsch – natürlich hatte jeder Mensch, solange die Menschheit besteht, seinen eigenen Kopf, aber wir reden doch nicht von der Eigenart, sondern von der Größe Ihres Kopfes. – Also, lassen Sie sich von mir belehren, nehmen Sie diesen Hut hier, Größe 55, der Hut kostet 15 Mark, ist schön und gut und ist auch modern.

Valentin: Natürlich lasse ich mich von Ihnen belehren, denn Sie sind Fachmann. Also, der Hut ist modern, sagen Sie.

Verkäuferin: Ja, was heißt heute modern! Es gibt Herren, sogenannte Sonderlinge, die laufen Sommer und Winter ohne Hut im Freien herum und behaupten, das sei das Modernste!

Valentin: So, keinen Hut tragen ist das Modernste? Dann kaufe ich mir auch keinen. Auf Wiedersehen!

Die Textanalyse könnte zu folgender **Stoffsammlung** führen:

Thema

vordergründig: Verkaufsgespräch im Hutladen
hintergründig: Kommunikationsstörungen

Aufbau

Gesprächssteigerung:

- sachlicher Informationsaustausch mit allgemeiner Warenangabe *Hut* (Z. 2)
- ungeduldige Klärung von Detailvorstellungen anhand selbstverständlicher und widersprüchlicher Kundenwünsche
  einer zum Aufsetzen (Z. 4)
  einen Hut zum Auf- und Absetzen (Z. 13)
  einen grauen (Z. 16)
  eine farblose Fasson (Z. 18)
  dann hellgelb (Z. 21)
  einen neuen Hut (Z. 38)
  einen Herrenhut (Z. 42)
  nur einen (Z. 47)
  einen Hut, der mir paßt (Z. 50/51)
- gereiztes Aneinandervorbeireden über den Wechsel der Zeiten (und Köpfe) als retardierendes Moment (Z. 61 – 78)
- scheinbare Verständigung (Z. 78 – 85)
- Wende (Pointe)
  Dann kaufe ich mir auch keinen (Z. 86/87)

Wortwahl

Mehrdeutigkeit in Folge der Diskrepanz zwischen wörtlicher Bedeutung und gesellschaftlich eingespielter Sprachkonvention

- unausgesprochene Bedeutungsverschiebung, z. B. Hut *tragen* (Z. 23/24) meint umgangssprachlich eigentlich *aufsetzen*
- *Kopfweite* (Z. 52) meint umgangssprachlich eigentlich *Kopfumfang*
- nachlässige Sprachwahl, z. B. *immer* (Z. 6) meint umgangssprachlich eigentlich *meistens*
- *in allen Farben* (Z. 20) meint umgangssprachlich eigentlich *in allen gängigen Farben*

- selbstverständliche Mit-Bedeutung für Hutladen-Ware, z. B. *einen neuen Hut* (Z. 38)
  einen Hut, der mir paßt (Z. 50/51)
- Mehrfacher Einsatz der Konjunktion *aber* zur Kennzeichnung entgegengesetzter Argumentation, z. B. Z. 9, 22, 26 usw.
- Verwendung zahlreicher Interjektionen als Ausdruck engagierter Gesprächsführung, etwa
  ja (Z. 5, 13, 39 usw.)
  nein (Z. 7, 11, 16 usw.)
  ach (Z. 27)
  na (Z. 33)

Satzbau

- Häufung von Fragesätzen bei der Verkäuferin zur Anzeige der berufsmäßigen Erforschung der Kundenwünsche, z. B. Z. 1, 3, 14/15 usw. (zweimal Fragesatz beim Kunden zur Verständnissicherung, Z. 21, 86)
- fortschreitende Häufung von Ausrufesätzen bei beiden Gesprächspartnern – insgesamt 21 – zur nachdrücklichen Betonung der Gesprächsbeiträge, z. B. Z. 12, 14, 21 usw.
- Häufung von Gedankenstrichen als Hinweis auf Verzögerung und Irritationen, z. B. Z. 7, 9, 19 usw.
- zunächst kürzere Sätze; mit steigender Kommunikationsschwierigkeit längere Satzkonstruktionen als Versuch, sich besser verständlich zu machen

Klangbild

In Abhängigkeit vom Satzbau: stark bewegte Stimmführung

Durch Aufbauprinzip 3, nach dem jeder Text als Antwort auf unausgesprochene Fragen verstanden wird (vgl. S. 72), könnte folgende Gliederung entstehen:

Gliederung

1. Wo spielt das Geschehen?

2. Was für ein Mensch ist die Verkäuferin?
2.1 Vorstellung vom Hut
2.2 Denkweise
2.3 Gesprächsführung

3. Was für ein Mensch ist der Kunde?
3.1 Vorstellung vom Hut
3.2 Denkweise
3.3 Gesprächsführung

4. Welchen Gang nimmt das Gespräch?
4.1 Gesprächshaltung
4.2 Gesprächsverlauf
4.3 Gesprächsergebnis

5. Woran übt der Text Kritik?

Die schriftliche Interpretation könnte zu folgendem Ergebnis führen:

Beispielinterpretation: Drama

Das dramatische Geschehen spielt sich in einem Hutladen und damit in einer Geschäftsbranche, die den modischen Bedürfnissen der Bevölkerung dient.

Wie Zeile 14, 17, 19/20 und 29 zeigen, ist dies auch Gesprächsgrundlage für die Verkäuferin, die sich nachdrücklich für Fasson, Farben und Material interessiert und die modische Komponente beim Hutkauf für ausschlaggebend hält: Zeile 79/80: *... ist schön und gut und ist auch modern.*

Sie orientiert sich in ihrem Denken an beobachteten Erfahrungswerten (vgl. Z. 21/22 und 25) und lässt sich auch in neuer Situation von ihnen leiten: So rechnet sie beispielsweise mit bestimmten Kundenwünschen, die sie durch gezielte Fragen aufspüren möchte (z. B. Z. 3, 14/15, 27), und erwartet bestimmte Kundenforderungen, denen sie durch ein Auswahlangebot zuvorkommen möchte (Z. 49).

Auch ihre Gesprächsführung ist von eingeübten Gewohnheiten geprägt: Sie versucht lange, den Kunden ernst zu nehmen, auch wenn dieser Selbstverständliches sagt (vgl. Z. 5, 38, 42) oder eine Frage unlogisch beantwortet (Z. 16). Sie gibt sich schlagfertig (z. B. Z. 29 und 33) und bleibt lange geduldig, kehrt jedoch zunehmend ihre Überlegenheit heraus (Z. 36, 45), bis sie sich schließlich zu einem deutlichen *Das ist Quatsch* (Z. 75) und *Lassen Sie sich von mir belehren* hinreißen lässt (Z. 78).

Insgesamt erscheint sie als erfahrene, fachkundig-solide Verkäuferin, die den Umgang mit dem Wort gewohnt ist und eine neue Situation zielgerichtet angeht.

Der Kunde dagegen gibt sich in allem gegensätzlich: Von Mode weiß er nicht viel, wenn er ohne weitere Begründung zwischen widersprüchlichen Farbangaben wechselt – *grau, hellgelb* (Z. 16, 21) – und keine eigenen Vorstellungen von dem gewünschten Hut entwickelt. Sein Denken spielt sich ganz im Rahmen der lexikalisch vorgegebenen Wortbedeutungen ab, deren Spielraum kaum durch Erfahrungen eingeengt, verschoben oder abgenutzt ist: So ist es aus seiner Sicht keineswegs unsinnig, *einen Hut zum Auf- und Absetzen* zu wünschen (Z. 13) oder einen *neuen Herrenhut* (Z. 40, 42), der *paßt* (Z. 51); denn erst eingeschliffene Konventionen machen diese Angaben überflüssig.

Solche Denkweise bestimmt auch seine Gesprächsführung: Da er die Worte so verwendet, als sei er der erste Benutzer, stößt er sich an unpräziser Sprachwahl (z. B. 7, 24, 47/48), und in das Gespräch über den beabsichtigten Hutkauf mischt sich das Gespräch über die rechte Formulierung. Was wie Wortklauberei klingt, ist in weiten Teilen der Versuch, dem ursprünglichen Wortsinn auf den Grund zu gehen; allerdings schießt der Kunde hierbei an einigen Stellen über das Ziel hinaus, indem er allzu unbeweglich, begrenzt und fast lächerlich argumentiert (Z. 28 – 35, 58/59).

Der Kunde zeigt sich also als ein Mensch, der im Spiel gesellschaftlicher Gepflogenheiten ungeübt ist und Wort und Verhalten – fast wie ein Kind – wach, spontan und nicht fehlerfrei (vgl. Z. 16, 86/87) ausprobiert.

So unterschiedlich aber die beiden Gesprächspartner und ihre Positionen sind, eines haben sie doch gemeinsam: Beide vertreten ihren Standpunkt unbeirrt und mit steigendem Nachdruck, wie die zahlreichen Ausrufezeichen und Interjektionen wissen lassen.

Kennzeichnend für den Gesprächsverlauf sind Anfangs- und Schlusssatz der Szene: Bestimmt die Verkäuferin lange Zeit planvoll das Verkaufsgespräch, wird sie doch nach und nach durch die unerwartete Denkweise des Kunden so irritiert, dass ihr die Gesprächsführung entgleitet: Z. 61 – 78. Ihr gelingt es zwar noch einmal, die Lage scheinbar zu beherrschen (Z. 78 – 80); das unvorhersehbare Missverständnis des Kunden (Z. 86/87) entwaffnet sie jedoch völlig, sodass sie nur noch wortlos zur Kenntnis nimmt, wie sich der Kunde ohne Verkaufsabschluss verabschiedet.

Und wer unterliegt letztlich? Beide – jeder in anderer Hinsicht: Der Kunde unterliegt im Denken, weil er bei aller scharfsinnigen Hinführung zum ursprünglichen Wortsinn eine allzu ausschnitthafte Vorstellungsperspektive hat und wegen fehlender Erfahrungszusammenhänge für die eigenen Fehler blind ist. Die Verkäuferin unterliegt dagegen im Handeln, da sie bei aller souveränen Berufserfahrung von allzu festen Erwartungswerten ausgeht und wegen fehlenden Detailblicks für das Unkalkulierbare blind ist.

Übung C14

Beenden Sie die Interpretation mit Gliederungspunkt 5 von S. 130.

Textbeispiel 2
Originaltext

Der Streit der Fischweiber

(Zu Schillers „Maria Stuart", III. Akt.) Übungsstück für Schauspieler

Straße. Frau Zwillich und ihr Nachbar auf dem Weg.

Frau Zwillich: Nein, ich bring's nicht über mich. Herr Koch. Ich kann mich nicht so demütigen. Es ist mir nicht viel geblieben, aber meinen Stolz hab ich noch. Mit Fingern möchten sie auf mich deuten am Fischmarkt: das ist die, die der Scheit, diesem falschen Monstrum, die Schuh geleckt hat!

Herr Koch: Sie dürfen nicht so aufgeregt sein, Frau Zwillich. Hin müssen Sie zur Scheit. Wenn der ihr Neffe vor Gericht gegen Sie aussagt, kriegen Sie vier Monate hinaufgebrummt.

Frau Zwillich: Aber ich hab nicht falsch ausgewogen, alles ist Lüge.

Herr Koch: Natürlich, Frau Zwillich, wir wissen das, aber weiß es die Polizei? Die Scheit ist Ihnen an Schlauheit weit über. Der sind Sie nicht gewachsen.

Frau Zwillich: Gemeine Tricks.

Herr Koch: Kein Mensch sagt, daß es korrekt von der Scheit ist, Ihnen ihren sauberen Neffen auf den Hals zu schicken, daß er Ihnen eine Flunder abkauft und dann damit zum Polizisten geht, damit die auf der Polizei nachwiegen! Natürlich wissen sie auf der Polizei, daß die Scheit Sie nur als Konkurrenz loskriegen wollte. Aber an den zwei Pfund von der Flunder fehlte eben leider doch dieses verhängnisvolle Deka!

Frau Zwillich: Weil ich beim Abwiegen mit dem Neffen geredet hab und nicht genau nachgewogen hab. Ich hab mich durch meine Freundlichkeit mit einem Kunden hineingebracht!

Herr Koch: Ihre Freundlichkeit loben alle. Da ist nur eine Meinung.

Frau Zwillich: Freilich sind die Kunden zu mir gegangen und nicht zu ihr. Weil ich aufmerksam bin und eine persönliche Not' hineinbring. Das hat sie wild gemacht. Aber daß ich nicht nur meinen Stand von der Gewerbepolizei abgenommen bekommen hab und nicht mehr verkaufen darf, daß mir der Neffe auf ihren Befehl auch noch ein Gerichtsverfahren aufhängt, das ist zuviel.

Herr Koch: Und ganz vorsichtig müssen Sie noch sein, das sag ich Ihnen. Ganz vorsichtig. Wählen Sie Ihre Worte!

Frau Zwillich: „Wählen Sie Ihre Worte!" Zu ihr! Weit ist es gekommen. Daß ich zu einer solchen dreckigen Person, wo ins Kriminal gehört wegen Ehrabschneidung, meine Worte wählen soll!

Herr Koch: Sorgfältig! Es ist schon viel, daß sie erlaubt hat, daß ich Sie zu ihr bring, Frau Zwillich. Verderben Sie jetzt nicht wieder alles durch Ihr Temperament und Ihre berechtigte Empörung.

Frau Zwillich: Herr Koch, ich kann's nicht. Ich fühl's, ich kann's nicht. Den ganzen Tag hab ich auf ihren Bescheid gewartet, ob sie so gnädig sein will und mich anhören will. Nimm dich zusammen, hab ich zu mir gesagt, sie kann dich ins Kittchen bringen. Alles hab ich mir vorgestellt, wie ich ihr gut zureden würde und sie rühren möchte. Aber jetzt kann ich's nicht. Ich weiß nur, daß ich sie haß, die Person, die ausgeschämte, und ihr die Augen auskratzen möcht.

Herr Koch: Sie müssen sich beherrschen, Frau Zwillich, ich bitt Sie. Sie müssen sich Gewalt antun. Sie hat Sie in der Hand. Sagen Sie ihr, sie soll großmütig sein. Lassen Sie jetzt um Gottes willen allen Stolz weg, dafür ist jetzt nicht die Zeit.

Frau Zwillich: Ich versteh, daß Sie's gut meinen. Ich will auch hingehen.

Aber glauben Sie mir, es kommt nichts Gutes dabei heraus. Wir sind wie Hund und Katze. Sie hat mich auf die Zehen getreten, und ich möcht ihr die Augen … *Sie gehen weg.*

2

Fischmarkt am Abend. Nur noch ein einziges Fischweib, Frau Scheit, sitzt da. Neben ihr ihr Neffe.

Frau Scheit: Nein, ich red nicht mit ihr, warum auch? Jetzt, wo ich sie endlich los habe. Eine himmlische Stille war das gestern und heut auf dem Fischmarkt, seit sie weg ist mit ihrem falschen Getue: Ein hübscher Aal, die Gnädige, der Herr Gemahl wohlauf, nein, wie gut Sie heut wieder aussehen! Jedesmal ist mir die Galle hochgekommen.

Eine Kundin: Jetzt hab ich mich ganz vertratscht, und was koch ich jetzt zu Abend? Ein bißchen klein ist der Hecht, nicht?

Frau Scheit: Dann fischens Ihnen einen großen, Madamm. Ich kann nichts dafür, daß er nicht älter geworden ist. Wenn Sie ihn nicht wollen, dann lassen Sie ihn eben liegen, ich werd mir nicht die Haare ausreißen.

Die Kundin: Seien Sie doch nicht gleich beleidigt, ich hab doch nur gesagt, daß er ein wenig klein aussieht.

Frau Scheit: Und einen Schnurrbart hat er auch nicht. Da ist er eben nichts für Sie und damit basta. Hugo, pack die Körb ein, Feierabend.

Die Kundin: Ich nehm ihn schon, seien Sie doch nicht so wild.

Frau Scheit: Eins dreißig. *Gibt ihn ihr. Zum Neffen:* Da kommen die Leut nach Feierabend und sind dann noch wählerisch. Das hab ich gern. Und jetzt gehen wir.

Der Neffe: Aber du wolltest doch noch mit der Frau Zwillich reden, Tante.

Frau Scheit: Ich hab gesagt: nach Feierabend, und ist sie da? *Frau Zwillich und Herr Koch kommen und bleiben in einigem Abstand stehen.*

Der Neffe: Da ist sie schon.

Frau Scheit *als bemerkte sie Frau Zwillich nicht:* Die Körb pack zusammen. Heut haben wir gar nicht schlecht verkauft, das Doppelte vom vorigen Donnerstag. Aus der Hand haben sie's mir gerissen. „Mein Mann sagt immer, der Karpfen ist von Frau Scheit, das merk ich auf der Zung." Die Leut sind wirklich ganz närrisch. Als ob nicht ein Karpfen wie der andere wär!

Frau Zwillich *zu Herrn Koch, schaudernd:* So redet eine nicht, die noch einen Funken Mitgefühl hat!

Frau Scheit: Wollen die Herrschaften vielleicht eine Flunder kaufen?

Der Neffe: Das ist doch die Frau Zwillich, Tante.

Frau Scheit: Was? Wer bringt mir die aufs Genick?

Der Neffe: Jetzt ist sie doch nun einmal da, Tante. In der Schrift heißt's doch auch: Liebe deinen Nächsten!

Herr Koch: Machen Sie eine gute Miene zum schlechten Spiel, Frau Scheit. Sie haben eine unglückliche Person vor sich. Sie traut sich gar nicht, Sie anreden.

Frau Zwillich: Ich kann's nicht, Herr Koch.

Frau Scheit: Was sagt sie? Haben Sie's gehört, Herr Koch? Eine unglückliche Person, die einen Gefallen haben will und Tag und Nacht sich die Augen ausheult, hab ich verstanden. Daß ich nicht lach! Hochmütig ist sie! Frech wie immer!

Frau Zwillich: Schön. Ich will auch das noch schlucken. *Zu Frau Scheit:* Sie haben's geschafft. Sie können Ihrem Gott danken. Aber jetzt übertreiben Sie's nicht. Geben Sie mir die Hand, Frau Scheit. *Sie streckt die Hand aus.*

Frau Scheit: Sie sind in die Lag gekommen, in die Sie sich selber hineinmanövriert haben, Frau Zwillich.

Frau Zwillich: Frau Scheit, denken Sie dran, daß das Glück wechseln könnt. Auch Ihrs. Für mich hat's schon gewechselt. Und schließlich hören uns Leut zu. Und Kolleginnen waren wir auch. So was hat's ja aufm Fischmarkt noch nicht gegeben! Lieber Gott, stehns doch nicht wie ein Felsbrocken! Ich kann doch nicht mehr, als Sie auf den Knien bitten. Schlimm genug, daß ich ins Kittchen soll, wenn ich Sie nicht rühr. Aber mir bleibt ja das Wort im Hals stecken, wenn ich Sie nur anschau.

Frau Scheit: Fassens Ihnen kurz, wenn ich bitten dürft. Ich hab keine Lust, daß mich die Leut mit Ihnen sehn. Ich hab nur als Christenmensch eingewilligt. Sie haben mir zwei Jahr lang die Kunden weggefischt.

Frau Zwillich: Ich weiß nicht mehr, was ich sagen soll. Wenn ich die Wahrheit sag, sind Sie beleidigt. Denn Sie haben nicht fein gehandelt an mir. Mit Ihrem Neffen seinem Flundernkauf haben Sie mich nur hereinlegen wollen. So was hab ich Ihnen und niemand zugetraut. Niemals. Ich hab nicht anders Fisch verkauft hier als Sie. Und jetzt schleppens mich vor Gericht. – Schauens, ich will alles einen Zufall nennen. Sie sind nicht schuldig. Ich bin nicht schuldig. Wir haben Fisch verkaufen wollen, und die Kunden sind zwischen uns gestanden. Ihnen erzählt man das, mir das. Sie hätten gesagt, meine Fisch stinken, ich, Sie haben ein bissel ein falsches Gewicht oder umgekehrt. – Jetzt steht keiner mehr zwischen uns. Wir könnten gradsogut Schwestern sein. Sie, die ältere, ich die jüngere. Es wär nie so weit gekommen, wenn wir uns rechtzeitig ausgesprochen hätten.

Frau Scheit: Da hätt ich eine schöne Schlange am Busen genährt! – Sie gehören nicht aufn Fischmarkt! Sie sind unredlich! Sie gönnen niemand ein Geschäft als sich selber! Sie haben mir einen Kunden nach dem andern weggeangelt mit Ihrem falschen Wesen und Ihrem süßlichen „Noch ein Buttchen, Madamm?", und wenn ich's Ihnen gesagt hab, haben Sie mir eine Beleidigungsklag angedroht. Aber jetzt trifft's Sie!

Frau Zwillich: Ich steh in Gottes Hand, Frau Scheit. Sie werden sich nicht so versündigen wollen.

Frau Scheit: Wer sollt mich hindern? Sie haben zuerst von der Polizei geredet mit Ihre Beleidigungsklagen! Wenn ich Sie loslaß und sag meinem Neffen, daß er die Klag zurückziehen soll, sitzen Sie morgen wieder hier, ich kenn Sie doch. Nicht Reu werden Sie zeigen, sondern einen Lippenstift werden Sie sich kaufen, damit der Kellner vom Roten Löwen Ihnen Ihren Schellfisch abnimmt! Das wird sein, wenn ich Gnad vor Recht ergehen laß.

Frau Zwillich: Behaltens den Fischmarkt! Verkaufens allein Fisch in Gottes Namen! Ich geb meinen Stand auf für ewig. Sie haben's geschafft mit mir. Sie haben mich gebrochen. Ich bin nur noch ein Schatten von der Zwillichen, die ich gewesen bin. Jetzt machens ein End mit der Verfolgung und sagens schon ihr: Gehens in Frieden, ich hab Ihnen gezeigt, was eine Harke ist, und jetzt zeig ich Ihnen, wie sich ein Christenmensch benimmt. Sagen Sie das, und ich sag Dankschön und mein's auch. Aber lassens mich nicht zu lang warten auf das Wörtchen. Wenn Sie's nicht sagen und gehn zur Polizei – ich möcht nicht für alles in der Welt in Ihre Schuh stehen vor die Leut!

Frau Scheit: Sehens endlich, daß ich Sie am Boden hab? Sind Ihnen Ihre Tricks ausgegangen? Ist der Polizist vom Marktplatz ein bissel abgekühlt? Habens keine Ritter mehr? Sie gehen ja mit jedem ins Kino, der Ihnen eine Bestellung vermittelt, und wenn er zehnmal verheiratet ist!

Frau Zwillich: Jetzt muß ich mich aber wirklich beherrschen, Sie gehn zu weit.

Frau Scheit: *nachdem sie sie lang verächtlich betrachtet hat:* Das ist also die Frau Zwillich, wo immer so freundlich ist, Hugo? Auf die alle fliegen und neben der unsereine nur ein altes Monstrum ist, so ein alter Dreckhaufen am Marktplatz, um den man herumgeht! Eine ganz gewöhnliche Hur ist sie.

Frau Zwillich: Das ist zuviel!

Frau Scheit: *höhnisch lachend:* So, das ist ihr wahres Gesicht. Jetzt ist ihr die hübsche Larv heruntergerutscht.

Frau Zwillich: *zornglühend, aber mit Würde:* Herr Koch, ich geb zu, ich bin jung und hab meine Fehler. Ich hab einen vielleicht ab und zu freundlich angeschaut, wenn er bei mir gekauft hat, aber ich hab nichts heimlich gemacht. Wenn das mein Ruf ist, kann ich nur sagen, ich bin besser als mein Ruf. An Sie kommt's schon noch, Frau Scheit! Sie decken's zu, was Sie für Vergnügungen haben. Der ganze Markt weiß, daß Sie in keiner guten Haut stecken. Ihre Mutter war nicht umsonst im Kriminal seinerzeit!

Herr Koch: Um Gottes willen! Jetzt ist alles aus! Sie haben sich nicht beherrscht, Frau Zwillich, wie Sie's versprochen haben!

Frau Zwillich: Beherrschung ist gut, Herr Koch. Ich hab geschluckt, was irgendein Mensch schlucken kann. Jetzt red ich. Jetzt pack ich aus. Alles –

Herr Koch: Sie ist ganz außer dem Häuschen, sie weiß nicht, was sie sagt, Frau Scheit!

Der Neffe: Hör nicht hin auf sie, Tante! Komm, wir gehen! Ich nehm schon die Körb!

Frau Zwillich: Stinkende Fisch hat sie in den Roten Löwen geschickt! Ein Schandfleck ist sie für den ganzen Fischmarkt! Den Stand hat sie nur gekriegt, weil ihr sauberer Bruder einen Saufkumpan bei der Marktpolizei hat!

Bertolt Brecht

Brecht hat diesen Text zwar ursprünglich als Parallelszene zum Streit der Königinnen in Schillers „Maria Stuart" verfasst, es sei jedoch erlaubt, den Untertitel „Übungsstück für Schauspieler" ernst zu nehmen und den Text als dramatische Spieleinheit zu betrachten.

Beispiel für eine Stoffsammlung

Thema Unversöhnliche Auseinandersetzung zweier Konkurrentinnen

Aufbau Z. 1 – 60 Vorstellung von Frau Zwillich
Z. 61 – 94 Vorstellung von Frau Scheit
Z. 95 – 210 Streitgespräch beider Frauen
– Versöhnungsversuch seitens Frau Zwillich
– Zurückweisung durch Frau Scheit
– Gegenseitige Beleidigungen

Wortwahl

- Stilebene
  Alltagsdeutsch/deftige Umgangssprache zur Charakterisierung der Personen und als Hinweis auf die unverfälschte Echtheit ihrer Äußerungen, z. B.
  der ihr Neffe (Z. 7)
  ins Kittchen bringen (Z. 47/48)
  Frau Zwillich, wo immer so freundlich ist (Z. 182)
  alter Dreckhaufen (Z. 184)
- Stilwechsel
  etwas gehobenere Sprache Z. 130 – 143 zur Kennzeichnung der Verstellung und Selbstbeherrschung beim Versöhnungsversuch von Frau Zwillich
- unsachlich-wertende Wortwahl (Abwertung) als Zeichen emotionaler Befangenheit, z. B.
  diesem falschen Monstrum (Z. 5)
  zu einer solchen dreckigen Person (Z. 37)
  mit ihrem falschen Getue (Z. 63/64)
  eine ganz gewöhnliche Hur (Z. 185)
- konkret-bildhafte Formulierungen zur Betonung der Unfähigkeit, von einer höheren Warte der Abstraktion eine Konfliktlösung zu finden, z. B.
  die Schuh geleckt hat (Z. 5)
  die Galle hochgekommen (Z. 66)
  Wer bringt mir die aufs Genick? (Z. 99)
  mir bleibt ja das Wort im Hals stecken (Z. 123)
- Ironie zur deutlichen Entlarvung des wahren Sachverhalts:
  ihren sauberen Neffen (Z. 16)
  ihr sauberer Bruder (Z. 209)
- Interjektion *Nein* an zwei zentralen Stellen: Z. 1 und Z. 61, jeweils als erstes Wort der Streitpartner: Andeutung der Unversöhnlichkeit beider Frauen

Übung C 15 Führen Sie die textanalytische Untersuchung der Wortformen durch und notieren Sie die Ergebnisse für die Stoffsammlung.

Satzbau

– vorwiegend einfacher Satzbau als Kennzeichen der Personen
– häufig unvollständiger Satzbau als Hinweis auf Erregung, z. B. fehlende Hauptsätze in Z. 23/24, 28/29, 61/62, 182/183
– ansteigendes Auftreten von Ausrufesätzen als Zeichen impulsiver Gefühlsausbrüche, ab Z. 194: fast jeder Satz

unruhige Akzentuierung, durch Satzbau bestimmt

Klangbild

Als Anhaltspunkt für die Gliederung wird (wieder) Aufbauprinzip 3 gewählt, nach dem jeder Text als Antwort auf unausgesprochene Fragen verstanden wird (vgl. S. 72):

Gliederungsvorschlag

1 Die Vorgeschichte

2 Das Treffen
2.1 Was für Menschen sind die beiden Marktfrauen?
2.2 Welche Meinung haben sie voneinander?
2.3 Mit welcher Einstellung sehen sie dem Treffen entgegen?
2.4 Wie entwickelt sich die Auseinandersetzung?
– von der Mäßigung zur Maßlosigkeit
– vom Schein zum Sein
2.5 Welche Rolle spielen Herr Koch und der Neffe Hugo?

3 Die Aussage

Setzen Sie die Gliederung in einen Interpretationsaufsatz um!

Übung C16

Übrigens:

Originaltext

Man sollte mal mitstenographieren

Man sollte mal heimlich mitstenographieren, was die Leute so reden. Kein Naturalismus reicht da heran. Gewiß: in manchen Theaterstücken bemühen sich die Herren Dichter, dem richtigen Leben nachzuahmen – doch immer mit der nötigen epischen Verkürzung, wie das Fontane genannt hat, der sie bei Raabe vermißte, immer leicht stilisiert, für die Zwecke des Stücks oder des Buchs zurechtgemacht. Das ist nichts. Nein, man sollte wortwörtlich mitstenographieren – einhundertundachtzig Silben in der Minute – was Menschen so schwabbeln. Ich denke, daß sich dabei folgendes ergäbe: Die Alltagssprache ist ein Urwald – überwuchert vom Schlinggewächs der Füllsel und Füllwörter. Von dem ausklingenden „nicht wahr?" (sprich „nicha?") wollen wir gar nicht reden. Auch nicht davon, daß: „Bitte die Streichhölzer" eine bare Unmöglichkeit ist, ein Chimborasso an Unhöflichkeit. Es heißt natürlich: „Ach, bitte, sein Sie doch mal so gut, mir eben mal die Streichhölzer, wenn Sie so freundlich sein wollen? Danke sehr. Bitte sehr. Danke sehr!" – so heißt das.
Aber auch, wenn die Leute sich was erzählen – da gehts munter zu. Über Stock und Steine stolpert die Sprache, stößt sich die grammatikalischen Bindeglieder wund, o tempora! o modi!
Das oberste Gesetz ist: Der Gesprächspartner ist schwerhörig und etwas schwachsinnig – daher ist es gut, alles sechsmal zu sagen. „Darauf sagt er, er kann mir die Rechnung nicht geben! Er kann mir die Rechnung nicht geben! Sagt er ganz einfach. Na höre mal – wenn ich ihm sage, wenn ich ganz ruhig

sage, Herr Wittkopp, gehm Sie mir mal bitte die Rechnung, dann kann er doch nicht einfach sagen, ich kann Ihnen die Rechnung nicht geben! Das hat er aber gesagt. Finnste das? Sagt ganz einfach …" in infinitum. Dahin gehört auch das zärtliche Nachstreicheln, das manche Leute Pointen angedeihen lassen. „Und da sieht er sie ganz traurig an und sagt: Wissen Sie was – ich bin ein alter Mann: geben Sie mir lieber ein Glas Bier und eine gute Zigarre" Pause. „Geben Sie mir lieber ein Glas Bier und eine gute Zigarre. Hähä." Das ist wie Selterwasser, wenn es durch die Nase wiederkommt …

Zweites Gesetz: Die Alltagssprache hat ihre eigene Grammatik. Der Berliner zum Beispiel kennt ein erzählendes Futurum. „Ick komm die Straße langjejangn – da wird mir doch der Kuhkopp nachbrilln: Un vajiss nich, det Meechen den Ring zu jehm! Na, da wer ick natierlich meinen linken Jummischuh ausziehen un ihn an Kopp schmeissn …"

Drittes Gesetz: Ein guter Alltagsdialog wickelt sich nie, niemals so ab wie auf dem Theater: mit Rede und Gegenrede. Das ist eine Erfindung der Literatur. Ein Dialog des Alltags kennt nur Sprechende – keinen Zuhörenden. Die beiden Reden laufen also aneinander vorbei, berühren sich manchmal mit den Ellenbogen, das ist wahr – aber im großen und ganzen redet doch jeder seins. Dahin gehört der herrliche Übergang: „Nein."
Zum Beispiel: „Ich weiß nicht (sehr wichtige Einleitungsredensart) – ich weiß nicht: wenn ich nicht nach Tisch meine Zigarre rauche, dann kann ich den ganzen Tag nicht arbeiten." (Logische Lässigkeit: es handelt sich um den Nachmittag.) Darauf der andere: „Nein." (Völlig idiotisch. Er meint auch gar nicht: nein. Er meint: mit mir ist das anders. Und überhaupt …) „Nein. Also wenn ich nach Tisch rauche, dann …" folgt eine genaue Lebensbeschreibung, die keinen Menschen interessiert.

Viertes Gesetz: Was gesagt werden muß, muß gesagt werden, auch wenn keiner zuhört, auch, wenn es um die entscheidende Sekunde zu spät kommt, auch wenns gar nicht mehr paßt. Was so in einer „angeregt plaudernden Gruppe" alles durcheinandergeschrien wird – das hat noch keiner mitstenographiert. Sollte aber mal einer. Wie da in der Luft nur für die lieben Engelein faule Pointen zerknallen und gute auch, wie kein Kettenglied des allgemeinen Unterhaltungsgeschreis in das andere einhakt, sondern alle mit weitgeöffneten Zangen etwas suchen, was gar nicht da ist: lauter Hüte ohne Kopf, Schnürsenkel ohne Stiefel, Solo-Zwillinge … das ist recht merkwürdig.
Ungeschriebne Sprache des Alltags! Schriebe sie doch einmal einer! Genau so, wie sie gesprochen wird: ohne Verkürzung, ohne Beschönigung, ohne Schminke und Puder, nicht zurechtgemacht! Man sollte mitstenographieren. Und das so Erraffte dann am besten in ein Grammophon sprechen, es aufziehen und denen, die gesprochen haben, vorlaufen lassen. Sie wendeten sich mit Grausen und entliefen zu einem schönen Theaterstück, wissen Sie, so eins, Fritz, nimm die Beine da runter, wo man so schön natürlich spricht, reine wie im Leben, haben Sie eigentlich die Bergner, find ich gar nicht, na also, mir ist sie zu …
Man sollte mitstenographieren.

Peter Panter (= Kurt Tucholsky) (1927)

Legen Sie alles fort, was nach „Arbeit“ aussieht, und suchen Sie sich ein Buch, das Sie immer schon einmal lesen wollten.
Viel Vergnügen!

Übung C 17

Anstelle eines Nachworts

Ich fürchte mich so vor der Menschen Wort.
Sie sprechen alles so deutlich aus:
Und dieses heißt Hund und jenes heißt Haus,
und hier ist Beginn und das Ende ist dort.

Mich bangt auch ihr Sinn, ihr Spiel mit dem Spott,
sie wissen alles; was wird und war;
kein Berg ist ihnen mehr wunderbar;
ihr Garten und Gut grenzt grade an Gott.

Ich will immer warnen und wehren: Bleibt fern.
Die Dinge singen hör ich so gern.
Ihr rührt sie an: sie sind starr und stumm.
Ihr bringt mir alle die Dinge um.

RAINER MARIA RILKE

Das Wort

Wunder von ferne oder traum
Bracht ich an meines landes saum

Und harrte bis die graue norn
Den namen fand in ihrem born –

Drauf konnt ichs greifen dicht und stark
Nun blüht und glänzt es durch die mark …

Einst langt ich an nach guter fahrt
Mit einem kleinod reich und zart

Sie suchte lang und gab mir kund:
„So schläft hier nichts auf tiefem grund“

Worauf es meiner hand entrann
Und nie mein land den schatz gewann …

So lernt ich traurig den verzicht:
Kein ding sei wo das wort gebricht.

STEFAN GEORGE

Stilmittel, Vers- und Strophenformen
Wie die Fachleute manches nennen

1. Allgemeine Stilmittel

	Bezeichnung	Erläuterung	Beispiel
besonderer Wortgebrauch (semantische Gestaltungsmittel)	**Metapher** (Übertragung)	Ein Vergleich wird ohne Vergleichswort *wie* benutzt.	*König der Tiere* (statt: *Das Tier hat eine Stellung unter den anderen wie ein König.*)
	Personifikation (Person-Machung)	Leblose Dinge werden ohne das Vergleichswort *als ob* wie Lebewesen behandelt.	*lachender Himmel* (statt: *Der Himmel wirkt so, als ob er lache.*)
	Synästhesie (Zusammen-Empfindung)	Die Intensität eines Sinneseindrucks wird durch einen verkürzten Vergleich mit einem anderen ausgedrückt.	*knallrot* (statt: *Das Rot ist so laut wie ein Knall.*)
	Symbol (Erkennungszeichen)	Ein Gegenstand oder ein Geschehen verweist sinnbildlich auf etwas anderes.	*Taube* (statt: *Friede*)
	Metonymie (Namensvertauschung)	Ein Wort wird durch ein anderes ersetzt, das in engem Zusammenhang mit ihm steht.	*Goethe lesen* (statt: *ein Werk von Goethe lesen*)
	Synekdoche (Mit-Verstehen)	Statt des Gesamtbegriffs wird ein Teilbegriff verwendet (pars pro toto, lat. Teil statt des Ganzen) oder umgekehrt.	*Einkommen pro Kopf* (statt: *pro Person*) *Eiche* (statt: *Eichenlaub*)
	Ironie (Verstellung)	Man sagt das Gegenteil von dem, was man meint.	*Das hat mir gerade noch gefehlt!* (statt: *Dies kann ich jetzt gar nicht gebrauchen.*)
	Litotes (Schlichtheit)	Man verneint das Gegenteil von dem, was man meint.	*nicht neu* (statt: *alt*)
	Euphemismus (Schön-Reden)	Man umschreibt einen negativen Sachverhalt mit beschönigenden Ausdrücken.	*Null-Wachstum* (statt: *Stillstand*)

	Bezeichnung	Erläuterung	Beispiel
besondere Wort- und Satzformen (syntaktische Gestaltungsmittel)	**Polysyndeton** (Viel-Verbundenheit)	Gleichgeordnete Satzglieder werden durch Konjunktion verbunden.	*Einigkeit und Recht und Freiheit*
	Asyndeton (Un-Verbundenheit)	Gleichgeordnete Satzglieder stehen ohne Konjunktion nebeneinander.	*Das Schiff geht in Neapel, Genua, Barcelona, Lissabon vor Anker.*
	Klimax (Steigerung)	Mehrere Ausdrücke werden in steigender Anordnung verwendet.	*Ich kam, ich sah, ich siegte.*
	Ellipse (Auslassung)	Einzelne (grammatisch notwendige) Wörter werden ausgespart.	(Das) *Ende* (ist) *gut*, (also ist) *alles gut.*
	Parallelismus (Gleichlauf)	Mehrere Satzglieder sind parallel angeordnet.	*Der Denkende benützt kein Licht zuviel, kein Stück Brot zuviel, keinen Gedanken zuviel.* (BRECHT)
	Inversion (Umstellung)	Zur Hervorhebung eines bestimmten Wortes wird die übliche Wortfolge umgestellt.	*VON DIR hätte ich das nicht gedacht!*
besonderer Wortklang (phonetische Gestaltungsmittel)	**Lautmalerei**	Der Wortinhalt wird durch das Klangbild sprachlich nachgezeichnet.	*summen*
	Wortspiel	Der Gleichklang von bedeutungsfernen Wörtern wird zur Pointierung eingesetzt.	*Es gibt nichts Gutes, außer man tut es.* (KÄSTNER)
	Anapher (Zurückführung)	Ein Wort wird zu Beginn von Zeilen oder Sätzen wiederholt.	*Das Wasser rauscht, das Wasser schwoll …* (GOETHE)
	Alliteration (Anfangsreim)	Wörter beginnen mit demselben Buchstaben.	*mit Mann und Maus*
	Endreim	Wörter enden mit denselben Buchstaben, vom letzten betonten Vokal an.	*selten / gelten*
	Takt	Der Rhythmus besteht aus einer regelmäßigen Wiederkehr metrischer Einheiten.	*Dieses ist ein schöner Tag.*

2. Versformen

Freie Rhythmen metrisch ungebundene Versfolge ohne Reim. Da kein Betonungssystem die Sprechbewegung einschränkt, bieten freie Rhythmen besonders variable Ausdrucksmöglichkeiten, die häufig bei der Darstellung von Lebensnähe und Individualität genutzt werden, z. B. in der Lyrik des Sturm und Drang oder der Moderne.

Originaltext

Vielleicht já, vielleicht neín,
sàgt er, im Zweifel,
ob sich das Lében
séhen lassen kànn …
aus: KARL KROLOW: Das Leben selber

Blankvers fünffüßiger Jambus ohne Reim.
Durch das Gleichmaß der Hebungen, das durch freie Zäsuren und freien Versfuß moduliert wird, strahlt diese Versform Ruhe aus; sie wird oft verwendet, wenn es darum geht, die Ebene realitätsgebundener Themen zu übersteigen, z. B. im Drama der Klassik.

Originaltext

Vor gräuen Jáhren lébt' ein Mánn im Ósten,
der eínen Ríng von únschätzbárem Wért
aus líeber Hánd besáß …
aus: GOTTHOLD EPHRAIM LESSING: Nathan der Weise

Alexandriner sechshebiger Jambus mit Zäsur in der Mitte. Für ihn gilt zwar grundsätzlich dasselbe wie für den Blankvers, die Zäsur bildet jedoch innerhalb des Verses einen so tiefen Einschnitt, dass eine gleichmäßige Folge von Kurzversen entsteht. Dies ermöglicht den bevorzugten Einsatz zur Darstellung von Kontrasten, z. B. in der Lyrik des Barock.

Originaltext

Sei dénnoch únverzágt, gib dénnoch únverlóren!
Weich keínem Glúcke nícht, steh hőher áls der Neíd …
aus: PAUL FLEMING: An sich

Hexameter sechshebiger Vers aus Daktylen, wobei in den vier ersten Takten die beiden unbetonten Silben gekürzt werden können und der letzte Takt unvollständig ist.
In dieser antiken Versform verbindet sich das gemessene Gleichmaß der sechs Hebungen mit dem lockeren Spiel der Senkungen, sodass sich in der Wirkung Strenge und Leichtigkeit gewissermaßen ergänzen.

Originaltext

… Gleích wie Blätter im Wálde, so sínd die Geschléchter der Ménschen,
Éinige streút der Wínd auf die Erd' hin, ándere wíeder
Treíbt der knóspende Wáld, erzeúgt in des Frúhlinges Wärme …
HOMER: Ilias VI, 146–148 (übers. H. Voss)

3. Strophenformen

Liedstrophe

(meist) vielzeilige Versgruppe, deren regelmäßige Ordnung in Rhythmus/ Metrum und Reim sich bei Mehrstrophigkeit unverändert wiederholt.

Originaltext

Der Spinnerin Lied

Es sang vor langen Jahren
Wohl auch die Nachtigall,
Das war wohl süßer Schall,
Da wir zusammen waren.

Ich sing und kann nicht weinen
Und spinne so allein
Den Faden klar und rein,
Solang der Mond wird scheinen.

Da wir zusammen waren,
Da sang die Nachtigall,
Nun mahnet mich ihr Schall,
Daß du von mir gefahren.

Sooft der Mond mag scheinen,
Gedenk' ich dein allein,
Mein Herz ist klar und rein,
Gott wolle uns vereinen.

Seit du von mir gefahren,
Singt stets die Nachtigall,
Ich denk bei ihrem Schall,
Wie wir zusammen waren.

Gott wolle uns vereinen,
Hier spinn' ich so allein,
Der Mond scheint klar und rein,
Ich sing' und möchte weinen.

CLEMENS BRENTANO

Terzine (abgeleitet aus lat. „der Dritte")
ursprünglich italienische Strophenform aus jeweils drei Versen mit je elfsilbigem Jambus.
Terzinen weisen zudem eine kunstvolle strophenübergreifende Reimverkettung auf, die bei der Führung des inhaltlichen „roten Fadens" genutzt werden kann:
aba bcb cdc (usw.).

Originaltext

Ballade des äußeren Lebens

Und Kinder wachsen auf mit tiefen Augen,
Die von nichts wissen, wachsen auf und sterben,
Und alle Menschen gehen ihre Wege.

Und süße Früchte werden aus den herben
Und fallen nachts wie tote Vögel nieder
Und liegen wenig Tage und verderben.

Und immer weht der Wind, und immer wieder
Vernehmen wir und reden viele Worte
Und spüren Lust und Müdigkeit der Glieder.

Und Straßen laufen durch das Gras, und Orte
Sind da und dort, voll Fackeln, Bäumen, Teichen,
Und drohende, und totenhaft verdorrte …

Wozu sind diese aufgebaut? Und gleichen
Einander nie? Und sind unzählig viele?
Was wechselt Lachen, Weinen und Erbleichen?

Was frommt das alles uns und diese Spiele,
Die wir doch groß und ewig einsam sind
Und wandernd nimmer suchen irgend Ziele?

Was frommt's, dergleichen viel gesehen haben?
Und dennoch sagt der viel, der „Abend" sagt,
Ein Wort, daraus Tiefsinn und Trauer rinnt

Wie schwerer Honig aus den hohlen Waben.

HUGO VON HOFMANNSTHAL

Sonett

(abgeleitet aus lat. „tönen")
ursprünglich italienische Gedichtform, die aus zwei vierzeiligen (den Quartetten) und zwei dreizeiligen Strophen (den Terzetten) besteht.

Die durch den strengen Aufbau vorgegebene Zäsur nach der 2. Strophe eignet sich gut zur Markierung eines gedanklichen Neuansatzes, etwa für eine Schlussfolgerung oder einen Gegensatz.

Originaltext

Sonett der Seele

Willensdrang von tausend Wesen
Wogt in uns vereint, verklärt:
Feuer loht und Rebe gärt
Und sie locken uns zum Bösen

Tiergewalten, kampfbewährt,
Herrengaben, auserlesen,
Eignen uns und wir verwesen
Einer Welt ererbten Wert.

Wenn wir unsrer Seele lauschen,
Hören wir's wie Eisen klirren,
Rätselhafte Quellen rauschen,

Stille Vogelflüge schwirren …
Und wir fühlen uns verwandt
Weltenkräften unerkannt.

Hugo von Hofmannsthal

Übersetzung des griechischen Textes von S. 7

Laßt diese schöne Welt weiterbestehen,
indem sie das Morgen in ihren Quellen aufrührt
– wie in der Zeit, da ich geboren wurde – urewig und neu,
als tauchte sie jeden Morgen zum ersten Mal hervor
aus den rosafarbenen Schleiern ihrer Geburt.

Nikiforos Vrettakos

Übersetzung des arabischen Textes von S. 7

Anekdote von Dschoha und seinen zehn Eseln
Dschoha kaufte zehn Esel. Er freute sich über sie und führte sie vor sich her, dann ritt er auf einem von ihnen. Unterwegs zählte er reitend seine Esel – da fand er, daß es neun waren. Daraufhin stieg er ab und zählte sie; da sah er, daß es zehn waren. Nun sprach er: „Es ist besser, ich gehe zu Fuß und gewinne einen Esel, als daß ich reite und einen verliere."

Murren im Bauch vor der Klassenarbeit?
Klatschnass aufwachen? Zittrige Hände?
So was nennt man allgemein Prüfungsangst –
und man kann etwas dagegen tun.
Was, erfahren Sie hier.

Auf die Perspektive kommt es an !

Der Prüfungsangst

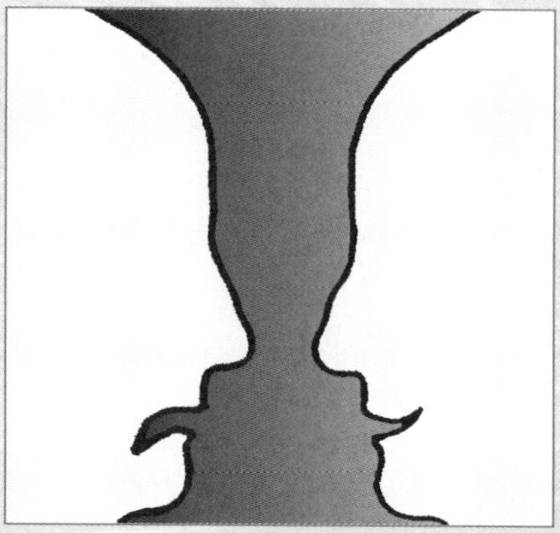

durch eine andere Sicht der Dinge begegnen

Wenn Sie sich einen Horrorfilm anschauen und es wird Ihnen zu viel, dann schalten Sie ab.

Für den Horror der Prüfungsangst gibt es leider keinen solchen Schalter.

Aber Sie sind auch nicht machtlos.

Denn: Wissen ist Macht. Es geht hier nicht um das Wissen für die Prüfung oder die Klassenarbeit. Sie müssen etwas über das Wesen der Prüfungsangst wissen, um sie zu besiegen!

Wie entsteht Angst?

Angst entsteht dann, wenn ein Mensch sich einer Situation gegenüber sieht, die er als bedrohlich empfindet und von der er annimmt, dass er sie nicht vermeiden bzw. beherrschen kann.

Schüler mit Prüfungsangst denken (teils bewusst, teils unbewusst), sie könnten die Prüfung nicht bewältigen – unabhängig davon, ob das nun der Wahrheit entspricht oder nicht. Die Prüfungsangst entsteht also im eigenen Kopf.

Typische Gedanken prüfungsängstlicher Menschen sind:

„Ich kann das ja eh nicht",
„Ich kann überhaupt nichts",
„Die Prüfung bestehe ich nur mit Glück!"
(ich misstraue meinen Fähigkeiten),

„Ob ich die Prüfung wohl bestehe?",
„Ich muss die Prüfung bestehen!"
(aber eigentlich zweifle ich daran).

Ändern Sie Ihre Einstellung zu sich selbst und die Prüfungsangst vergeht!

Wie geht das – seine Einstellung zu sich ändern?
Auf den nächsten Seiten finden Sie dazu ein paar Möglichkeiten.

Methode I: Von wegen „Selbstlob stinkt" – Selbstlob hilft!

Pluspunkte suchen

Überlegen Sie sich einmal, was Sie alles können, was positiv an Ihnen ist. Beziehen Sie dabei Ihr ganzes Leben ein – nicht nur die Schule.

Jeder Mensch findet bei genauem Hinsehen mindestens 15 Pluspunkte an sich – manchmal braucht man nur länger dazu, weil man blind ist gegenüber seinen eigenen Vorzügen bzw. weil man vielleicht dazu erzogen worden ist, nicht zu positiv über sich selbst zu denken. Freuen Sie sich in aller Stille über Ihre Stärken und fühlen Sie die eigene Kraft.

Die Methode kann man dann weiterführen, z.B. in dem Fach, in dem man schon einige Misserfolge hat einstecken müssen. Auch hier findet man Dinge, die man beherrscht, neben denen, die man tatsächlich nicht kann. Denken Sie an all das, was Sie können! Mit der Stärke, die man aus dem Wissen um die eigenen Fähigkeiten zieht, kann man viel besser die vorhandenen Schwächen angehen und beseitigen.

Langfristige Möglichkeiten auftun

Schwächen zu beseitigen mag Ihnen recht schwierig erscheinen. Aber wenn man dieses Problem längerfristig angeht, wird es beherrschbar:

Sie könnten für die nächsten längeren Ferien einen Paukkurs buchen oder jemanden auftreiben, der Ihnen mal etwas erklären kann. Sie könnten sich Gleichgesinnte für eine „Taskforce-Group" suchen, in der Sie sich gemeinsam vorbereiten, miteinander lernen und vielleicht sich gegenseitig auch etwas erklären können. Ein Buch wie dieses arbeitet sich vielleicht zu zweit oder dritt leichter durch. Es hilft Ihnen möglicherweise schon, wenn Sie mal einige Arbeiten anderer lesen und dabei feststellen, dass sich Ihre gar nicht so schlecht anhören.

Und wenn wirklich alle Stricke reißen: Wär's denn so schlimm, wenn Sie die Klasse wiederholen müssten? Sicher wäre es furchtbar ärgerlich und im Prinzip eine doofe Zeitverschwendung – aber die Welt ginge doch nicht unter, oder?

Methode II: Wisse, was du tust!

Führen Sie eine Zeit lang ein Tagebuch über alles, was Sie für die Schule getan haben. Vor einer Klassenarbeit können Sie dann die Stunden zusammenzählen. Nicht selten ist die Zahl viel höher, als Sie sich vorgestellt haben. Wenn ein Schwall von Angst kommt, können Sie sich dann selbstbewusst sagen: *„Ich habe ... Stunden auf dieses Thema verwendet. Ich habe jedes Kapitel gründlich durchgearbeitet. Ich habe alles getan, was ich tun kann."*

Vorsicht: Einmal ist keinmal!

Für beide Methoden gilt, und das ist ganz, ganz wichtig: Sie dürfen sie nicht nur einmal durchführen, sondern müssen es regelmäßig tun – bis Sie von innen heraus Ihre Art verändert haben, die schulischen Herausforderungen zu betrachten.

Methode III: Den Teufel an die Wand malen, um ihn zu vertreiben

Prüfungen sind deshalb oft so angstbesetzt, weil man sich Katastrophen ausmalt, die – nüchtern betrachtet – gar nicht eintreten werden.

„Wenn ich diese Arbeit verhaue, falle ich durch!" –
Das gilt wirklich nur nach einer langen Reihe von Fünfern und Sechsern und am Jahresende, aber sicher nicht bei einer Klassenarbeit am Jahresanfang oder in der Mitte.

„Wenn ich durchfalle, liebt mich keiner mehr, lachen mich alle aus, bringen mich meine Eltern um, habe ich keinerlei Berufsaussichten ..." –

Ist das tatsächlich so?

Nehmen Sie sich einmal in einer ruhigen Stunde (also ja nicht vor der Klassenarbeit!) die Zeit, den Teufel an die Wand zu malen, d.h. Ihre Katastrophenvorstellungen aufzuschreiben.

Schreiben Sie wirklich alle Gedanken auf – das ist besser, als nur Ihre Vorstellungskraft zu nutzen. Sie werden feststellen, dass manches schon an Schrecken verliert, wenn man es geschrieben vor sich sieht: Manchmal fällt dann überdeutlich auf, dass einiges schon ein wenig absurd klingt.

Sicher – Ihre Eltern werden nicht gerade glücklich über eine schlechte (Zeugnis-)Note sein, aber umbringen werden sie Sie sicher nicht.

Und Ihre besten Freunde werden Sie auch nicht auslachen oder weniger lieben – tun sie es doch, entpuppen sie sich als schlechte Freunde, und das ist vielleicht eine schmerzlichere Erfahrung.

Die realistische Betrachtung der Katastrophenängste hilft Ihnen, die innere Spannung abzubauen, weil Sie merken, dass Ihnen gar keine wirklichen Katastrophen drohen!

Expertenrat einholen

Und wenn Sie wirklich feststellen, dass Sie mit den möglichen Konsequenzen nicht fertig werden können – suchen Sie den Rat von Experten. Oft gibt es Wege, die Sie nicht kennen oder die Ihnen nicht bewusst sind.

Sprechen Sie mit dem Beratungslehrer, dem Schulpsychologen, dem Berufsberater ...

Ein Hilfsmittel gegen die Prüfungsangst sind übrigens auch noch Entspannungsübungen.

Eine Möglichkeit ist zum Beispiel diese:

➢

Sich aus dem Stress hinwegträumen ...

Der Kern der Übungen besteht darin, dass man sich auf den Schwingen der Phantasie an einen Ort begibt, der mit Entspannung und Wohlgefühl verbunden ist. Das ist für jeden ein anderer Ort, eine Sommerwiese, ein Garten, am Fluss, auf einem Berg, am Strand, auf einem Boot dahintreibend. Wählen Sie Ihre persönlichen „Wohlfühl-Orte"! Möglich sind im Übrigen auch Wanderungen durch eine Landschaft; man sollte aber nicht zu viel auf einmal in eine Übung hineinpacken.

Während dieser Phasen der Entspannung richtet man positive Botschaften an sich selbst. Im Zustand der Entspannung sind wir besonders aufnahmebereit, und die positiven Botschaften können dann umso besser auf das Selbstbewusstsein einwirken. Beispiele für solche positiven Sätze sind: *Ich bin ganz ruhig. – Ich atme gleichmäßig und ruhig. – Mir ist warm. – Ich spüre meine Stärke. – Ich schaffe es. – Klarheit ist da. – Ich stehe da wie ein starker Baum, tief verwurzelt in der Erde.*

Die Sätze dürfen nicht in verneinter Form gebildet werden (z.B. *Ich bin nicht verspannt*), weil dadurch eine negative Situation wieder in Erinnerung gerufen wird.

Gehen Sie folgendermaßen vor:

- **Hinlegen** (aber nicht, wenn man ohnehin schon müde ist!) oder vernünftig sitzen.
- **Augen schließen** (wenn Sie die Augen lieber offen lassen, auf eine Umgebung achten, in der Sie möglichst wenig Ablenkendes sehen können.)
- **Auf den Atem konzentrieren**; gleichmäßig und ruhig atmen; den Atem kommen und gehen lassen wie die Wellen am Meer ...
- Nun in Gedanken den vorher ausgesuchten **Entspannungsort aufsuchen** und diesen der Reihe nach **mit allen Sinnen wahrnehmen**:
  - Schauen Sie herum und betrachten Sie alles, was Sie sehen können!
  - Hören Sie, was Sie an dem Ort alles hören können!
  - Riechen Sie, was hier zu riechen ist!
  - Schmecken Sie auch, wenn Sie an dem Ort etwas zu sich nehmen können.
  - Spüren Sie alles, was Sie fühlen können!

- Jetzt, im Zustand tiefster Entspannung, sagen Sie sich Ihre **positiven Botschaften**. Beschränken Sie sich aber auf eine oder zwei pro Übung!
- **Langsame Rückkehr**: mehrfach kräftig durchatmen, auf die tatsächliche Umgebung hören und die Geräusche wahrnehmen, langsam die Augen öffnen, sehr langsam aufstehen (v.a. wenn man einen niedrigen Blutdruck hat).

Für diese Technik gilt wie für alle Entspannungsübungen:

- Man muss sie einige Zeit regelmäßig trainieren (am besten zwei bis drei Monate lang ein- bis zweimal täglich ca. 5 Minuten), denn nur dann kommt man in einen gewissen dauerhaften Ruhezustand.
- Sie hilft nur die Symptome der Angst zu verringern, beseitigt jedoch die eigentlichen Ursachen von Nervosität bzw. Angst nicht.
- Ob Ihnen diese Form von Entspannungsübung liegt, können Sie nur feststellen, wenn Sie sie ein oder zwei Wochen lang regelmäßig ausprobieren. Wenn die Technik Ihnen nichts bringt, sollten Sie eine andere suchen. Es gibt nicht **die** Technik, die allen hilft! Wem die Übung aber liegt und wer sie regelmäßig trainiert, der hat damit ein sehr wirksames Mittel gegen Prüfungsängste in der Hand.

Wenn man die Übungen oft durchgeführt hat, kann man eine **Kurzform** auch in **Prüfungen** (Klausuren) einsetzen; sie dauert höchstens eine Minute – eine Minute, die vielleicht hilft, aus einer Gedankenblockade herauszukommen, die man sicher durch krampfhaftes Grübeln nicht verlassen kann:

Augen schließen – auf den Atem konzentrieren – einen Entspannungsort aufsuchen, der für einen der absolute Inbegriff von Entspannung ist, und bewusst z.B. alles hören oder sehen oder fühlen (hier aber nur einen Sinn einschalten, nicht das ganze Programm durchführen!!) – kräftig durchatmen – Augen öffnen – da sein und erfolgreich weiterarbeiten!

Schöne Beispiele für Phantasiereisen sind in dem folgenden Buch zu finden:
Else Müller: Du spürst unter deinen Füßen das Gras. Autogenes Training in Phantasie- und Märchenreisen. Fischer Taschenbuch 3325.

Quellenverzeichnis

Zahlreiche Gedichte (Andreas Gryphius, S. 21; Friedrich Nietzsche, S. 92; Eduard Mörike. S. 95; Friedrich Schiller, S. 95; Else Lasker-Schüler, S. 95; Johann Wolfgang von Goethe, S. 96; Ludwig Uhland, S. 97; Paul Fleming, S. 144; Clemens Brentano, S. 145) wurden entnommen aus: Deutsche Gedichte, hrsg. von Echtermeyer/v. Wiese, Verlag Helmut Küpper vorm. Georg Bondi, Stuttgart.

Seite	Quelle
6	Gottfried Benn: Ein Wort. Aus: Statische Gedichte, © 1948, 1983 by Arche Verlag AG, Raabe + Vitali, Zürich
6	Marcel Proust: Über Lesen und Bücher. Aus: Tage des Lesens, Suhrkamp, Frankfurt/Main.
7, 147	Ausschnitt aus einem Gedicht von Nikiforos Vrettakos. Aus: Jenseits der Furcht, Jugend & Volk, München 1973.
7	Anfang des Nibelungenliedes
7, 147	Anekdote von Dschoha und seinen 10 Eseln. Aus: Praktisches Lehrbuch Arabisch, Langenscheidt Verlag, Berlin 1984.
14	Hans Magnus Enzensberger: Ein bescheidener Vorschlag zum Schutz der Jugend vor den Erzeugnissen der Poesie. Aus: Mittelmaß und Wahn, Suhrkamp, Frankfurt/Main 1988.
15	Liedstrophe von Carl Budich. Aus: Kirchentagsliederheft 1983, Friedrich Hänssler-Verlag, Neuhausen bei Stuttgart.
16	Gottfried Benn: Verlorenes Ich, a.a.O.
20 f.	Franz Kafka: Der Aufbruch. Aus: Franz Kafka. Die Erzählungen. Hrsg. von Klaus Wagenbach, S. Fischer Verlag, Frankfurt 1961.
21	Walther von der Vogelweide: Uns hat der winter geschat. Aus: Die Gedichte Walthers von der Vogelweide, hrsg. von C. v. Kraus, De Gruyter, Berlin 1962.
23	Aus: Georg Büchner: Woyzeck. Aus: Sämtliche Werke und Briefe, hrsg. von W. Lehmann, Hanser, 3. Aufl. 1979, Bd. 1.
23	Brüder Grimm: Die Sterntaler. Aus: Das große Buch der Volkssagen, hrsg. von E. Mudrak, Ensslin und Laiblin, Reutlingen 1961.
28	Friedrich Luft: Als Lesezeichen. Aus: DIE WELT 90, Nr. 3, Hamburg 1964.
30	Aus: Friedrich Hölderlin: Hyperion, Bd. 1, Fischer-Bücherei EXEMPLA CLASSICA Bd. 54, Frankfurt 1962.
31	Marie-Luise Kaschnitz: Hobbyraum. Aus: Steht noch dahin. Neue Prosa, Insel Verlag, Frankfurt/Main 1970.
32	Max Frisch: Café de la Terrasse. Aus: Tagebuch 1946–49, Suhrkamp Verlag, Frankfurt/Main 1950.
34	Ingeborg Bachmann: Reklame. Aus: Gedichte, Erzählungen, Hörspiele, Essays, Piper Verlag, München 1964.
35	Die Geschichte vom Honigtropfen. Aus: Die Erzählungen aus Tausendundein Nächten.
37	Franz Kafka: Der plötzliche Spaziergang, a.a.O.
39 f.	Gisela Elsner: Der Dumme. Aus: AKZENTE 2 (1955), Heft 6.
40 f.	Michail Gorbatschow: Fernsehansprache zum Unglück von Tschernobyl 1986. Aus: Reden, die die Welt bewegten, © Stender/Phaidon-Verlag, Essen.

42 Arthur Schopenhauer: Von der Höflichkeit und Die Stachelschweine. Aus: Sämtliche Werke Bd. 5, Brockhaus, Wiesbaden 1964.

45 Textausschnitt von Theo Sommer. Aus: Die Zeit Nr. 41 vom 08.10.1982, Zeit Verlag, Hamburg.

45 f. Kurt Tucholsky: Ratschläge für einen guten Redner und Ratschläge für einen schlechten Redner (gekürzt). Aus: Gesammelte Werke, Bd. 8, Rowohlt, Reinbek 1960.

47 ff. Textausschnitt von Siegfried Lenz. Aus: Zeit der Schuldlosen, Kiepenheuer & Witsch, Köln 1962.

50 Aus: Hermann Hesse: Unterm Rad. Aus: Gesammelte Werke Bd. 2, Suhrkamp Verlag, Frankfurt/Main 1970.

52 ff. Heinrich Böll: Anekdote zur Senkung der Arbeitsmoral. Aus: Aufsätze, Kritiken, Reden, Kiepenheuer & Witsch, Köln 1967.

55 Bertolt Brecht: Organisation. Aus: Gesammelte Werke Bd. 7, Edition Suhrkamp, Frankfurt/Main 1967.

57 Johann Wolfgang von Goethe: Textausschnitt aus dem Brief vom 10. Mai 1771 aus: Die Leiden des jungen Werther, Gesamtausgabe Bd. 13, dtv, München 1962.

58 Robert Gernhardt: Dorlamm meint. Aus: Wörtersee, Verlag Zweitausendeins, Frankfurt 1981.

60 Christian Morgenstern: Das ästhetische Wiesel. Aus: Galgenlieder, dtv, München.

60 ff. Aus: Sämtliche Werke von Conrad Ferdinand Meyer, Benteli Verlag, Bern.

62 Timm Ulrichs: ordnung-unordnung. Aus: Konkrete Poesie, Hrsg. von Eugen Gomringer, Reclam 9359 (2), Ditzingen.

63 ff. Elisabeth Langgässer: Saisonbeginn. Aus: Erfundene Wahrheit. Deutsche Geschichten seit 1945. Hrsg. von Marcel Reich-Ranicki, Piper Verlag, München 1965.

70 f. Carlo Manzoni: Geschenkartikel. Aus: 100 x Signor Veneranda, Heyne-Verlag, München 1966.

73 Wolfdietrich Schnurre: Gehorsam. Aus: Protest im Parterre, Langen-Müller Verlag, München 1957.

75 Stefan George: Wer je die flamme umschritt. Aus: Sämtliche Werke in 18 Bänden, hrsg. v. der Stefan George-Stiftung, Stuttgart, Band 8: Der Stern des Bundes; bearb. v. Ute Oelmann. Klett-Cotta, Stuttgart 1993.

77 aus: Theodor Fontane; Werke, Schriften und Briefe, Hanser Verlag München 1978.

78 f. Wolfgang Borchert: Die Küchenuhr. Aus: Das Gesamtwerk, Rowohlt Verlag, Hamburg 1974.

81 Textausschnitt aus: Die neuen Leiden des jungen W. von Ulrich Plenzdorf, Hinstorff Verlag, Rostock 1973.

83 ff. Herbert Eisenreich: Am Ziel. Aus: Böse schöne Welt. Erzählungen, Scherz und Goverts, Stuttgart 1957.

86 ff. Text von Wolfgang Meyer. Aus: Die Zeit Nr. 45 vom 30.10.1981, Zeit Verlag Hamburg.

89 Textausschnitt aus: Max Frisch: Homo faber, Suhrkamp Verlag, Frankfurt/Main 1957.

89 Aus: Friedrich Schiller: Wilhem Tell II, 2. Aus: Werke und Briefe Bd. 5, hrsg. von M. Luserke, Deutscher Klassiker-Verlag Frankfurt a. M. 1996.

90 Heinrich Heine: Das Fräulein stand am Meere. Aus: Heine, hrsg. von M. Reich-Ranicki, Insel, Frankfurt a. M., 2. Aufl. 1998.

90 Rudolf Hartung: Weiß man nicht. Aus: Neue Rundschau 88, S. Fischer Verlag, Frankfurt/Main 1977.

91 Johann Wolfgang von Goethe: Gedichte sind gemalte Fensterscheiben. Aus: Werke, Kommentar und Register, hrsg. von E. Trunz, Beck, München, 13. Aufl. 1982, Bd. 1.

91 Erich Fried: Sprachlos. Aus: Die Freiheit, den Mund aufzumachen, Wagenbach-Verlag, Berlin 1972.

93 f. Franz Hohler: Was ich alles bin. Aus: Bundesdeutsch – Lyrik zur Sache Grammatik, Hrsg. von Rudolf Otto Wiemer, Peter Hammer Verlag, Wuppertal 1974.

94 f. Horst Bienek: Trauerarbeit. Aus: Gefundene Gedichte, Carl Hanser Verlag, München 1969.

98 Aus: Erich Kästner: Präzision. Aus: Gesammelte Schriften für Erwachsene, Droemer Knaur, Zürich 1969, Bd. 1.

99, 106 Eduard Mörike: Um Mitternacht. Aus: Der ewige Brunnen, hrsg. von L. Reiners, Beck, München 1955.

99, 103 Friedrich Hölderlin: Hälfte des Lebens. Aus. Sämtliche Werke und Briefe, hrsg. von M. Knaupp, Hanser, München 1992, Bd. 1.

103, 105 Bertolt Brecht: Heimkehr des Odysseus. a.a.O., Bd. 9.

107 f. Aus: Heinrich von Kleist: Michael Kohlhaas. Aus: Sämtliche Werke und Briefe, hrsg. von K. Müller-Salget, Deutscher Klassiker-Verlag, Frankfurt a. M. 1990, Bd. 1.

108 Aus: Joseph von Eichendorff: Aus dem Leben eines Taugenichts. Aus: Werke (nach den Ausgaben letzter Hand) Winkler, München, Bd. 2.

109 Textausschnitt aus: Thomas Mann: Tonio Kröger. Aus: Gesammelte Werke Bd. VIII, Fischer Verlag, Frankfurt/Main 1974.

110 Aus: James Joyce: Ulysses. Aus: Werke, hrsg. von H. Wollschläger, Suhrkamp, Frankfurt a. M. 1975, Bd. 3.

116 ff. Heinrich von Kleist: Das Bettelweib von Locarno, a. a. O.

121 ff. Ephraim Kishon: An den Leser. (Übersetzt von Friedrich Torberg) Aus: Arche Noah Touristenklasse, Langen-Müller-Verlag, München 1963.

125 Aus: Sophokles: Antigone, übers. von W. Kuchenmüller, Reclam, Stuttgart 1996.

125 Aus: Johann Wolfgang von Goethe: Götz von Berlichingen. Aus: Werke, Kommentar und Register, a. a. O. Bd. 4.

127 ff. Karl Valentin: Im Hutladen. Aus: Sturzflüge im Zuschauerraum, R. Piper Verlag, München 1969.

132 ff. Bertolt Brecht: Der Streit der Fischweiber, a.a.O., Bd. 7.

139 f. Kurt Tucholsky: Man sollte mal mitstenographieren. Aus: Gesammelte Werke in 10 Bänden, Bd. 5, S. 143 – 144, Rowohlt, Reinbek 1960.

141 Rainer Maria Rilke: Ich fürchte mich so vor der Menschen Wort. Aus: Sämtliche Werke, hrsg. vom Rilke-Archiv, Insel, Frankfurt a. M. 1975, Bd. 1.

141 Stefan George: Das Wort. Aus: Werke in zwei Bänden, hrsg. v. Robert Boehringer, Band 1, Klett-Cotta, Stuttgart 1958.

144 Aus: Gotthold Ephraim Lessing: Nathan der Weise. Aus: Werke und Briefe, hrsg. von Bohnen Schilson, Deutscher Klassiker-Verlag, Frankfurt a. M. 1993. Bd. 7.

144 Aus: Homer: Ilias, übers. von H. Voss, Stuttgart 1957.

146 Hugo von Hofmannsthal: Ballade des äußeren Lebens. Aus: Der ewige Brunnen, C. H. Beck Verlag, München 1955.

147 Hugo von Hofmannsthal: Sonett der Seele. Aus: Deutsche Dichter, ausgewählt von Erich Kirsch und Werner Ross, Diesterweg Verlag, Frankfurt/Main 1979.

In einigen Fällen ist es uns trotz intensiver Bemühungen nicht gelungen, die Rechteinhaber zu ermitteln. Für entsprechende Hinweise sind wir dankbar.

MENTOR ABITUR-HILFE

Band 526

Deutsch
Oberstufe

Texte analysieren und interpretieren

Arbeitstechniken und Methoden

Lösungsteil

Antje Kelle

Mentor Verlag München

Lösungen Teil A

Übung A1
S. 18

Die vervollständigten Sätze lauten:

1. Interpretation kann nur das leisten, was Sprach- und Sachkompetenz des Lesers ermöglichen. (S. 16)
2. Jede Aussage der Interpretation muss durch den Text belegt werden. (S. 17)
3. Interpretieren heißt nun, den Sinn eines Textes durch verstehende Auslegung zu erfassen; hierbei ist es unumgänglich, dass die Leser-Perspektive an der Deutung mitwirkt. Es ist jedoch durch textnahes Arbeiten die größtmögliche Erfassung der Autor-Perspektive anzustreben. (S. 17)

Übung A 2
S. 22

BÜCHNER (geb. 1813) schrieb das Fragment „Woyzeck" zwischen dem Herbst 1836 und seinem frühen Tod 1837. Hinter ihm lag ein kurzes Leben voller Spannungen zwischen sozialrevolutionärer Utopie und skeptischer Melancholie. Die Zustände in Deutschland – vor allem in Hessen – hatten ihn so aufgerüttelt, dass er sich politisch und dichterisch bedingungslos engagierte und auf der Suche war nach umfassender Neuorientierung.

In Kenntnis solcher außertextlichen Tatsachen kann das Anti-Märchen als Ausdruck radikaler Wertverunsicherung innerhalb einer deformierten Welt verstanden werden.

A + B

Lösungen Teil B

Übung B 1
S. 29

Marginalie bedeutet: Randbemerkung
Invektive bedeutet: Schmährede
ambivalent = doppelwertig
Spinett = Vorgänger des Klaviers
Clan = (schottischer) Familienverband

Übung B 2
S. 31

Beim Text von MARIE LUISE KASCHNITZ steht das gestörte Verhältnis zwischen einem Vater und seinen Söhnen im Mittelpunkt. (Dieses Kernthema kann als besonderes Beispiel für Generationskonflikte verstanden werden oder als Beispiel für allgemeine Störungen zwischenmenschlicher Beziehungen.)

Übung B 3
S. 32

Eine Inhaltsangabe könnte etwa so lauten:

Eine Gruppe erschöpfter Gefangener wird von einem russischen Soldaten durch die Stadt geführt – vermutlich zu einem Arbeitseinsatz. Eine zufällig hinzukommende Passantin schreit auf, läuft zu einem der Gefangenen und umarmt ihn schluchzend. Jeder durchschaut die Situation. Der russische Soldat vergewissert sich bei beiden, ob sie miteinander verheiratet sind, und fordert sie auf, gemeinsam fortzulaufen. Da sie ungläubig stehen bleiben, zieht die Gruppe weiter und lässt den Gefangenen mit seiner Frau zurück. Der Soldat holt sich unter Gewaltanwendung einen anderen Passanten zur erforderlichen Vervollständigung seiner Gruppe.

Übung B 4
S. 37

Dieser Text von FRANZ KAFKA gliedert sich durch einen auffälligen Satzbau: Ein drängendes Satzgefüge mit zahlreichen Einheiten, die mit *wenn* beginnen, spannt sich zu einem Gedankenstrich (Zeile 20) und mündet schließlich – gleichsam erlöst – in der lang erwarteten *dann*-Passage. Ein zweites kurzes Satzgefüge greift die Gedankenbewegung noch einmal steigernd auf.

Ein textnaher Vorschlag für die grafische Sichtbarmachung der Textstruktur:

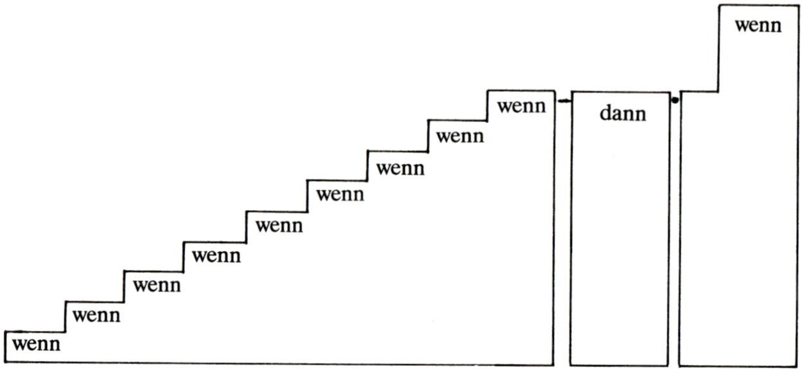

B

Übung B 5
S. 41

Gorbatschow verwendet im abgedruckten 1. Teil seiner Rede 5 x den Begriff *Havarie* (Zeile 8, 16/17, 19/20, 28 und 34).
Schon durch die bloße Verwendung dieses Begriffs wird ersichtlich, dass die Katastrophe verharmlost wird. Bei näherer Untersuchung bestätigt sich dies auch an zahlreichen anderen Stellen der Rede.

Übung B 6
S. 44

– Welches sprachliche Gestaltungsmittel wird eingesetzt?
  Zu unterstreichen wären hier wohl die Wörter:
  Bruchzone, Parteienlandschaft, Verwerfungslinien.

Es handelt sich um Metaphern, d. h. um den Gebrauch von Wörtern, die im übertragenen Sinne verwendet werden, in der Form eines Vergleichs ohne Vergleichswort *wie.*

– Welche Funktion hat das Stilmittel?
  Offensichtlich soll ein abstrakter Sachverhalt dem Leser verständlicher gemacht werden: Der Zustand im Staat lässt sich besser vorstellen, wenn man ihn mit etwas Bekanntem (hier: mit dem Zustand einer Landschaft) vergleicht.

– Welche Folgen ergeben sich für die Bedeutung?
  Diese uneigentliche Sprachwahl veranschaulicht, dass sich nach Meinung des Autors der Staat in einer schwierigen Lage befindet:
  So wie nach einem Erdrutsch oder einem Erdbeben das geologische Gleichgewicht gestört ist, so ist laut THEO SOMMER in unserem Staat einiges bisher Gültige *ins Rutschen* geraten und bedarf der Regulierung und Stabilisierung/Anpassung. Die metaphorische Ausdrucksweise unterstützt in ihrer Deutlichkeit einerseits den Krisencharakter dieser Situation, andererseits aber beschränkt sich die Aussagekraft des Vergleichs auf eine begrenzte Gefahrenstufe: Bruchzonen und Verwerfungslinien verursachen in der Regel zwar Probleme, jedoch keine heillosen Katastrophen.

– Haben Sie bemerkt, dass auch die Formulierungen *durchschreiten* und *ins Rutschen gerät* metaphorischer Art sind?

Übung B 7
S. 47

– Folgende Begriffe müssten im Text unterstrichen sein, da der Major an diesen Stellen deutlich etwas anderes sagt, als er tatsächlich meint:

  Gast (Zeile 50)
  Bitte, bitten (Zeile 76, 81, 82)

Schutz	(Zeile 81)
Vorzüge genießen	(Zeile 82)
Gefälligkeit	(Zeile 83)
Pakt	(Zeile 84, 85)

Es handelt sich jedesmal um dasselbe semantische Stilmittel des **Euphemismus** („Schön-Reden").

- Da bei allen angemerkten Textstellen ein negativer Sachverhalt mit einem beschönigenden Ausdruck umschrieben wird, hat dieses Stilmittel hier die Aufgabe, den wahren Sachverhalt jeweils zu vertuschen:

Gast	(statt: Gefangener)
Bitte, bitten	(statt: Befehl, befehlen)
Schutz	(statt: Gewalt)
Vorzüge genießen	(statt: Zwänge erleiden)
Gefälligkeit	(statt: Befehlsausführung)
Pakt	(statt: unterordnende Anerkennung)

Mehrmals nähert sich die beschönigende Redeweise schon so stark dem Gegenteil dessen, was gemeint ist, dass das euphemistische Gestaltungsmittel bereits in Ironie umschlägt.

- Durch solche Sprechweise stellt LENZ – ohne zusätzliche Charakterbeschreibung – den Major als einen Mann dar, dem es nicht auf Wahrhaftigkeit seiner Worte ankommt, sondern auf deren Wirkung. Da er seine Worte gezielt zu setzen versteht, gewinnt der Zuschauer außerdem das Bild eines psychologisch und rhetorisch geschulten Menschen, der andere durch seine Sprechweise stark zu beeinflussen versucht.
- Der Konsul bedient sich in Zeile 76/77 einmal desselben Stilmittels, wenn er die *Bitte* als *Vorsichtsmaßnahme* bezeichnet.

B

Übung B 8
S. 52

- Der Tempuswechsel erfolgt in BÖLLS „Anekdote zur Senkung der Arbeitsmoral" vor dem letzten Absatz: Dort wechselt das bisherige Präsens in das Imperfekt/Präteritum (*zog, blieb*), das in kurzer Rückblende ins Plusquamperfekt (*hatte geglaubt*) springt.
- Der Tempuswechsel grenzt die eigentliche Begebenheit äußerlich von ihrem Nachspiel ab.
- Die Verwendung des Präsens vermittelt dem Leser den Eindruck, als sei er Zeuge eines einmaligen Geschehens, das mit dem Tempuswechsel abgeschlossen ist. Der Wechsel ins Imperfekt schafft einerseits für den Leser einen Beobachtungsabstand und lässt andererseits die inneren Nachwirkungen des Erlebnisses beim Touristen als nachhaltiges *Bohren* erscheinen. (Das Imperfekt/Präteritum ist das Tempus der „dauernden Vergangenheit", einer Zeit also, die noch nicht abgeschlossen ist.)

Übung B 9
S. 56

- In BRECHTS kurzer „Geschichte vom Herrn Keuner" sind in der wörtlichen Rede zwei Satzglieder gleichlaufend angeordnet:

Der Denkende benützt

kein Licht	*zuviel,*
kein Stück Brot	*zuviel,*
keinen Gedanken	*zuviel.*

Es handelt sich um drei verschiedene Akkusativ-Objekte (Satzgliedfrage: wen oder was?) und drei gleiche adverbiale Bestimmungen der Art und Weise (Satzgliedfrage: auf welche Art und Weise?/wie?). Solche parallele Anordnung mehrerer Satzglieder nennt man **Parallelismus.**

– Durch solchen Satzbau wird eine enge Verbindung der parallel angeordneten Satzglieder hergestellt: *Licht – Brot – Gedanke.* Der Satz erhält zugleich durch die gleichmäßige Betonung beim Sprechen eine auffällige Akzentuierung, die ihn über die Alltagssprache hinaushebt und ihm besonderes Gewicht verleiht.

– Und was folgt hieraus für die Bedeutung des Satzes? Dass die Begriffe *Licht – Brot – Gedanke* auf diese Weise eng miteinander verknüpft werden, gibt dem Gedanken denselben Stellenwert, den Licht und Brot für den Menschen haben. Ohne zusätzliche Erläuterungen kommt damit dem Gedanken ein hoher Wert als elementarer Größe zu.
Die dreifachen Maßangaben *kein ... zuviel* betonen außerdem, dass der Denkende das rechte Maß im Ein- und Abschätzen der Dinge besitzt.

Übung B 10
S. 56

– Grundsätzlich gibt es im Deutschen zwei Arten der Satzverknüpfung:
1. **Satzreihe**
   Sie besteht aus mehreren aneinandergereihten Hauptsätzen. Da die einzelnen Sätze einander gleichrangig nebengeordnet sind, nennt man diese Art der Satzverknüpfung auch: **Parataxe** (griech. „Neben-Ordnung").
   Beispiel:
   Morgen gehen wir ins Kino, und hinterher wollen wir uns noch mit den anderen treffen.
2. **Satzgefüge**
   Es besteht aus mindestens einem Hauptsatz mit einem Gliedsatz. Da Gliedsätze den Hauptsätzen untergeordnet sind, nennt man diese Art der Satzverbindung auch: **Hypotaxe** (griech. „Unter-Ordnung").
   Beispiel:
   Ich fahre nachher in die Stadt, um mir eine CD zu kaufen.

– 1. Da die Teil-Sätze von Satzreihen gleichrangig sind, sind sie zur Mitteilung gleichwertiger Aussagen geeignet. Hierbei bilden die einzelnen Aussagen jeweils in sich geschlossene Gedankeneinheiten.

2. Da Haupt- und Gliedsätze nicht gleichrangig sind, sind Satzgefüge zur Mitteilung von Aussagen unterschiedlicher Wichtigkeit geeignet. Hierbei herrscht zwischen den Teil-Sätzen eine enge, logisch eindeutige Beziehung. (Z. B. Aussage A begründet Aussage B. C folgt aus D. E ereignet sich während F.)

– Die links abgebildete Marktfrau gibt durch Verwendung von einzelnen Hauptsätzen oder Satzreihen jedem Teil-Satz ein besonderes Gewicht. Der Vorübergehende versteht sie auch dann, wenn er nur einen einzelnen Satz hört.
Die rechts abgebildete Marktfrau drückt sich in komplizierteren Satzgefügen aus, die sorgfältige logische Zuordnung der Gedanken aufweisen. Der Vorübergehende versteht sie nur dann, wenn er das vollständige Satzgefüge hört.
Um die Aufmerksamkeit der Marktbesucher zu erregen und wegen der beabsichtigten Werbewirkung ist hier dem Stilmittel der Satzreihe eindeutig der Vorzug zu geben.

Übung B 11
S. 59

Beispiele für bekannte Werbesprüche, an deren Wirkung die Wiederholung der Lautgestalt maßgeblich beteiligt ist, wären etwa:
Milch macht müde Männer munter.
Sanso wäscht Wolle wollig weich.
Wer schafft, braucht Kraft, braucht Buerlecithin flüssig.
Erst gurten, dann spurten.
Pack den Tiger in den Tank.

Nehmt den Husten nicht so schwer, jetzt kommt der Hustinettenbär.
Mars macht mobil bei Arbeit, Sport und Spiel.

Übung B 12
S. 63

Übung B 13
S. 63

B

Die Vorarbeiten zur Textanalyse zielen darauf ab, sich auf den Text einzulassen und ihn intensiv kennen zu lernen:

- Es handelt sich um eine vollständig abgedruckte Kurzgeschichte, die kurz nach dem Krieg – d. h. auch kurz nach den Judenverfolgungen in Deutschland – entstanden ist.
  Auf die Textart Kurzgeschichte deuten u. a. hin:
  – Äußere Form: Offenheit
  (keine Einleitung, kein Schluss)
  – Thema: alltägliche Begebenheit
  (kein herausragendes Ereignis)
  – Darstellungsart: Zeitverdichtung
  (Konzentrierung auf wesentlichen Zeitausschnitt)
  – Sprache: Mehrdeutigkeit
  (durch Anspielungen und Symbole)

- Lesen / Unterstreichen / Kommentieren könnte zu folgendem Ergebnis führen:

doppeldeutig: 1. Kurbeginn 2. Anfang einer Judenverfolgung

Leitbegriffe: × Schild o Inschrift

Saisonbeginn (1947)
Die Arbeiter kamen mit ihrem Schild und einem hölzernen Pfosten, auf den es genagelt werden sollte, zu dem Eingang der Ortschaft, die hoch in den Bergen an der letzten Paßkehre lag. Es war ein heißer Spätfrühlingstag, die Schneegrenze hatte sich schon hinauf zu den Gletscherwänden gezogen. Überall standen die Wiesen wieder in Saft und Kraft; die Wucherblume verschwendete sich, der Löwenzahn strotzte und blähte sein Haupt über den milchigen Stengeln; Trollblumen, welche wie eingefettet mit gelber Sahne waren, platzten vor Glück, und in strahlenden Tümpeln kleinblütiger Enziane spiegelte sich ein Himmel von unwahrscheinlichem Blau. Auch die Häuser und Gasthöfe waren wie neu: ihre Fensterläden frisch angestrichen, die Schindeldächer gut ausgebessert, die Scherenzäune ergänzt. Ein Atemzug noch: dann würden die Fremden, die Sommergäste kommen – die Lehrerinnen, die mutigen Sachsen, die Kinderreichen, die Alpinisten, aber vor allem die Autobesitzer in ihren großen Wagen … Röhr und Mercedes, Fiat und Opel, blit-

Schein ↕ Sein

zend von Chrom und Glas. Das Geld würde anrollen. Alles war darauf vorbereitet. Ein Schild kam zum andern, die Haarnadelkurve zu dem Totenkopf, Kilometerschilder und Schilder für Fußgänger: Zwei Minuten zum Café Alpenrose. An der Stelle, wo die Männer den Pfosten in die Erde einrammen wollten, stand ein Holzkreuz, über dem Kopf des Christus war auch ein Schild angebracht. Seine Inschrift war bis heute die gleiche, wie sie Pilatus entworfen hatte: J. N. R.J. – die Enttäuschung darüber, daß es im Grund hätte heißen sollen: er *behauptet* nur, dieser König zu sein, hatte im Lauf der Jahrhunderte an Heftigkeit eingebüßt. Die beiden Männer, welche den Pfosten, das Schild und die große Schaufel, um den Pfosten in die Erde zu graben, auf ihren Schultern trugen, setzten alles unter dem Wegekreuz ab; der dritte stellte den Werkzeugkasten, Hammer, Zange und Nägel daneben und spuckte ermunternd aus.
Nun beratschlagten die drei Männer, an welcher Stelle die Inschrift des Schildes am besten zur Geltung käme; sie sollte für alle, welche das Dorf auf dem breiten Paßweg betraten, besser: befuhren, als Blickfang dienen und nicht zu verfehlen sein. Man kam also überein, das Schild kurz vor dem Wegekreuz anzubringen, gewissermaßen als Gruß, den die Ortschaft jedem Fremden entgegenschickte. Leider stellte sich aber heraus, daß der Pfosten dann in den Pflasterbelag einer Tankstelle hätte gesetzt werden müssen – eine Sache, die sich von selbst verbot, da die Wagen, besonders die größeren, dann am Wenden behindert waren. Die Männer schleppten also den Pfosten noch ein Stück weiter hinaus bis zu der Gemeindewiese und wollten schon mit der Arbeit beginnen, als ihnen auffiel, daß diese Stelle bereits zu weit von dem Ortsschild entfernt war, das den Namen angab und die Gemeinde, zu welcher der Flecken gehörte. Wenn also das Dorf den Vorzug dieses Schildes und seiner Inschrift für sich beanspruchen wollte, mußte das Schild wieder näherrücken – am besten gerade dem Kreuz gegenüber, so daß Wagen und Fußgänger zwischen beiden hätten passieren müssen.
Dieser Vorschlag, von dem Mann mit den Nägeln und dem Hammer gemacht, fand Beifall. Die beiden anderen luden von neuem den Pfosten auf ihre Schultern und schleppten ihn vor das Kreuz. Nun sollte also das Schild mit der Inschrift zu dem Wegekreuz senkrecht stehen; doch zeigte es sich, daß die uralte Buche, welche

religiöses Symbol:

gerade hier ihre Äste mit riesiger Spanne nach beiden Seiten wie eine Mantelmadonna ihren Umhang entfaltete, die Inschrift° im Sommer verdeckt und ihr Schattenspiel deren Bedeutung verwischt, aber mindestens abgeschwächt hätte.

Golgatha: Schild = Verbrechen!

Es blieb daher nur noch die andere Seite neben dem Herrenkreuz, und da die erste, die in das Pflaster der Tankstelle überging, gewissermaßen den Platz des Schächers zur Linken bezeichnet hätte, wurde jetzt der Platz zur Rechten gewählt und endgültig beibehalten. Zwei Männer hoben die Erde aus, der dritte nagelte rasch das Schild[x] mit wuchtigen Schlägen auf; dann stellten sie den Pfosten gemeinsam in die Grube und rammten ihn rings von allen Seiten mit größeren Feldsteinen an.

B

Reaktion:

- Eifer

- Unsicherheit

Gedankenlosigkeit

Ihre Tätigkeit blieb nicht unbeachtet. Schulkinder machten sich gegenseitig die Ehre streitig, dabei zu helfen, den Hammer, die Nägel hinzureichen und passende Steine zu suchen; auch einige Frauen blieben stehen, um die Inschrift° genau zu studieren. Zwei Nonnen, welche die Blumenvase zu Füßen des Kreuzes aufs neue füllten, blickten einander unsicher an, bevor sie weitergingen. Bei den Männern, die von der Holzarbeit oder vom Acker kamen, war die Wirkung verschieden: Einige lachten, andere schüttelten nur den Kopf, ohne etwas zu sagen; die Mehrzahl blieb davon unberührt und gab weder Beifall noch Ablehnung kund, sondern war gleichgültig, wie sich die Sache auch immer entwickeln würde. Im ganzen genommen konnten die Männer mit der Wirkung zufrieden sein. Der Pfosten, kerzengerade, trug das Schild[x] mit der weithin sichtbaren Inschrift°, die Nachmittagssonne glitt wie ein Finger über die zollgroßen Buchstaben hin und fuhr jeden einzelnen langsam nach wie den Richtspruch auf einer Tafel …

Inschrift = Verurteilung

!

Auch der sterbende Christus, dessen blasses, blutüberronnenes Haupt im Tod nach der rechten Seite geneigt war, schien sich mit letzter Kraft zu bemühen, die Inschrift° aufzunehmen: man merkte, sie ging ihn gleichfalls an, welcher bisher von den Leuten als einer der ihren betrachtet und wohlgelitten war. Unerbittlich und dauerhaft wie sein Leiden, würde sie ihm nun für lange Zeit schwarz auf weiß gegenüberstehen.

!

Als die Männer den Kreuzigungsort verließen und ihr Handwerkszeug wieder zusammenpackten, blickten alle drei noch einmal befriedigt zu dem Schild[x] mit der Inschrift° auf. Sie lautete: „In diesem Kurort sind Juden unerwünscht."

Parallelität: Aufstellen des Schildes = erneute Kreuzigung

Lösungen Teil C

C

Übung C1 S. 73

Anregung für eine Interpretationsgliederung nach Aufbauprinzip 3, nach dem ein Text als Antwort des Autors auf unausgesprochene Fragen verstanden wird:

1.1 Um was für ein Ehepaar geht es in der Fabel?
(Ungleichheit: biologische Verschiedenheit)

1.2 Welches Rollenverständnis haben die Ehepartner?
(Herrschaftsverhältnis: Machtanspruch ↔ Gehorsam)

2.1 Mit welchem Problem werden sie konfrontiert?
(Sachzwänge: Unlösbarkeit)

2.2 Welche Problemlösung wird angestrebt?
(Scheinlösung: Forderung ↔ Anpassung)

3.1 Welcher Mitteilung dient die Fabel?
(Aussage: unangemessen-blinder Gehorsamsanspruch)

3.2 Welche Wirkung geht von der poetischen Einkleidung aus?
(Tierbeispiel: Allgemeingültigkeit und Indirektheit)

Übung C2 S. 75

Unter Verwendung der eingeführten Verfahren könnte die Interpretationsaussage folgendermaßen belegt werden:

1. Die Inschrift kommt einer Verurteilung gleich, denn *die Nachmittagssonne glitt wie ein Finger über die zollgroßen Buchstaben hin und fuhr jeden einzelnen langsam nach wie den Richtspruch auf einer Tafel ...* (Zeile 72–75).
2. Die Inschrift kommt einer Verurteilung gleich, da sie mit einem Richtspruch verglichen wird, über den die Sonne bedeutungsvoll hinweggleitet (vgl. Zeile 72–75).
3. Die Inschrift kommt einer Verurteilung gleich (vgl. Zeile 72–75).

Übung C3 S. 77

Tipp 1:

Wir ersetzen das Wort *erledigt* durch *gelöst*, *geklärt* und *beantwortet*, sodass es heißt:
Die Fragen alle sind erledigt.
Die Fragen alle sind gelöst.
Die Fragen alle sind geklärt.
Die Fragen alle sind beantwortet.

Bei allen Ersatzproben hat sich nun der Sinn leicht verschoben: *gelöst* klingt positiv und vermittelt den Eindruck, als seien mit den Fragen auch die Probleme verschwunden; auch *geklärt* und *beantwortet* heben die Fragen von innen her auf, sodass von ihnen nichts Bohrendes mehr bleibt. Alle Ersatzwörter bezeichnen tiefe, grundsätzliche Vorgänge. *Erledigen* dagegen ist eine formale Tätigkeit im Sinne des bloßen Ausführens. Daher ist etwas, das *erledigt* ist, zwar äußerlich vollständig abgeschlossen/beendet: aber es bleibt offen, ob es auch wirklich zu Ende geführt ist. (Durch den Doppelsinn *erledigen = töten* stellt sich zusätzlich noch eine Nebenbedeutung ein im Sinne von *abgestorben/tot*.)

Die Ersatzprobe macht also deutlich, dass der formalen Beseitigung der Fragen mehr Bedeutung beigemessen wird als ihrer grundsätzlichen Klärung (vgl. hierzu auch Zeile 4).

Tipp 2:

Streichen wir das letzte Wort in Zeile 8, so bleibt der Satz stehen:
Und allgemeine Menschenschwäche
Wird unser Trost(- und Losungs)wort.

Nun fehlt Entscheidendes: ein *Losungswort* ist zum einen ein Erkennungszeichen, das dem Eingeweihten gewisse Rechte zuerkennt und ihm Legitimationsansprüche verschafft; zum anderen bedeutet es eine Art Leitwort, das die Aufgabe einer Richtlinie hat. Fehlt dieser Begriff nun, so büßt der Gedanke der *allgemeinen Menschenschwäche* erheblich an Gewicht ein, und überpersönliche Bedeutsamkeit verflacht zu privater Nützlichkeit.
Die Lücke bei vorübergehender Streichung von *Losungswort* macht also den Stellenwert der Einsicht in Zeile 7 bewusst.

C

Tipp 3

Zur *Predigt* könnten spontan folgende Assoziationen einfallen:
Wahrheit – Weisheit – Lehre – Botschaft – ernst – wesentlich – grundsätzlich – hilfreich ...
Alle diese Assoziationen stufen den Inhalt der Predigt hoch ein. Da dieser Aspekt auch zum übrigen Text passt, kann er zum Interpretationsansatz der letzten beiden Zeilen werden.

Übung C 4
S. 80

Unter einer *Chiffre* versteht man ein unverständliches Schriftzeichen, ein verschlüsseltes Zeichen, das nur Kenner entziffern können. Für die Deutung kommen folgende Schwerpunkte in Frage:

- ihr Zeichencharakter
- ihre Verschlüsselungsmethode
- ihr Geheimnisgehalt
- ihre Unverständlichkeit

Da im Kontext von Erkennen und plötzlicher Sinnerfassung die Rede ist (Zeile 2), die Licht ins Dunkel bringt (Zeile 5, 6), geht vor allem der letztgenannte Schwerpunkt in die Deutung ein: Im (vorübergehenden) „Aha-Erlebnis" versteht das lyrische Ich das, was bisher unverständlich war.

Übung C 5
S. 83

Das Geschehen wird aus drei verschiedenen Blickwinkeln gezeigt:

Z. 1 – 81: Perspektive der Hauptperson
Z. 82 – 110: Perspektive der Hauptperson, vermischt mit Perspektive eines Beobachters
Z. 110 – 139: Perspektive eines Beobachters

Solcher Wechsel von der Innen- zur Außensicht macht es möglich, den Irrtum der Hauptperson aufzudecken: Der Leser wird zunächst Zeuge der Vorstellungen und Erinnerungen der Hauptperson, um dann schrittweise die wahren Zusammenhänge zu erfahren.

Übung C 6
S. 94

Da das Gedicht stereotype Redewendungen aus Todesanzeigen in einer Art Montage-Technik aneinander reiht, liegt die Vermutung nahe, dass es sich um ein modernes Gedicht handelt. Der Text stammt von dem zeitgenössischen Autor Horst Bienek.

Übung C 7
S. 98

Der Rhythmus dieses Textes erschließt sich am besten, wenn man beide Strophen laut liest:

Man hört, dass das Gedicht zwei Abschnitte aufweist, in denen eine gleichmäßige Sprechbewegung vorliegt, wobei jeweils immer eine betonte und eine unbetonte Silbe jambisch miteinander abwechseln: Dies strahlt Ruhe aus, die dem dargestellten Augenblick entspricht: der mitternächtlichen Stunde, in deren Gleichmaß die Zeit stillzustehen scheint.

Von diesen Textteilen heben sich ebenso hörbar zwei andere Abschnitte ab, deren Rhythmus einen raschen, drängenden Charakter hat. Hier wechselt meist eine betonte Silbe mit zwei unbetonten ab, sodass eine heftige Lautbewegung entsteht. Auch dieser Rhythmus entspricht dem Thema und begleitet durch die klangliche Akzentuierung der Daktylen die sprudelnde Bewegung des Quellwassers.

Das Gedicht hat die Reimstruktur
aa, bb, cc, d = d
ff, gg, hh, d = d.

Diejenigen Abschnitte, die von der träumenden Nacht handeln, verwenden nur den gleichmäßigen Paarreim mit stumpfem Versausgang und unterstreichen so die nächtliche Ruhe.

In denjenigen Passagen dagegen, die von den Quellen handeln, wird jeweils ein echter Paarreim von einem Refrain abgeschlossen, dessen Paarreim dasselbe Wort wiederholt: *Tage.* Hierdurch entsteht eine Gegenbewegung zum lebhaften Rhythmus dieser Verszeilen – als ob die träumende Nacht das quirlige Wasser bändigen wolle.

- Mörike arbeitet zur Veranschaulichung in dreifacher Weise mit indirekten Vergleichen:

  1. Durchgängig setzt er das Mittel der Personifikation ein, indem er Nacht und Quellen so darstellt, als seien sie Personen: Die Nacht sieht, hört, fühlt und bewegt sich wie ein Mensch, die Quellen reden und singen wie Menschen. Dadurch entsteht das Bild einer harmonischen Welt, deren Teile in einem lebendigen Ganzen zusammengehören. Dieses Stilmittel ermöglicht außerdem Aussagen, die entscheidend zur Wiedergabe der Stimmung beitragen, z. B. *Gelassen stieg die Nacht ans Land* (Z. 1) statt *Es wurde langsam Nacht.*

  2. An zwei Stellen verwendet Mörike eine Metapher, d. h. einen Vergleich ohne das Vergleichswort *wie:*
     Zum einen setzt er den Zeitpunkt der Mitternacht dem Moment gleich, in dem sich zwei Waagschalen in der Balance befinden (Z. 3/4 und 12); solches Bild erweckt den Eindruck der Zeitlosigkeit, als hielte die Welt zur Mitternacht gleichsam den Atem an.
     Zum anderen bezeichnet Mörike die Nacht als *Mutter* (Z. 6); dadurch wird der Gegensatz zwischen Nacht und Quellen – Ruhe und Bewegung – aufgehoben und in eine wechselseitige Ergänzung umgewandelt.

  3. An einer Stelle benutzt Mörike das Stilmittel der Synästhesie, bei dem ein Sinneseindruck (hier durch das Auge: *des Himmels Bläue*/Z. 11) mit einem anderen Sinneseindruck verknüpft wird (hier durch das Ohr: *klingt*/Z. 11); dadurch wird ihre Wahrnehmung so intensiviert, dass es den Anschein hat, als sauge der mitternächtliche Zeitenwechsel die ganze Welt in sich auf.

Eduard Mörikes Gedicht „Um Mitternacht“ hält jenen Augenblick fest, der den alten Tag beendet und den neuen beginnen lässt. Dieser Wendepunkt zwischen gestern und morgen ist gewissermaßen zeitlos, da er lediglich die punktuelle Berührung zweier gleicher Zeiteinheiten markiert.

Übung C 8
S. 106

Dieser Gedanke wird im Gedicht in das Bild einer Waage umgesetzt, deren Schalen sich in schwebender Balance befinden (Z. 3/4). Solcher Vergleich bringt einerseits die Kontinuität zeitlicher Abläufe zum Ausdruck (*in gleichen Schalen* / Z. 4, *gleichgeschwungenes Joch* / Z. 12) und veranschaulicht zugleich, dass die Zeit an ihren Schaltstellen stillzustehen scheint (Z. 4).

Das Zusammenspiel von Ruhe und Bewegung findet seine Entsprechung in der Welt, die die Mitternacht erlebt: Hauptfigur ist die personifizierte Nacht, der menschliches Leben eingehaucht zu sein scheint. Sie ruht in sich selbst (*gelassen* Z. 1, *lehnt* / Z. 2), ohne leblos zu sein (*stieg* / Z. 1); sie gibt sich *träumend* (Z. 2) der momentanen Stimmung hin und hängt inneren Bildern nach (Z. 11), ohne den Blick für die Außenwelt zu verlieren (Z. 3). Dass ihre Sinneseindrücke von Auge und Ohr in der Erinnerung unlösbar verschmelzen und seelisches Wohlbefinden hervorrufen (Z. 11), deutet auf tiefe Empfindungen hin, die sich durch nichts ablenken lassen (Z. 9/10). Die personifizierte Nacht zeigt sich also als ein Wesen, das im Einklang mit sich selbst steht und seelische Ausgeglichenheit ausstrahlt. Diese Haltung spiegelt sich auch im jambischen Rhythmus der Zeilen wieder (Z. 1 – 4, 9 – 12): Gleichmaß und Ruhe bestimmen die Sprechbewegung und lassen den Leser hörbar an der nächtlichen Stimmung teilnehmen.

C

Einen Gegenpol hierzu bilden die Quellen, von denen in dynamisch-drängenden Daktylen die Rede ist (Z. 5 – 8, 13 – 16): Sie machen sich – ebenfalls personifiziert – lebhaft und lautstark bemerkbar (Z. 5/6 und 13/14), wobei geräuschvolle Bewegung zu ihrem Wesen dazugehört; denn *es singen die Wasser im Schlafe noch fort …* (Z. 14). Sie sind vorwitzig (Z. 5) und nicht zu bremsen (Z. 13), fügen sich aber in die feierliche Stille ein, indem sie *singen* (Z. 6, 14), d. h. eine wohlklingende Form der Mitteilung wählen.

Wenn auch die momentane Ruhe der Mitternacht und die dauerhafte Lebendigkeit des Wassers einander zu widersprechen und zeitloser Stillstand und fließende Bewegung sich auszuschließen scheinen, so bilden sie jedoch keinen Gegensatz, sondern eine Ergänzung. Dies kommt im Wort *Mutter* (Z. 6) zum Ausdruck, das (unausgesprochen) die quellenden Wasser zu Kindern der Nacht macht. Damit bedingen sie sich wechselseitig, bilden also erst zusammen ein Ganzes.

Da es den Zeitpunkt der Mitternacht im natürlichen Weltgeschehen nicht gibt, könnte das Gedicht als Gleichnis zu verstehen sein, in dem mit dem harmonischen Naturbild das Spannungsverhältnis zwischen Ruhe und Bewegung, zwischen Sein und Werden, einer höheren Einheit zugeführt wird.

In Zeile 21 vollzieht sich ein Perspektivenwechsel: Während vorher alles aus der Sicht eines außenstehenden Beobachters dargestellt wird, hat der Leser nun unmittelbar teil an Tonios Gedanken.

Übung C 9
S. 109

Setzt man die Zeitstruktur des Textes von Herbert Eisenreich in eine Skizze um, so wird sichtbar, dass weite Teile der Kurzgeschichte den spannungsreichen Augenblicken der Erwartung gewidmet sind, von denen sie sich zeitdehnend auf die Vorgeschichte richten. Dies ändert sich nach einer Übergangsphase jedoch völlig durch eine Vorausdeutung (Z. 93/94); von diesem Moment an wird die Darstellung stark beschleunigt und kommt in Zeitdeckung, Raffung und Auslassung rasch zum Ende.

Übung C 10
S. 112

Die grafische Umsetzung müsste dann etwa folgendermaßen aussehen:

Fortsetzung Übung C10

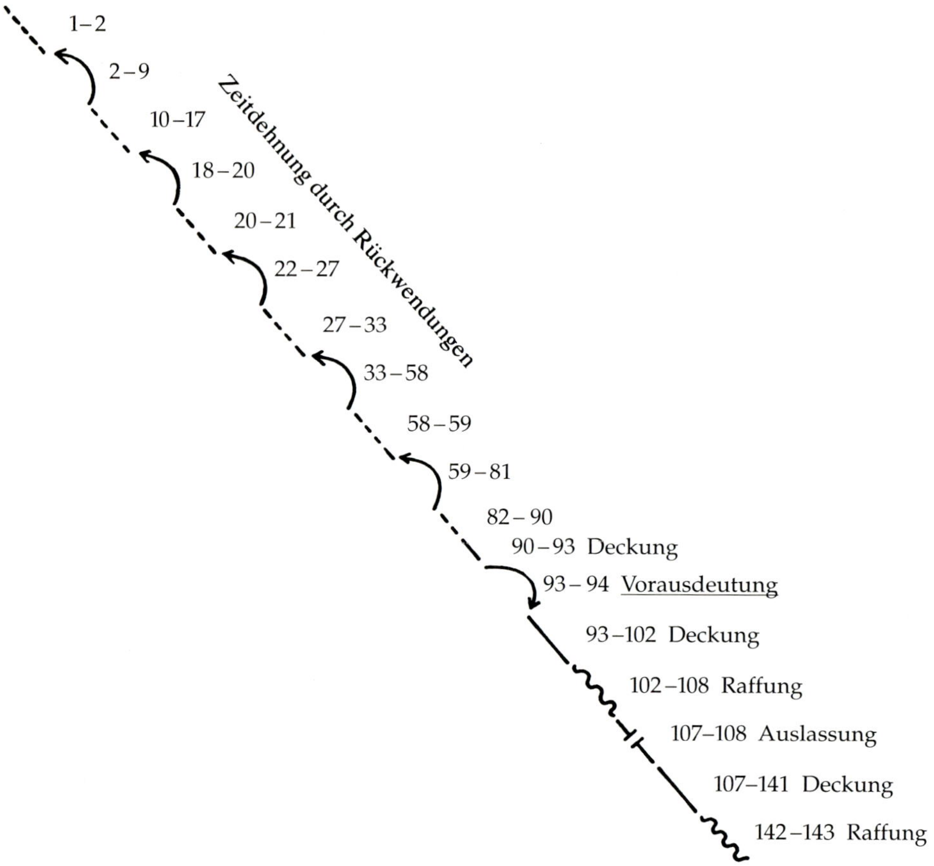

Übung C 11
S. 112

Die Abschnitte Thema und Aufbau der Stoffsammlung könnten folgendermaßen ausgeführt sein:

Thema: Verfehlung des Lebensziels durch einseitig-verzehrende Berufsplanung

Aufbau: Aus Darstellungsperspektive und Zeitstruktur ergibt sich:

1 Die psychische Wirklichkeit:
Zeile 1–81 Einblick in seelische Vorgänge der Hauptperson in Form zeitdehnender erlebter Rede (dreimal kurz unterbrochen durch auktoriale Einmischung: Z. 10, 58, 61): Situationsanalyse mithilfe von Rückblenden zur Vorgeschichte (Z. 2–9, 17–20, 22–27, 33–58, 59–81).

2 Die physische Wirklichkeit:
Zeile 82–110: Entlarvung des Scheins durch allmähliche Blickverschiebung zu äußerlich feststellbaren Gegebenheiten (schrittweises Sichtbarwerden des auktorialen Erzählers).
– Übergangsphase, Zeile 82–90, 90–102
– abruptes Ende in Zeitraffertechnik, Zeile 102–110

3 Die berufliche Wirklichkeit:
Zeile 110 – Schluss: Entlarvung des Scheins durch Einblick in die wahren Zusammenhänge.

Übung C 12
S. 116

Die Fortsetzung der Interpretation könnte so lauten:

Im Gegensatz zu Herrn Leisigers Wunschvorstellungen sieht die berufliche Wirklichkeit nämlich ganz anders aus: Seine Vorgesetzten haben seine Machenschaften längst durchschaut (vgl. Z. 124–129) und beabsichtigen nicht, ihn zu befördern (vgl. Z. 121 und 139–141).

Allerdings unterscheiden sich die Herren grundsätzlich keineswegs von ihm. Auch sie sind blutleer und einseitig. Der Minister a. D. wirkt *ausgetrocknet* (Z. 113), der kommerzielle Direktor hat ein *Gesicht wie eine Uhr* (Z. 117). Der technische Direktor ist ein *wie von dauerndem Sitzen geformter Mann* (Z. 119), und wenn er meint, sein Denken ließe sich *wie eine seiner Maschinen* (Z. 131) schalten, so fehlt auch ihm das individuell Menschliche. Außerdem ist aus ihrem behäbig-desinteressierten Verhalten zu schließen, dass ihr berufliches Engagement recht abgestumpft ist (Z. 121/122, 132/133 und 137–139). Auch in ihrem Berufsethos unterscheiden sie sich kaum von Herrn Leisiger: Denn nicht dessen Verhalten macht sie nachdenklich, sondern seine Selbsteinschätzung, *wenn er glaubte, der erste und einzige zu sein, der auf solche Weise sich emporzuschrauben gedachte* (Z. 125/126). Sie scheinen sich auszukennen in den Methoden beruflichen Aufstiegs, und angesichts der Zeilen 127–129 kommt im Leser fast der Verdacht auf, als hätten sie selbst nur einen geschickteren, nicht aber einen ehrenwerteren Weg gewählt, um ihre jetzigen Positionen zu erreichen.

Die Aufdeckung der beruflichen Wirklichkeit offenbart also nicht nur den Irrtum des Herrn Leisiger, sondern auch die Tatsache, dass er kein Einzelfall ist.

Damit ergibt sich als Gesamtaussage die Kritik an der Einstellung der Menschen, die berufliches Fortkommen um jeden Preis für das höchste Lebensziel halten.

Übung C 13
S. 120

Vorschlag zu einer Interpretation, die der Gliederung auf Seite 120 entspricht:

Durch gedankenloses Fehlverhalten eines Schlossherrn kommt eine alte, gebrechliche Bettlerin in einem Raum seines Schlosses zu Tode. Jahre danach spukt es im Schloss, die Bettlerin scheint sich wieder im Schloss aufzuhalten und die Begebenheiten der Nacht ihres Todes scheinen sich zu wiederholen. Der Schlossherr geht diesem Vorfall mehrfach nach, und als kein Zweifel mehr an der Echtheit des Spuks besteht, legt er kopflos das Schloss in Asche, wobei er selbst umkommt.

Einleitung und Schlusssatz (vor allem Z. 3–7 und 90/91) stellen durch Vorausdeutung und Rückwendung eine eindeutige Beziehung zwischen der Schlosszerstörung und dem zurückliegenden Vorfall her, sodass auch der Spuk in diesen Zusammenhang einzubetten ist: Das Verhalten des Marquese führte den Tod der Bettlerin herbei. Der Spuk ruft das längst vergessene Ereignis (Z. 29) in Erinnerung, das ihn nun nicht mehr loslässt und ihn so sehr aus der Ruhe bringt, dass er *gleich einem Rasenden* (Z. 81) nicht mehr Herr seiner Handlungen ist.

Was für Menschen sind nun in diese Geschehnisse verstrickt? Die Marquise wird als aktiver Mensch dargestellt, aber ihre Eigeninitiative setzt erst ein, wenn sie von außen vorbereitet ist: Sie gibt der Bettlerin zwar ein Lager (Z. 6/7), aber erst nachdem diese bereits gebettelt hatte (Z. 5). Sie fordert ihren Mann zwar auf, dem Spuk ein weiteres Mal nachzugehen (Z. 51), aber erst nach dessen vorangegangener Untersuchung (Z. 48). Sie versucht zwar, ihren Mann zu retten (Z. 87/88), aber erst als es zu spät ist (Z. 84). Ihre Aktivitäten sind also nicht selbstgesteuert.

Auch der Marquese ist kein passiver Mensch. Aber entweder handelt er gedankenlos wie bei seinem Verhalten der Bettlerin gegenüber (Z. 8–10), oder es gelingt ihm nur kurze Zeit, seine Handlungen mit klarem Kopf zu steuern (Z. 40/41), wie aus seiner wachsenden Verunsicherung (Z. 49), *Herzklopfen* (61) und nervlichen Überreizung (Z. 85) ersichtlich ist. KLEIST stellt hier Menschen dar, deren Handlungsfähigkeit begrenzt ist.

Sprachlich spiegelt sich dies an zwei Stellen wieder: Z. 6 signalisiert im Passiv, dass es nicht wesentlich ist, dass die Marquise selbst Hand angelegt hat, und das unpersönliche Prädikat in Z. 17 erweckt den Eindruck, dass angesichts der Zeitumstände dem Marquese kein großer Handlungsspielraum bleibt.

So wie der Handlungsimpuls ist auch die Sensibilität der dargestellten Menschen eingeschränkt: Das Ehepaar ist zwar zu Gefühlsregungen fähig, wie z. B. Mitleid (Z. 6), Erschütterung (Z. 43) und Entsetzen (Z. 85); aber im entscheidenden Augenblick sind sie halbherzig (Z. 5: *man*) oder abgestumpft (Z. 8/9: *befahl unwillig*). Dass ihr Gefühlsleben keineswegs im Lot ist, wird auch erkennbar in der Spanne zwischen kontrollierter Verdrängung (Z. 57/58) und unkontrollierbarem Übermaß (Z. 78 – 82).

Auch die Fähigkeit, miteinander zu sprechen, ist bei dem Ehepaar nicht umfassend ausgebildet. Der Marquese äußert sich in Anordnungen (Z. 8, 20) oder bloßen Mitteilungen (Z. 30/31, 49/50), die Marquise in Frage (Z. 48) und Bitte (Z. 51), und ein Gespräch zwischen beiden ist eine Unterhaltung zur Überbrückung von Zeit (Z. 69/70). Die einzige wörtliche Rede *wer da?* (Z. 80) ist an die Spukursache, nicht an einen Menschen gerichtet. KLEIST erzählt also von Menschen, deren Menschsein offensichtlich mancherlei Einschränkung unterliegt.

Dieser Gedanke kommt auch in der Welt zum Ausdruck, in der diese Menschen leben, einer Welt, die geprägt ist durch die ihr innewohnende Kausalität:

Kein Ereignis existiert isoliert, sondern alles steht im Bezugsfeld zwischen Ursache und Wirkung: Die Schlossruine war vorher ein Schloss *mit hohen und weitläufigen Zimmern* (Z. 4); das Stroh, auf dem die Bettlerin lag, hatte man ihr untergeschüttet (Z. 5); der Marquese trifft seine Anordnung zur Beherbergung des Käufers, weil ihm *viel an dem Handel gelegen war* (Z. 19) usw.

In solche kausal bestimmte Welt fügt sich auch das Geschehen vom Tod der Bettlerin bis zum Tod des Schlossherrn schlüssig ein, da sich alle späteren Ereignisse als Folge aus den vorangegangenen ergeben.

Die Gegenkraft des Zufalls (Z. 7, 58, 62) scheint diesem zwar zu widersprechen; aber an allen Stellen, an denen dieser Gedanke auftaucht, entzieht er sich selbst sogleich den Boden: Der Marquese kommt eben nicht *zufällig* in das Zimmer, da er seine Jagdbüchse dort *abzusetzen pflegte* (Z. 8). Auch der Versuch, den Spukvorfall einer *zufälligen Ursache* (Z. 58) zuzuschreiben, gelingt nur unter größter Anstrengung (Z. 55 – 59), und der Hund findet sich keineswegs *zufällig* vor der Tür, da man ihn doch *von der Kette losgelassen hatte* (Z. 62).

Sprachlich entspricht solchem Geflecht von kausal verknüpften Ereignissen der verschachtelte Satzbau, der unter Einsatz zahlreicher Konjunktionen die Verklammerung der Weltzusammenhänge symbolisiert. (Es ist – natürlich – nicht endgültig zu entscheiden, ob KLEIST sich dieses Symbolcharakters beim Schreiben bewusst war …)

Aus alledem ergibt sich, dass die Erzählung die Grunderfahrung zum Ausdruck bringt, dass sich menschliches Leben immer in der Gebundenheit an Voraussetzungen vollzieht, wobei die Hauptursachen den Menschen selbst zugeschrieben werden. Am Beispiel des Wirkungszusammenhangs zwischen Schuld und Gewissen zeigt der Text allerdings auch, dass sich der Mensch dieser Einsicht keineswegs leicht öffnet: Denn das Spukerlebnis muss erst mehrfach wiederholt, intensiviert (z. B. Z. 23/24, 44, 54/55, 72) und durch den Hund bestätigt werden (Z. 75/76), bis der Mensch – jetzt allerdings haltlos – reagiert. Es bleibt sogar dabei offen, ob der Mensch diese inneren Zusammenhänge überhaupt wirklich durchschaut oder ob er das, was ihm geschieht, als von außen gegeben empfindet. Wie es auch sei: KLEIST kritisiert zwar den *Rasenden* (Z. 81), verurteilt ihn jedoch nicht, da er ihn am Schluss als *Unglücklichen* (Z. 88) bezeichnet.

Übung C 14
S. 132

Der Schlussteil der Interpretation könnte so aussehen:

Dieses in seiner Komik durchaus unterhaltsame Klein-Drama stellt die menschliche Kommunikationsfähigkeit in Frage. Beide Gesprächspartner haben nämlich so unterschiedliche Arten zu denken und zu sprechen, dass keine wirkliche Verständigung zustande kommt. Hierbei reicht die Skala vom besserwisserischen Korrigieren des Anderen über sprachliche Missverständnisse bis hin zu weitschweifigem Aneinandervorbeireden.

Besondere Kritik gilt vor allem den beiden extremen Sprechmöglichkeiten:

nachlässige Ungenauigkeit (z. B. *immer* statt *meistens*, Z. 7)
und übertriebene Genauigkeit (z. B. *ich will doch nur einen*, Z. 47)

So beißend die Kritik aber ist: Die Augenblickskomik und der Überraschungseffekt der Pointe (Z. 86/87) mildern ihre Schärfe und sorgen dafür, dass der Zuschauer über die dargestellten menschlichen Unzulänglichkeiten schmunzeln darf.

Übung C 15
S. 138

Die textanalytische Untersuchung der Wortformen könnte folgendes Ergebnis haben:
Wortformen
- zahlreicher Einsatz von Imperativen als Ausdruck dafür, dass die Personen das Verhalten anderer steuern möchten, z. B. Z. 35, 41/42, 54, 69/70, 73/74, 76/77, 78, 88/89, 102, 112, 116/117
- mehrfache Verwendung der 3. Pers. Sg. als Anredeform (statt der 2. Pers. Sg.) zur Schaffung von Distanz, z. B.
  Hochmütig ist sie (Z. 109)
  Eine ganz gewöhnliche Hur ist sie (Z. 185)
  Ein Schandfleck ist sie (Z. 207/208)
  Den Stand hat sie nur (Z. 208/209)
- Wahl des Konjunktivs in Zeile 141 – 143 zur Formulierung eines Gedankenspiels

Übung C 16
S. 139

Interpretationsvorschlag zu Brechts „Streit der Fischweiber":

Zwei Fischweiber sind miteinander verfeindet: Die Ältere, Frau Scheit, hatte ihren Neffen bei der Jüngeren, Frau Zwillich, einkaufen und die Ware bei der Polizei nachwiegen lassen. Wegen leichten Fehlgewichts wurde dieser die Standerlaubnis entzogen und nun droht ihr noch ein Gerichtsverfahren seitens des Neffens, falls sich dies nicht durch ein Gespräch mit Frau Schreit verhindern lässt. Die Szene setzt ein, als Frau Zwillich mit ihrem Nachbarn, Herrn Koch, auf dem Weg zum vereinbarten Gespräch ist.
Es steht das Treffen von zwei Menschen bevor, die nur wenig miteinander gemeinsam haben:
Frau Zwillich wird als temperamentvolle Frau vorgestellt. Ihre Gefühlsausbrüche Z. 1 ff. und vor allem Z. 189 zeigen, dass es ihr schwer fällt, sich zu beherrschen; und wenn Herr Koch ihr rät, *sich nicht wieder alles durch ihr Temperament* zu verderben (Z. 41/42), ist daraus zu schließen, dass sie sich leicht zu spontanen Reaktionen verleiten lässt. Sie scheint ihr Herz sprichwörtlich auf der Zunge zu tragen, denn Herr Koch versucht mehrmals, sie zu taktischer Vorsicht zu veranlassen (Z. 34/35, 40, 52 ff.). Wie ihre heftige Empörung über Frau Scheits Verhalten erkennen lässt (z. B. Z. 10, 14, 152/153, 201/202), hat sie ein ausgeprägtes Gerechtigkeitsgefühl. Sie ist selbstbewusst (Z. 3, 55) und keineswegs bescheiden (Z. 28/29, 191–193), ist jedoch auch in der Lage, ihr eigenes Fehlverhalten einzugestehen (Z. 29 – 31, 189 – 191). Ihr Beruf macht ihr Spaß. Sie versucht, sich dem Kunden anzupassen, und ihre freundliche, aufgeschlossene Umgangsart (Z. 23 – 26) bringt ihr auch Erfolg. Auch Frau Scheit ist temperamentvoll und redet sich schnell in Fahrt, z. B. Z. 61 ff., 106 ff. Aber sie kann sich besser beherrschen; sonst gelänge es ihr nicht so gut, sich so glaubhaft zu verstellen: Z. 88, 97. Dies bestätigt auch das Urteil von Herrn Koch, dass sie Frau Zwillich *an Schlauheit weit über* (Z. 12) sei, und auch ihre geistreichen Antworten gegenüber der späten Kundin beweisen es (Z. 69 ff., 75). Mit der Ehrlichkeit nimmt

sie es offensichtlich nicht so genau, da sie gegen Frau Zwillich Belastungsmaterial dazuerfindet (z. B. Z. 154/155, 176–178). Wie die Ausdrücke *altes Monstrum* und *alter Dreckhaufen* (Z. 183/184) verraten, ist ihr Selbstbewusstsein stark gestört; sie versucht jedoch, diese Tatsache durch einen herrischen Gesprächston zu überdecken (Z. 70/71, 76/77, 125). Für ihren beruflichen Erfolg wirkt sich dies negativ aus: Die Kunden reagieren unwillig (Z. 73) oder bleiben ganz aus (Z. 127/128).

Beide Marktfrauen haben eine uneingeschränkt schlechte Meinung voneinander, die sie ohne Beschönigung in unsachlich-wertender Wortwahl zum Ausdruck bringen: Frau Zwillich hasst (Z. 50) *die Scheit* (Z. 12, 19) und möchte ihr die *Augen auskratzen* (Z. 51, 59). Sie hält sie für ein falsches *Monstrum* (Z. 5), das lügt (Z. 10), mit gemeinen Tricks arbeitet (Z. 14) und eigentlich *ins Kriminal gehört* (Z. 37/38).

C

Ähnliches wiederum wirft ihr Frau Scheit vor: Sie sei *unredlich* (Z. 145) und falsch (Z. 64, 148), arbeite mit *Tricks* (Z. 175) und sei *hochmütig* und *frech* (Z. 109).

Beide Frauen sind daher auch nicht gesprächsbereit. Mit pointiertem *Nein* betreten sie jeweils die Bühne (Z. 1 und 61) und lassen im Nachsatz eindeutig erkennen, dass sie keine Konfliktlösung anstreben. (Frau Zwillich: *Nein, ich bring's nicht über mich.* Frau Scheit: *Nein, ich red nicht mit ihr, warum auch.*) Beide sprechen sich mehrmals gegenseitig in der 3. Person Sg. an und stellen sich damit in deutliche Distanz, z. B. *Hochmütig ist sie.* (Z. 109) *Den Stand hat sie nur …* (Z. 208/209).

Diese Haltung bestimmt auch die gesamte Auseinandersetzung, wobei Frau Scheit von Anfang an ihre Unversöhnlichkeit unverhohlen herausstellt, z. B. Z. 106 ff., während Frau Zwillich sich zunächst angesichts ihrer Lage den Anschein der Versöhnlichkeit gibt (Z. 111/112 ff.). Mit beiden Frauen geht jedoch bald ihr Temperament durch: Frau Scheit reagiert auf den Versöhnungsversuch abweisend und kalt (Z. 120), es entschlüpft ihr der Vorwurf, der wohl der Schlüssel zum Verständnis ihres Verhaltens ist: *Sie haben mir zwei Jahre lang die Kunden weggefischt* (Z. 127/128). Dies lässt Frau Zwillich schnell die empfohlene Zurückhaltung und Vorsicht vergessen, sie geht zum Angriff über, indem sie Frau Scheit vorwirft, *nicht fein gehandelt* und geplant zu haben, sie hereinzulegen (Z. 130–132).

Da beide Frauen mit ihrer deftigen Umgangssprache (z. B. Z. 37/38, 182/183) und den bildhaften Formulierungen (Z. 5, 66) zu erkennen geben, dass sie abstrakt-analytische Konfliktlösungen nicht gewohnt sind, ist die Eskalation nicht mehr aufzuhalten. Frau Zwillich bemüht sich zwar in etwas gehobenerer Sprachwahl noch einmal um Versöhnung (Z. 135/136 ff); aber die ausgesprochenen Vorwürfe entwickeln ihre Eigengesetzlichkeit: Die Sprache wird erregter, es häufen sich die Ausrufesätze – vor allem ab Z. 106 –, und die unsachlich-wertende Wortwahl nimmt die Form maßloser Beleidigung an, wenn Frau Zwillich eine *ganz gewöhnliche Hur* (Z. 185) und Frau Scheit *ein Schandfleck* des ganzen Fischmarkts (Z. 208) genannt wird. Damit zeigen beide Fischweiber nun ihr wahres Gesicht: Bei Frau Scheit ist keine Rede mehr von falscher Waage, und es offenbaren sich verletzte Eitelkeit und Neid. Auch Frau Zwillich spricht nicht mehr von dem anstehenden Gerichtsverfahren, sondern nur noch von abgrundtiefer Verachtung.

Mit solchem Verlauf des Streits ist kein Brückenschlag mehr möglich. Hier kann keiner mehr vermitteln. Und so sind auch Herr Koch und der Neffe Hugo schon lange zu Zuschauern geworden, obwohl sie als Berater und Helfer angetreten waren (z. B. Z. 6, 82). Was so archaisch aus der Seelentiefe heraufsteigt wie die Wut und die Verachtung der beiden Frauen, lässt sich nicht aufhalten, und die verzweifelten Versuche der beiden Gesprächszeugen bleiben hilflose Freundlichkeiten (Z. 203/204 und 205). BRECHT stellt in seinen Dramenszenen also dar, wie ein Gespräch, das der Verständigung dienen sollte, fehlschlägt, weil es verdrängte Gefühlsregungen freilegt, die der Verständigung den Boden entziehen.

Stichwortverzeichnis

Wie man sich das Suchen erleichtern könnte